小学语文习作教学的探索与实践研究

魏显勇 著

重庆出版集团 重庆出版社

图书在版编目（CIP）数据

小学语文习作教学的探索与实践研究 / 魏显勇著. -- 重庆：重庆出版社，2024.2
ISBN 978-7-229-17580-1

Ⅰ.①小… Ⅱ.①魏… Ⅲ.①小学语文课-教学研究 Ⅳ.① G623.202

中国国家版本馆 CIP 数据核字 (2024) 第 047982 号

小学语文习作教学的探索与实践研究
XIAOXUE YUWEN XIZUO JIAOXUE DE TANSUO YU SHIJIAN YANJIU
魏显勇　著

责任编辑：袁婷婷

责任校对：刘小燕

装帧设计：优盛文化

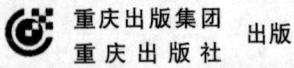

重庆出版集团
重庆出版社 出版

重庆市南岸区南滨路 162 号 1 幢　邮编：400061　http://www.cqph.com
河北万卷印刷有限公司印刷
重庆出版集团图书发行有限公司发行
E-MAIL: fxchu@cqph.com　邮购电话：023-61520646
全国新华书店经销

开本：710mm×1000mm　1/16　印张：18.25　字数：290 千
2024 年 5 月第 1 版　2024 年 5 月第 1 次印刷
ISBN 978-7-229-17580-1
定价：98.00 元

如有印装质量问题，请向本集团图书发行有限公司调换：023-61520417

版权所有　侵权必究

前　言

　　习作教学是小学语文教学的基本内容之一。通过习作教学，既能培养学生的写作能力，又能发展学生听话、说话和阅读的能力，还能使他们接受思想品德教育，养成良好的学习习惯，并促进他们的智力发展。小学语文习作教学可以说是小学语文教学的重点，也是难点。《小学语文习作教学的探索与实践研究》是对教育改革的不断探索和尝试。在教育改革的过程中，学科教育也得到了相应的重视和发展。而习作教学作为一种以实践为中心的教学方法，在小学语文教育中得到了广泛应用和推广。

　　本书的章节结构及各个章节的主要内容如下。

　　第一章介绍了小学语文习作教学的目标和理念、原则与规律、特征与内容、类型和程序等基本概念和知识。

　　第二章讲述了小学生习作兴趣的培养，包括小学生心理、思维及语言特点、教师在习作指导时的语言特点、小学生习作兴趣的激发和维系等。

　　第三章主要讲述了小学习作教学中的教师指导，包括写人作文、写景作文、叙事作文和状物作文的相关内容。

　　第四章重点介绍了情绪、情感、动机与小学习作教学之间的关系，以及在小学习作教学中培养情绪、情感及诱发动机的原则和方法等。

　　第五章讲述了小学语文习作教学的学段衔接，包括理解教材习作编排体系、挖掘教材习作训练点、把握低段到中段的对接和熟知中段到高段的融合等方面的内容。

　　第六章介绍了小学低段写话教学的探索与实践，包括小学低段写话教学的理论基础研究、以绘本为载体的小学低段写话教学、以情境为载体的小学低段写话教学和以童诗诗画为载体的小学低段写话教学等。

第七章主要介绍了小学中段习作教学的探索与实践，包括体验式习作教学融入小学中段、开放式习作教学融入小学中段、教育戏剧融入小学中段习作教学和手抄报漂流习作教学融入小学中段等。

第八章主要介绍了小学高段习作教学的探索与实践，包括思维导图与小学高段习作教学、素材加工与小学高段习作教学、支架式教学与小学高段习作教学和生活化与小学高段习作教学等方面的内容。

本书内容丰富，涵盖小学语文习作教学的基础概览、习作兴趣的培养、教师指导、情绪、情感、动机、学段衔接，以及不同学段的探索与实践等多个方面。通过对小学语文习作教学的探讨和研究，本书旨在帮助教师更好地理解习作教学的理论和实践，并能够在实际教学中灵活运用。

本书系2022年重庆市教育委员会人文社会科学研究一般项目（项目编号：22SKGH462）以及重庆第二师范学院校级科研项目《小学全科教师语文核心素养体系构建与培育路径研究》（项目编号：KY202107C）的研究成果。此外，本书还系重庆市6—12岁儿童发展协同创新中心阶段性研究成果。

最后，感谢广大教育工作者对本书的支持和关注，希望本书能够对您的教育教学工作提供有益的帮助。同时，也希望本书能够成为习作教学领域的一本重要参考书，为小学语文教育的发展贡献自己的力量。

目 录

第一章　小学语文习作教学基础概览 / 1

　　第一节　小学语文习作教学的目标和理念 / 1

　　第二节　小学语文习作教学的原则与规律 / 6

　　第三节　小学语文习作教学的特征与内容 / 12

　　第四节　小学语文习作教学的类型和程序 / 17

第二章　小学生习作兴趣的培养 / 29

　　第一节　小学生心理、思维及语言特点 / 29

　　第二节　教师在习作指导时的语言特点 / 35

　　第三节　小学生习作兴趣的激发 / 37

　　第四节　小学生习作兴趣的维系 / 49

第三章　小学习作教学中的教师指导 / 53

　　第一节　小学习作教学中的教师指导——写人作文 / 53

　　第二节　小学习作教学中的教师指导——写景作文 / 59

　　第三节　小学习作教学中的教师指导——叙事作文 / 63

　　第四节　小学习作教学中的教师指导——状物作文 / 68

第四章　情绪、情感、动机与小学习作教学 / 71

　　第一节　情绪、情感、动机的含义及相互关系 / 71

第二节 情绪、情感、动机在教学中的有机渗透 / 73

第三节 情绪、情感、动机在小学习作教学中的作用 / 76

第四节 培养情绪、情感及诱发动机的原则与方法 / 82

第五章 小学语文习作教学的学段衔接 / 95

第一节 理解教材习作编排体系，明确教学内容和要求 / 95

第二节 挖掘教材习作训练点，实现阅读到习作的转化 / 97

第三节 把握低段到中段的对接，选用适宜的教学策略 / 99

第四节 熟知中段到高段的融合，运用多样的教学方法 / 104

第六章 小学低段写话教学的探索与实践 / 111

第一节 小学低段写话教学的理论基础研究 / 111

第二节 以绘本为载体的小学低段写话教学 / 126

第三节 以情境为载体的小学低段写话教学 / 148

第四节 以童诗诗画为载体的小学低段写话教学 / 170

第七章 小学中段习作教学的探索与实践 / 177

第一节 体验式习作教学融入小学中段的探索与实践 / 177

第二节 开放式习作教学融入小学中段的探索与实践 / 187

第三节 教育戏剧融入小学中段习作教学的探索与实践 / 196

第四节 手抄报漂流习作教学融入小学中段的探索与实践 / 210

第八章 小学高段习作教学的探索与实践 / 221

第一节 思维导图与小学高段习作教学 / 221

第二节 素材加工与小学高段习作教学 / 233

第三节 支架式教学与小学高段习作教学 / 242

第四节 生活化与小学高段习作教学 / 262

参考文献 / 279

第一章　小学语文习作教学基础概览

第一节　小学语文习作教学的目标和理念

一、小学习作教学的目标

（一）总体目标

《义务教育语文课程标准（2022年版）》中对习作教学提出的总目标是用书面语言具体明确、文从字顺地表达自己的见闻、体验和想法；能根据需要，运用常见的表达方式写作，发展书面语言运用能力。

（二）具体目标

1. 第一学段（1—2年级）

（1）对写话有兴趣，写自己想说的话，写自己想象中的事物，能简单写出自己对人物的认识和感想。

（2）乐于表达自己看到的、听到的和想到的事物。

（3）能按照一定顺序用几句话写清楚一件事的经过；能用一段话描绘出物体的特点，表达清晰明了；能恰当地加入联想和想象，使描述更生动。

（4）学会观察，做到观察有序；能抓住物体的形状、颜色、大小等主要特征；能按景物出现的先后顺序，或从上到下，或从远到近写。

（5）在写话中，正确使用形容词、动词；乐于运用在阅读和生活中学到的词语，语句通顺。

（6）学写看图作文，结合图画补充合理的想象，使图画中的故事完整、清楚、有趣。文章重点突出，把话写完整、写通顺。

（7）根据表达的需要，学习使用逗号、句号、问号、感叹号。学习量词的规范用法。

2.第二学段（3—4年级）

（1）观察周围世界，能不拘形式地写下自己的见闻、感受和想象。

（2）注意把自己觉得新奇有趣或印象最深、最受感动的内容写清楚。

（3）能用简短的书信、便条进行书面交流。

（4）尝试在习作中运用自己平时积累的语言材料，特别是有新鲜感的词语。

（5）学习修改习作中有明显错误的词句。

（6）根据表达的需要，在作文中正确使用冒号、引号。

（7）乐于书面表达、乐于分享写作成果。

3.第三学段（5—6年级）

（1）写人

①能通过几件事来反映人物一个方面或多个方面的性格特征。

②能运用对比手法写出一个人的转变。

③能在作文中灵活运用记叙、描写、议论、抒情等多种表达手法。

④能根据表达需要，正确使用常用的标点符号。

（2）写事

①养成留心观察周围事物的习惯，有意识地丰富自己的见闻，珍视个人的独特感受，积累习作素材；描写生活感受，将生活中的见闻、经历及从中学习到的新知识、悟出的道理及当时的内心活动，真实地表达出来。

②要抓住中心选材，抓住重点，具体、生动地记事；写出事情的曲折变化；将顺序、倒序、插叙等叙述手法结合起来，使文章曲折婉转、高潮迭起。

③在叙事中表达真情实感，写真事，用真情；在细致地记叙和描写时，随事情的进展、感情上的变化，将当时人物的神态、心理活动等如实表达出来。

④记事离不开写人，人物描写同样不可忽视；通过描写人物对话、动作

和心理把事情写具体。

⑤注意多观察、选新材、善思考、有新意、巧构思、新布局。

（3）写景

①学会多角度地观察和描写景物；抓住景物特点进行描写，将其形、色、态、声具体生动地表述出来。

②描写景物时要充分发挥想象，恰当运用比喻、夸张、拟人等多种修辞方法。

③能抓住景物的变化，通过动静结合的表现手法写活景物。

④写景的同时抒情，做到情景交融。

（4）状物

①抓住外形特征来写。通常是从整体到局部，抓住每一部分特点，有详有略地写出来。

②能运用联想来增强文章的感染力。

③学会运用拟人手法写物，赋予物以人的动作、神态或思想感情，使死板的"物"活跃起来，让文章更活泼有趣。

④状物中融入自己的情感，可以进行精当的议论、优美的抒情，升华文章中心。

⑤修改自己的习作，并主动与他人交换修改，做到语句通顺，行款正确，书写规范、整洁。

（5）想象

①能写简单的想象作文，内容具体，感情真挚。

②学会从生活中寻找熟悉的素材，丰富想象内容；要掌握想象的方法，如"现实法""幻想法""科幻法"等。

③要注意从现实生活出发，以现实生活为基础，想象的内容能够解决一些现实生活中的实际问题。

④想象虽然有时随心所欲、漫无边际，但是还应尽量注意合情合理，避免毫无意义地胡思乱想。

（6）应用文

①学写读后感，做到紧扣原著，抓住重点；联系实际，情感真实；叙议结合，以感为主。

②学写建议书、倡议书，注意格式，内容简明扼要。

③尝试写简单的调查报告，注意格式正确，观点鲜明，有叙有议，观点与材料密切结合。

（7）说明文

①学写说明文，注意抓住事物特征，把握说明中心。

②能按照一定的说明顺序写说明文，文章有条理，表达清晰流畅。

③学习举例子、列数字、打比方、作比较、分类别、下定义等各种说明方法，并在习作中灵活运用。

④学会用准确、科学、严谨的语言写说明文。

综合以上三个学段的不同标准可以看出，课程标准的要求主要表现在：作文培养目标上，重视学生写作意识的培养和个性发展，强调人文合一；习作教学方式上，重视学生的人文精神和人文素养的培养，强调体会人生，唤醒生命，培养人格，最大限度地激发学生的创新思维意识，鼓励他们敢于思维，敢于标新立异，培养创新意识和大胆的创新精神；习作内容上，强调贴近学生生活实际，鼓励学生参与生活、感悟生活，在生活中学会观察、学会发现、学会创造、扩大视野、增进积累、激活思考、发展能力。此外，各个阶段的目标层次清楚，从"写自己想说的话"到"不拘形式地写下见闻、感受和想象"再到"能写简单的纪实作文和想象作文""学写读书笔记和常见应用文"，呈坡度缓升，降低了起始阶段的难度，强调写"放胆文"。在写作的一般要求上比过去有所放宽。

二、小学习作教学的理念

（一）习作和做人的理念

习作教学一直强调习作育人的功能，立言立人，是习作教学的一贯原则，对此，《义务教育语文课程标准（2022版）》提出了明确而具体的要求，要求学生说真话、实话、心里话，不说空话、套话。应重视对写作的过程与方法、情感与态度的评价。这是针对习作中不良学风、文风而发的，它反映出来的是文风问题，也是人的品格问题。对于学生来说，写作是他们精神的一部分，他们把对生活、社会的认识、理解形之于文，而这些是否发自内心的感受，说的是否真话，诉的是否真情，对于正处在人生观形成过程中的中小学生而言是十分关键的。如果教师对学生习作中的虚假问题不重视，让他们在习作中说的是一套，做的又是另一套，就是培养什么样的人的问题了。习作与做人是统一的，习作是心灵历程的记录，是灵魂洗礼的过程，是健康人格形成的历练手段。在新课程的理念下，教师应该从育人的角度来组织习作教学，一是学习《义务教育语文课程标准（2022版）》，读懂它对习作的要求，形成正确的"习作与做人统一"的教学理念，并以此来指导习作教学；二是习作教学要贴近学生实际，培养学生关注现实、热爱生活的感情，让学生切实感悟到生活中的丰富多彩和甜酸苦辣，促使学生在历练中成长，建构正确的价值观。

（二）多元思维的理念

习作是训练学生思维的重要形式，习作是运用语言表达的过程，也是思维展示的过程。语言与思维相互依存，相互促进。写作的主要功能是发展语言，是认识世界、认识自我，进行创造性表述，这都与思维有着密切关系。世界纷繁复杂，变幻莫测，需要学生运用多元化的思考方式来认识世界、认识自我。教师在习作教学中，要认识到思维的复杂性，重视习作的多元思维训练。习作教学有多元思维的理念，这是由习作的基本内容所决定的。习作的审题、立意、选材、布局谋篇、表达形式等，都与思维有关，例如：以形象思维为主的记叙文中，也有抽象思维，有创新思维；以逻辑思维为主的说明文中，也有形象思维；以抽象思维为主的议论文中，以辩证思维最为重要。此外，训练内容的复杂多样，也决定了多元思维在习作教学中的重要性。总之，习作教学多元思维理念，有助于学生创新意识的培养。而习作又是个性化的表达，对于人的个性发展有着重要作用。课改倡导张扬个性，对学生来说最好的表现方式就是习作。因此，长期有效的习作训练，既能训练学生的多元思维，又能培养学生的创新能力。

（三）个性表达的理念

现代心理学认为，个性是指一个人比较稳定的意识倾向性和个性心理特征的总和。它有两方面的内容：一是意识倾向性，包括需要、动机、兴趣、价值观等因素；二是个性心理特征，包括能力、性格等因素。人在接受教育的过程中，逐步形成一种独立自主的、富有批判精神的思想意识，以及自主判断能力，与此同时，个性又与创新精神密切相关，因此，在习作教学中，发展学生个性，关注创新火花的迸发，是基础教育课程改革的重要理念。

《义务教育语文课程标准（2022版）》在个性发展及创新等方面对学生提出了要求，如第三学段提出"珍视个人的独特感受"，第四学段提出"写作要有真情实感，表达自己对自然、社会、人生的感受、体验和思考，力求有创意"。可见，实现个性发展和习作创新意识培养是习作教学应追求的目标。

（四）读者意识理念

《义务教育语文课程标准（2022版）》，要求写作时应考虑不同的目的和对象。写作的本质就是交流，而这种交流既是与读者的交流，更是与自己的对话。为此，教师要教育学生明白习作是以文会友，以文交友，也是以文示己。只有这样才能从根本上激发出学生的写作欲望，变"要我写"为"我要写"。只有心中有了读者，习作时才能因对象不同而写出不同的话语，或说通俗易懂的话，或说委婉含蓄的话，或说慷慨激昂的话等。生活中，要与人交流，在交流的过程中，要对不同的对象采取不同的交流方式，只有这样，才能达到交流沟通的目的。

第二节　小学语文习作教学的原则与规律

一、小学习作教学的原则

（一）整体性原则

习作是学生语文素养的一部分，在开展习作教学生活化研究时，必须坚持整体性原则，使习作能力、语文素养和人的整体和谐发展。在教育中，要处理好德育与习作的关系，学校教育与社会、家庭教育的关系，阅读教学与习作教学的关系，课外阅读和语文能力的关系，生活认识能力和语言表达能力的关系，以求整体的合力而不是某个方面的单个力量来促进人的发展。

（二）主体性原则

所谓主体性原则就是要确定习作教学中学生的主体地位。长期的习作教学实践证明：能否充分发挥学生的主体作用是衡量小学习作教学成败的关键。在习作教学活动中，习作过程本身就是学生主体思维、主体创作的过程，就是学生运用积累、独立思维、组合加工的过程。要使习作凸显学生的个性，并通过习作训练培养学生的健康个性，教师要自始至终地贯彻"以学生为主体"的教育思想。在尊重主体的志趣、思想、情感、性格等的基础上，因势利导，因材施教。引导学生主动地观察事物，主动地拟题（或审题）立意，主动地构思成文，主动地修改评议，变传统的师授习作为主动的自能习作，使学生成为习作教学中的主体。只有这样，才能使学生的个性得以发挥和张扬，并沿着健康的轨道发展，为今后的独创性学习，充分发挥其创造潜能提供良好的心理基础。教师应该是宽容的、民主的，不能把自己的审美倾向强行安置于学生身上，不能用预先设置的某种理念束缚学生的头脑，不能要求一切习作立意必须高远，主题必须有深意，从而形成一种压抑学生个性发展的精神枷锁，使学生的习作千人一面、无病呻吟、矫揉造作，毫无生气可言，毫无个性可言。相反，教师应理解学生的个性，竭力创设民主化、建设性的思维场景、宽松和谐的思辨氛围，自由地发展学生独特的价值观和审美观，引导他们认识自我，放飞自我。

为此，在习作教学中，教师应自始至终地坚持学生的主体意识，让学生在习作中学会自主拟题，自主选材，自由表达，努力培养学生的创新意识与求异思维能力，只有这样，才能达到习作教学的最佳效果。

（三）个性化原则

个性化原则是指集体教学要与因材施教相结合，要求教学既要面向全体学生，适合大多数学生的发展水平和需要，又要注意个体差异，以便发挥每名学生的积极性和特长，让学生的个性在活动中得到充分发挥与和谐发展。世上没有完全相同的两片树叶，何况人呢？每个孩子都是独一无二的。所以，教师在习作教学中，要尽可能地尊重学生在年龄、性别、性格、兴趣、习惯、智力乃至家庭环境等方面的差异。在训练学生写作时，必须注重于倾吐他们的积累。采用不同的教学方式和评价标准，鼓励学生大胆写作，畅所欲言，对学生的写作要肯定的多，否定的少；引导的多，限制的少；呵护的多，放弃的少。在教学中要有"不拘一格降人才"的境界。"不拘一格"就是包容，对学生习作中出现的各种思想观点，各种风格特点采取包容的态度，特别是对那些不合自己心意的观点、风格更要宽容一些，使其有一席之地，得到教师的充分尊重。教师不应以自己的是非标准衡量所有学生。因此，教师在习作教学中，要尊重学生在创造性表达中所表现出来的在构思、语言、写法等方面的个人特色，鼓励独创性。因为，无论怎样的创造性活动总会带有作者个人鲜明的特色，但尊重个性的原则也不意味着对学生习作缺陷的迁就、容忍。恰恰相反，需要教师基于学生个性进行积极引导。

（四）渐进性原则

渐进性原则即遵循一般认知规律，由浅入深，由易到难，由表及里，由具体到抽象，强调有目的、有计划，注重知识和写作技能的连续性，从低年级到高年级各级训练保持相对的独立性，各级之间按照等级层次，有一定的教学梯度，反复训练，培养能力，形成一个系统的整体。

习作训练要求各年级要有所侧重。落实各年级的重点要求，就是通常说的"年段过关"。要结合教学，有计划地组织学生开展丰富有益的活动，培养学生观察和分析周围事物的能力。针对学生的心理特点和学习愿望，深入浅出，循序渐进，注重训练形式的多样化，使学生勤于思考，乐于写作，逐步做到"自能习作"。

（五）激励性原则

所谓激励性原则，就是尊重学生习作的规律，遵循学生的身心发展规律，在习作实践与创新思维的培养和运用中，允许学生大胆尝试，允许学生充分发挥想象力与创造力。在教学中，要激发学生的学习兴趣，鼓励学生积极地参与教学活动，给学生创造更多成功的机会，培养一种积极向上、勇于进取的良好心态。鼓励学生观察事物，积累习作素材，大胆尝试；鼓励学生修改自己的习作，评论他人的习作，为学生成功作文创造各种条件。小学阶段学生正处于生理、心理发育期,缺乏应有的经验积累,难免在学习中存在各种不足,不可避免地存在着参差不齐的情况。作为教师,要以平常心、爱心去面对学生的习作,即习作中表现出来的充满个性的观点、思想、行为、心理,教师要真诚相待。适时地给予肯定、鼓励,哪怕是过激的、偏颇的,也要在注意保护积极性的前提下,施以善意的、真诚的帮助和指导,在学生改进以后,同样加以肯定和鼓励。

(六) 实效性原则

习作训练务必以学生为主体,充分调动学生的主动性、积极性和创造性。习作材料的搜集,要求学生在教师的指导下自己去做;习作的修改,更要让学生自己动手,不再由教师越俎代庖。只有这样,习作教学才会取得成效。同时,教师除了在调动学生学习积极性方面充分发挥作用之外,还要明确习作训练目标,在各个环节中充分发挥"导"的作用,以典型的分析、引导作基础,才能使学生少走弯路。习作训练措施要到位,训练要科学。一切从实际出发,习作教学内容不在于多而在于实,在普及的基础上提高层次性,只有这样,才能使学生的习作能力有所提高。

二、小学习作教学的规律

任何学科的教学都要求遵循由易到难,由简单到复杂,循序渐进的教学规律,就小学习作教学来说,教师应遵循以下规律:从述到作,从分到合,从扶到放,从仿到创。

(一) 从述到作

这里有两层意思。一层是述说,即说话的意思;作,写作,即写的意思。这层是指由说到写。另一层是表述,叙述,是把自己阅读或别人朗读、讲述的材料复述或重新写出来;作,指写作,即学生把自己观察、体验到的生活情景,收集整理,确定中心,安排结构进行表述。

第一层强调作文训练与说话训练的紧密结合。这里的"说",也有两层意思,一层是作文前把要写的内容,简要地不拘形式地先说一说,达到对所写内容有个初步认识与理解的目的,以助于构思作文。另一层是作文前(指书面表达），先训练按作文要求口述，即口述作文。这两种形式，具有由易到难的性质，低年级的作文训练，更具有先说后写的要求。当前，高年级作文训练尤要强调这一原则。大量事实表明，年级越高，说话能力越差。这与高年级作文训练时间不足，训练内容烦琐，说话训练时间有限不无关系。如果能充分运用课内外时间，采用相互说等形式，让学生在动手写文之前，先说说作文的内容，或按要求先口述作文，那么，作文训练的效果便会更理想。

第二层的从述到作，是从学生"复述"到"创作"的角度体现由易到难，循序渐进的原则。因为"作"比"述"更强调独立性和创造性，而"述"仅是重复别人提供的题材，用来过渡到自己独立表达思想，说明事理。

"述"的训练包括复述课文句子、句群，讲见闻，讲故事，复述课文，以及改写、扩写、续写练习。训练安排要灵活多样，由易到难，可先从一二句的句子复述，再到三五句的句子复述；从简单的短文复述，到结构复杂的文章复述，再到创造性复述；从教师提出提纲让学生复述，到学生共同拟定提纲再到学生独立拟定提纲复述。

从述到作，在小学阶段具有阶段性和过渡性的特征。一般来说，低年级"述"多"作"少，之后随着年级的升高，在"述"中逐步增加"作"的创作成分，向"作"过渡和发展。

（二）从分到合

"分"指单项的、局部的训练；"合"指综合的、整体的训练。我国传统的作文训练，都是采用从分到合的训练原则，即由单项到综合、由局部到整体，如从词到句到句群，从句群到写段，由写段到写篇的训练；从分项的写人物的外貌、动作、语言和心理活动，到完整的写人；从学写开头结尾，一个场面片段，一组景物片段等，到练习写篇。从低年级加强词句训练，到中年级加强段的训练，再到高年级训练篇章，写好全文。这种训练方式之所以为大家所接受并长期保留，是因为它有着不可否认的优点。其一，可以分散难点，逐步解决作文中的问题，减缓作文训练的难度；其二，简单方便，费时少，目标单一，成效快，便于结合阅读教学进行写作小练笔。

（三）从扶到放

"扶"指教师给学生的"扶助","放"指放手让学生作文。从整个小学阶段看,低年级"扶"多"放"少,随着年级升高,"扶"的成分逐渐减少,"放"的成分逐渐增多。例如低年级的看图说（写）一句话、一段话,教师在指导时,需出示例句,开拓学生思维的步骤较为细致。到高年级,写反映综合能力的记叙文,"扶"仅体现在启发选材和构思上,相对来说,以"放"的成分为主了。

（四）从仿到创

小学生写作文,必须遵循从"仿"到"创"的原则。需要正确的处理模仿和创造的关系。模仿,是学习的必经之路。无论处于哪个年龄段的人群都喜欢模仿,都在有意无意之间模仿自己认为好的事物。创造,也是一个必然的活动。两个人比着同一个葫芦画瓢,照着同一只猫画虎,画出来决不会完全一样,每个人画的都有自己的个性风格。并且,创造是目的,模仿正是为了创造。就应当要求教师有意识地指导学生正确地模仿,而不要让模仿活动自流……模仿既然只是个学习过程,就不能以教学生模仿为目的,而要不断地从模仿之中跳出来,把学到的好东西内化为自己的,在自己的创造活动中去活用。

"仿"即模仿,提供一个模式（范文）,让学生在作文的形式方法上仿作。"创",即创造,自行设计。"仿"是"创"的基础先导;"创"是"仿"的发展和目的,从"仿"到"创"体现了循序渐进的教学原则。仿作在小学习作教学中是一个重要的基础训练,是实施作文表达技能过渡的主要途径。把观察与模仿结合起来,把阅读与写作结合起来是提高作文水平的有效途径,而读写结合就是以模仿为桥梁的。一般的仿作有三种类型:"句式"仿作、"片段"仿作、"篇"的仿作。

第三节 小学语文习作教学的特征与内容

一、小学习作教学的特征

（一）以学生为主体

习作教学十分注重学生的主动性和参与性，强调以学生为主体。学生在学习过程中应该扮演主角，而不是被动接受教师的指导和灌输。因此，教师在习作教学中不再是单方面的传授者，而是变成了引导者和辅助者，通过给予学生更多的自主权，鼓励学生自我思考和讨论，通过提供反馈和指导等方式来促进学生的学习和发展。习作教学强调以学生为主体的教学模式，旨在培养学生的创造力、批判性思维、沟通能力和自我表达能力，从而提高学生的学习兴趣和动机，使学习变得更加有效和有趣。

（二）注重实践操作

习作教学注重实践操作，通过大量的写作实践和反复的训练，来提高学生的写作能力。在习作教学中，学生通常会被要求进行各种创作活动，如写作、绘画、设计等，这些活动需要学生运用所学知识和技能进行实际操作和实践，从而更好地理解和掌握所学内容。此外，习作教学还注重反思和总结，学生在完成创作活动后需要对自己的表现进行反思和总结，以便进一步提高自己的学习能力和技能水平。因此，习作教学不仅要注重理论知识的传授，更要注重实践操作和实践经验的积累，以便更好地促进学生的全面发展和成长。

（三）个性化差异化教学

习作教学根据学生的不同能力和水平进行个性化、差异化的教学，让每位学生都能够得到适当的指导和支持。教师会关注学生的个性化需求和学习差异，根据学生的认知特点和兴趣爱好，开展针对性的教学，以便更好地激发学生的学习兴趣和动机。

具体而言，教师会根据学生的认知特点和学习风格，采用不同的教学策略和方法。对于那些思维活跃、学习兴趣强烈的学生，教师可以采用探究式教学，让学生通过自主探究和实践来学习语文知识和技能；对于那些认知能力较弱的学生，教师可以采用启发式教学，以引导学生的思考和学习。

此外，教师还会根据学生的兴趣爱好和学习差异，开展不同的教学活动。比如，对于喜欢阅读的学生，教师可以组织课外阅读活动，以帮助他们更好地掌握阅读技能和提高阅读水平；对于那些学习困难的学生，教师可以采取个性化辅导和帮助，以便更好地帮助他们克服学习障碍和提高学习成绩。

（四）开放式的教学思维

开放的习作教学思维要求教师不预设刻板的教学目标，不勾画教学流程的运行轨迹，不套用死板的评判标准，而让学生有充分显示个性与才能的自由天地，在习得知识、掌握技能的同时，能够实现个性的张扬和思维的发展，从而促进习作教学的不断开拓创新。

开放的习作教学思维要求教师创造条件实现教学空间的开放。写作是最具有开放性的，囿于课堂的习作教学必然是失败的。教师应积极引导学生走向校外去认识、感受丰富的生活，不断扩大写作范围。教室之外，图书馆、阅览室、体育场、风景名胜、街头巷尾等，都应成为学生主动求知，感悟生活的课堂。有条件的学校，还可开辟网上阅读空间，扩大知识容量，增大信息密度，培养学生开阔的视野、综合的思维和恢宏博大的胸襟，让五彩缤纷的生活成为每个学生写作的源头，让本应充满生命气息的作文走出束缚灵魂的传统训练的藩篱，再现其亮丽的色彩。

开放的习作教学思维还要求教师创新教学，实现学生思维的拓展。学生的思维是最活跃的，视界是最明澄的，个性是最独特的，生命意识是最强烈的。创新也是作文的灵魂，是学生彰显个性、充分发挥个人才智、体验写作快乐的关键。创新的本质就是要突破旧思想、旧观念、旧模式，重新构建开放的、发散的思维形态，这就需要教师高度自觉地培植学生的人生立场和健全的人格，力克立身处世上的盲目从众；需要教师创设民主化、立体性的思维场景、宽松和谐的思辨氛围，自由地发展学生独特的价值观和审美观，并由此出发，让学生敢于怀疑既成定论，勇于否定既有定律；需要教师引导学生从不同角度、不同观点、不同层面去思考同一问题，去获得不同的感受和体验，丰富作文思维的内涵并找到独创的新意；需要教师引领学生走出作文思维上的定势，引导他们将正面与反面、纵向与横向、发散与聚敛等各种对立统一的思维方式有机地融为主体动态式思维结构，从而最大限度地扩展其思维空间。

（五）及时性的教学评价

习作教学中教师应能够对学生的作品进行全面、客观、准确的评价，指出作品中存在的问题，并给予学生建设性的反馈和指导，以便学生更好地改进和提高作品的质量。同时，教师的评价还应具有多元化特征，可以采用口头评价、书面评价、个别辅导、小组讨论等多种形式，以便更好地满足不同学生差异化的学习需求。

（六）面向生活实际

习作教学注重实际生活的应用，通过引导学生写真实、生动、富有表现力的作文，培养学生的语感和表达能力，从而提高学生的实际应用能力。

比如，教师可以设计一个以"小学生如何过一个健康的周末"为主题的习作活动。在这个活动中，教师首先可以让学生通过阅读相关文章、观看视频等多种途径，了解到各种保持健康生活方面的知识和技能，如合理饮食、运动健身、放松休息等。然后，教师可以让学生通过创作，如写日记、绘制图片等，将所学知识和技能应用到实际生活中，记录自己在周末的健康生活方式。最后，教师可以让学生相互分享自己的习作成果，并给予积极的评价和建议。

通过这样的习作活动，学生不仅可以掌握健康生活方式的相关知识和技能，还可以将所学内容与实际生活相结合，使得学习变得更加有意义和有价值。此外，学生在创作过程中，还可以锻炼自己的思维能力、表达能力和创造力，促进自身的全面发展和成长。

因此，小学语文习作教学具有面向生活实际的特点，通过创作活动将所学知识和技能与实际生活紧密结合，使得学习变得更加轻松有趣。

二、小学习作教学的内容

（一）第一学段（1—2年级）说话写话的教学内容

1. 对写话有兴趣，留心周围事物，写自己想说的话，写想象中的事物。
2. 在写话中乐于运用阅读和生活中学到的词语。
3. 围绕一个意思把事情说清楚。
4. 有条理地说出一件事，清楚地说出自己的感受。
5. 按顺序把活动的过程说清楚。
6. 按顺序观察图画，把图上的内容说清楚。
7. 看图说话写话，合理想象。
8. 能写几句连贯、通顺、完整的话。
9. 学习写日记。
10. 按一定顺序说写动物。
11. 按一定顺序说写景物。

（二）第二学段（3—4年级）习作的教学内容

1. 学习观察事物、景物、人物的基本方法，有目的地观察，有良好的观察习惯。
2. 能按一定的顺序写好一件事。
3. 学习写人、写景状物，学习写一次活动、参观记、读书笔记、仿写、续写的基本方法，写好此类文章。
4. 学习把文章写具体，把一段话写得有重点的基本方法，能把文章写具体，把一段话写得有重点。
5. 学习描写对象、植物、动物、活动、建筑物、人物的一般方法。
6. 学习描写人物对话、心理的方法，进行人物的对话、心理描写。
7. 学习细节描写的方法，进行细节描写。
8. 学习具体、生动、丰富的描写。
9. 学习点面结合写活动的方法。
10. 学习审题、选材构思和组织材料。

11.学习修改习作中明显错误的词句。根据表达的需要，正确使用冒号、引号等标点符号。课内习作每学年16次左右。

（三）第三学段（5—6年级）习作的教学内容

1.进一步学习观察事物、景物、人物的基本方法，有目的地观察，有良好的观察习惯。

2.能按一定的顺序写好一件事；掌握写人、写景状物文章，学习写一次活动、参观记、读书笔记的基本方法，写好此类文章。

3.写好命题和半命题作文，写好说明文、诗歌等。

4.巩固并掌握把文章写具体，把一段话写得有重点的方法，能把文章写具体，把一段话写得有重点。

5.巩固并掌握描写植物、动物、建筑物、人物一次活动的一般方法。

6.巩固并掌握描写人物对话、心理的方法，进行人物的对话、心理描写；掌握细节描写的方法，进行细致描写。

7.巩固并掌握侧面描写的方法，学会进行侧面描写。

8.巩固并掌握点面结合写好活动。

9.学习审题、选材、立意、组材、开头、结尾、过渡、照应、静态和动态描写，多种方法叙述等方法。

10.写好材料作文，学习联想、推想、想象等方法。

11.能写简单的纪实作文和想象作文，内容具体，感情真实，条理清楚。

12.能写读书笔记。

13.能根据习作要求自主选材，编写作文提纲。

14.能围绕目标系统地搜集、整理材料。

15.能进行初步的记叙、议论、抒情的综合训练，为升入中学打好基础。

16.懂得写作是为了自我表达和与人交流。养成了留心观察周围事物的习惯，有意识地丰富自己的见闻，珍视个人的独特感受，积累习作素材。

17.修改自己的习作，并主动与他人交换修改，做到语句通顺，行款正确，书写规范整洁。根据表达需要，正确使用标点符号。习作要有一定速度。课内习作每学年16次左右。

第四节　小学语文习作教学的类型和程序

一、小学习作教学的类型

（一）简单纪实类型的教学

纪实作文就是如实地写人、记事、写景、状物的作文，如记叙文和说明文等。进行纪实作文的训练，就是要求学生写真实的内容，培养他们写实的本领，也就是培养他们对生活和学习的"再现力"。纪实作文训练的方式有很多种，而最常见的有观察写话、片段素描、听写故事、口述课文，根据命题写纪实作文，自拟题目作文，缩写、改写、仿写、扩写、续写等。

1. 观察写话

观察写话就是引导学生把生活中的观察所得写下来，写出自己对周围事物的认识和感想，鼓励学生多阅读和运用生活中学到的词语。观察写话，可分为观察图画写话和观察生活中的事物写话。

（1）观察图画写话。①观察图画写话，主要是把图上自己观察的内容写下来。一幅好的图画是作者对生活的反复观察、分析，选取出的最能反映主题思想的画面，是经过周密思考创作出来的。因此，看图作文，对引导学生学习如何观察、体验、分析现实生活，如何选材、组材、确定中心，都有一定的作用。对于第一学段的学生来说，在进行观察图画写话时，一般是先要求看一幅画写一句话，然后要求用完整的句子写出图意，图可以是课外的简单地画，也可以是课本中单元练习的插图。随着年级的升高，学生则可以选择多幅图写话，具体来说，就是先粗略地把每幅图看一看，大致了解几幅图表达的整体意思，然后再仔细看每幅图的内容，先用一句话表达图意，然后再把几句表达图意的句子连贯起来。②要组织好写话，必须先选好画。选择的画首先要健康，贴近学生生活，学生容易理解。可以让学生从家中的报纸、画册或课外读物中选择自己最感兴趣的图画；还可以让学生自己手工操作，先画画、剪贴图画，再写出图意。

（2）观察生活中的事物写话。引导学生观察生活中的事物写话，开始要让他们观察单一的、特点比较明显的事物，让学生先感知事物，然后再将其说出来、写出来，最后再扩展到比较复杂的事物，培养学生区别和抓住各种事物特点的能力。观察事物可以在课堂上进行，教师把事先准备好的实物展示出来，再让学生基于课堂观察展开讨论，也可以带学生到课外现场观察实物。教师要注意尽可能给学生创造表达的机会，让他们有观就有感，有感就表达。

2. 片段素描

写作中的片段素描就像画画中的素描一样，它是第二学段的学生练习写实能力的有效形式。这种形式是借鉴美术教学的经验而创造出来的。具体步骤是先引导学生观察事物和活动，然后根据自己的观察，把观察对象叙述和描写出来，不要求全篇，可以是片段。片段素描一般从单个静物开始，如文具、玩具、劳动工具、自己动手做的工艺品等。随着年级的升高，到了第二学段片段素描练习的内容可以广泛一些，可以描写人物、景物和场面等等。让学生写片段，可以采用看图写片段、做实验写片段、手工劳动写片段、创设情境写片段等多种训练方式。教师以学生熟悉的生活为题材，提出写作范围，让学生练习写片段。

片段素描要求有具体的计划和目标，注意读写结合，从描和仿入手。此外，还要注意引导学生运用准确、生动的语言，从而使他们能够找到恰当的语句来表达。通常来说，这种训练方式既可在课堂进行，也可让学生在课外进行。在课堂进行时，要注意以下五个方面：①启发引导。重视激发兴趣，拓展思路。②要求写作。写作时间应该有限制，以便训练学生敏捷的思维能力。③互相交流。学生在写作时，教师要走进学生中去，给予适时的指导和帮助，了解情况，以便把好的和一般的作文作比较，让学生取长补短，互相学习。④表现激励。多肯定学生的长处，尽力找到他们作文中的闪光点，以便激励学生更好地发展。⑤要求修改。在课堂外进行时，可以对写作思路进行沉淀，可以更从容地对语句进行润色，当然这一切都离不开教师的引导。

3. 听写故事

教师在课堂上用生动的语言讲述一个故事，并在黑板上写出故事中的人物和地点，然后让学生用书面语言复述这个故事，这种练习方式可以训练学生的听说和记忆能力，并在口语的基础上学习书面语言，但是这种练习方法一般仅适用于低年级。

4. 口述课文

口述课文也属于纪实作文的教学，一般适用于故事性强的叙事作品，可分为详细口述、简要口述、摘要口述、综合口述等。虽然作品中的事并不是学生的亲身经历，但是这种作文练习可以使学生加深对课文内容的了解，掌握课文的思想内容和写作方法，并能丰富自身的词汇量，熟悉语言结构，同时还可以开拓学生的思维。

5. 根据命题写纪实作文

命题作文是指由教师出题，学生按题要求来作文的练习，通称"大作文"。具体要求是由学生独立构思写作，内容结构比较完整，有一定的创造性和综合性。采用命题作文的方式，可以把学生的思路集中在一个焦点上，便于统一的指导和讲评。但其弊端在于：题目由教师出而文章却要学生写，教师出的题目和学生所要表达的思想内容有时不容易取得一致；再加上来自不同家庭的同学，他们有各自的生活经验和兴趣爱好，一个题目要适合每个同学的表达愿望很不容易，如果弄得不好，会损害学生作文的积极性。所以命题作文尽可能地适应大部分同学，要注意从学生实际出发，出一些容易启发学生思考、引起学生联想的题目。要使命题恰当，就要十分注意命题的范围和依据，这可以从两个方面去考虑：一是结合精读课文教学（也包括其他课文）命题，二是结合学生的生活实际命题。命题的方式主要有以下几种：

（1）统一命题。这种命题方式要尽可能使题目靠近学生的生活积累和思想实际，不可出难以理解的题目。对初学写作的学生来说，作文题目一定要明确、简洁、新鲜，教师不能凭自己的兴趣和爱好随意出题或者设置障碍。

（2）半命题。半命题是由教师规定题目的大致范围或有关要求，让学生根据自己的实际，把题目补充完整，然后自由选材作文，如以《我喜欢……》《我学会了……》为题让学生自由发挥。

（3）选择题。教师出若干题目供学生选择，对这些题目进行分类，把内容上相互联系的题目放在一起，以便让学生区别对待。例如，同一题材的有《我们班上的小雷锋》《在她遇到困难的时候》《＿＿＿＿笑了》等；同一中心的有《我生病以后》《在我生病的日子里》《妈妈，我忘不了你》等；同一写作重点的有《心爱的玩具》《我们的教室》《绿色的校园》等。把题目进行归类能使学生通过比较，学会触类旁通，同时可以给他们提供选择的机会，使他们能够将自己内心的真实想法表达出来，从而达到作文训练的目的。

不管采用何种方式命题，都应该使作文的题目范围放宽，促使每个学生都能够在指定的范围内找到自己所要表达的内容。采用命题作文的方式时，不能对学生要求太高，要淡化"审题"，不要在是否"切题"上过高地要求学生。评议学生的作文，应主要着眼于文章的内容和文字的表达。如果学生写跑题了，也不应对学生进行批评，而应该引导他们根据自己所写的内容，给作文重新命名。通过这样的方式，为学生提供一个无拘无束的自我表达的天地，使其加深对题目和作文内容的理解。如果对学生的"审题"和"切题"要求过高，一离题就评学生作文不及格，必然会打击学生作文的积极性，约束他们的思维，导致学生作文时谨小慎微，不敢大胆表达自己的想法。这对发展学生的写作思维是极为不利的，教师要尽力避免教学中的不当言行。

6. 自拟题目作文

自拟题目作文，就是教师不规定写作范围和题材内容，让学生自己选择题材，自己确定题目写文章。这种方式，可以充分发挥学生的主观能动性，让他们放手写自己熟悉的人、事、物、景，表达自己的真情实感。在习作教学中，要减少命题作文，大力提倡学生自主拟题。自拟作文的方式如下：

（1）引导学生利用生活积累自拟题目作文。学生在日常的学习生活中，对周围的人、情、物多多少少会有一些积累，教师可根据他们的生活实际，提出一个范围，激起学生对积累的回忆，使他们脑海中创新的火花尽情闪烁。

（2）引导学生认真观察事物后自拟题目作文。在布置学生观察任务时，教师应引导学生留心周围事物，认真观察、辨别它们的特点，对观察的对象可以不提出具体的要求，可以是一个人、一处景、一个场面或一个动物，将其特点记录下来，到作文课上再把自己的观察所得呈现出来，自己给自己的习作加一个题目；也可以在作文课上先由教师做实验，或展示表情动作，或出示实物，让学生观摩，然后根据自己的观察再作文，题目自拟。需要注意的是，学生观察时一定要仔细，不能流于形式，教师要培养学生认真、细致观察事物的习惯。同时，教师应该注意时间的安排，处理好"观"和"写"的关系，不能本末倒置。

（3）开展活动引导学生自拟题目作文。教师在开展有意义的活动时，不要对学生过早地布置作文，因为对于许多作文能力较差的同学来说，过早地布置作文往往容易使他们产生一种疲倦甚至恐惧的心理。教师应该和学生一起全身心地投入，在活动结束后，再和学生交流，在学生处于兴奋状态时，引导学生谈谈自己的见闻感受，因势利导地布置学生作文。

（4）引导学生根据自己的感受自拟题目作文。学生在生活中有欢笑，也有忧伤；有成功，也有失败；有顺利，也有坎坷，这些都会促使学生产生各种情绪，如钦佩、赞赏、厌恶、看不惯等。有了这样的感受和认识，学生便有了向人倾诉的愿望。因此，教师应该为学生提供机会，让他们自拟题目，写出自己内心想说的话。

7. 缩写、改写、仿写、扩写

（1）缩写。缩写是在教师的指定范围内用比原文少的文字（在字数上应有一个最高限度）表达原文的基本内容。这种练习有助于培养学生综合、概括、提炼的能力。指导学生练习缩写应该注意：正确掌握原文的内容以及原文中的主要人物、主要情节，可以把次要人物、次要情节以及描写、议论、抒情等语句删除；缩写后的文章仍要结构完整，重要的时间、地点、人物应交代清楚。

（2）改写。改写是对同一内容用不同的形式来表达的练习，这种练习可以培养学生的语言组织能力和想象能力。改写的方式有多样，可以改变人称、文体、叙述方法等。动笔改写前，要让学生认真通读全文，理解原文的内容，做到心中有数。改写时有些地方需要在合理想象的基础上做必要的补充。在小学阶段，还要求学生掌握文本知识及篇章结构的知识，并着重进行改变人称的练习。

（3）仿写。从模仿到创造，是写作的必然过程。在作文训练中，应该注重仿写练习。仿写既非生搬，也非抄袭，而是从范文中得到启发，加以借鉴。例如，小学生看了许多童话故事后，会在心中积累不少传奇人物的离奇故事，要他们仿写，他们会有极大兴趣，充分发挥想象，这种热情甚至会超过其他形式的作文练习。教师要充分调动学生的积极性，让他们有一个发展想象力和创造力的机会。当然也可以仿写课文，通过仿写课文能检查学生对已学课文的理解。

（4）扩写。扩写与缩写相反，它不是对原文的压缩和概括，而是对原文的扩展和升华。扩写可分为全篇扩写和局部扩写两种。扩写既可以扩展原有的情节，也可以增加新的情节，但必须是对原有情节的合理扩展和补充。这种作文练习一般对学生的知识储备要求较高，它既要求对原文的正确理解，又要求学生有一定的生活积累。这种作文训练，有助于开拓学生思路、发挥想象力。这种方式一般适用于高年段的作文训练。

（二）简单想象类型的教学

练习写简单的想象作文有多种形式，常用的有看图作文、听音响编故事作文、观察物品作文、故事类新材料作文、读古诗词作文、创设情境作文、假想作文等。

1.看图作文

这里所说的看图作文，是指看图写想象作文，与前面所说的只要写出画面意思的"观察写话"有所区别。图画来源于现实生活，它是生活的一个缩影，因此，它反映的只是事物的局部，是一瞬间的情景，并且是平面的、静态的、无声的。要把图画写活、有生气，就要借助想象，想象图中没有画出来的形象，使画面由平面变为立体，由静态化为动态，由无声变成有声。这种作文形式适合小学阶段的学生。

2.听音响编故事作文

听音响编故事作文就是借助一定的音响、音乐，引导学生展开相关联想，进行故事的编写。在日常生活中，学生能听到许许多多的声音。这些声音都与一定事物有关系，这种听音响编故事的形式，学生非常感兴趣。假如让学生听一个没有结尾的故事或听一段没有说明的音响，然后让其通过想象和联想写一篇文章；又如放一段鸟儿们及小动物们的鸣叫声，学生可能以"森林王国的故事""森林法庭内外"等为题编成故事；再如放一段敲门声或脚步声，学生可能会写出"邮递员叔叔来了""爸爸回来了"等题目的习作。听音响编故事，需要联系实际大胆想象，在什么情况下会发出这几种声音，要尽可能地多想出几种可能性，但这种可能性不能太随意，应划定想象的范畴，有一定的指向，只有这样，才能锻炼学生的想象力和创造力。

3. 观察物品作文

观察物品作文是一种先观察物品后写作的作文练习形式，教师可以在讲台上提供一些文具、生活用品、娱乐玩具，如枪、笔、布娃娃、汽车模型等。例如有位教师即将授课《玩具的故事》，上课前会先让学生把家里带来的玩具摆到桌上，引导学生经过自由组合，想象它们之间可能发生的故事。这种作文练习可以充分激发学生的想象力。观察物品作文练习在美国一些小学里比较盛行：教师准备一个摸物袋（箱），里面装着玩具、木片、布块、岩石、文具等物品，让学生摸出一件后，在其刺激下，联想到跟这物品有关的种种事情，从而形成作文内容。

4. 故事类新材料作文

故事类新材料作文是以提供的新材料为基础，拓展想象，按提示编写故事。这种作文学习可以利用学生的兴趣，使他们在兴趣中完成作文。例如，有位教师指导学生参加"春雷杯"作文比赛，题目是《道德法庭审判会》。它说的是有只猴子爱乱扔瓜皮果核，且不听劝诫，为此动物王国开了"道德法庭审判会"来教育它，使小猴子终于认识到了自己的错误，并决心改过。指导教师要求每个参赛的同学具体想象审判会的情况，写成一篇500字以上的文章。

5. 读古诗词作文

读古诗词作文是要求学生先读古诗，然后把古诗文改写成现代文。这种作文训练是一个极好的锻炼想象力、培养创造性思维与提高语言表达能力的作文训练形式。因为它可以让学生突破时空的限制，走近那些伟大的古代诗人以及他们所处的时代，体验他们的感受。这种作文训练形式会使学生感到新奇而快乐，同时，利用古诗词改写现代文，也是一种很有效的美与情感熏陶手段。例如，有位教师在赏读完李白的《望庐山瀑布》以后，让学生以"李白游庐山"为题写一篇想象作文。

教师向学生提供了李白这位伟大诗人的性格特点以及写作这首诗的背景材料，让学生充满感情地朗读，在学生深刻地理解了《望庐山瀑布》后，再要求学生根据自己对诗的理解来写作。学生在激情高涨的时候一听说要写这样的作文，个个都跃跃欲试，个个都急于走近李白，急于体验李白的浪漫。读古诗词作文可以使学生的思维活跃起来，他们能根据自己对阅读对象的理解充分展开自己的想象，然后写作文。

6. 创设情境作文

创设情境作文是以情境创设为手段，以情趣激发为核心，利用改善影响学生写作能力的内部因素和外部因素，把习作教学与智能训练、语言表达、性情陶冶、思想教育有机结合起来的一种作文训练形式。现在小学生作文普遍存在着无物可写、无话可说、无情可抒的通病，究其原因乃是学生缺乏作为写作素材的生活积累。这是因为一方面学生的学习任务过重、生活范围狭窄；另一方面，恐怕是教师忽视了对学生间接经验的指导。叶圣陶先生认为，习作教学应"从内容入手"，基本思路之一是"强调丰富学生的生活，培养学生获得并积累生活经验的能力"。创设情境作文可以为学生创设条件，帮助他们克服自己的弱点。这种习作教学对于低学段的同学更为适用、更能激发他们的想象力。

7. 假想作文

假想作文是根据给定材料的基础上，创造新形象的一种作文形式。假想作文和编童话非常相似，都需要凭借儿童的想象展开；区别是童话一般都有故事情节，而假想作文不受此限制，它比较灵活，不一定有故事情节。假想作文可分为两类：一是假设作文，二是幻想作文，二者相比，前者较具现实性。

（1）假设作文。假设作文是让学生假设某种情境，再根据这种情境，结合自己的生活经验进行想象和联想。

（2）幻想作文。幻想作文是让学生运用文字把自己幻想中的画面、色彩、情感、意向表达出来，例如写《二十年以后的我》《在大森林里迷了路》《落地扇和空调的一次对话》《我变成隐形人以后》；还可以采用半命题的形式，《未来……》《我要发明……》，学生可以充分发挥自己的聪明才智，海阔天空地进行想象。

总之，假想作文要充分调动学生的积极性，让他们展开想象的翅膀，发现自己想表达的情感。幻想习作教学目的在于解放人，解放人的精神和心灵，把写作潜在的想象力、创造力和表现力，都充分地释放和激发出来。

（三）读书笔记类型的教学

俗话说得好"不动笔墨不读书"。读书如果只是一般性的浏览，对于小学生来说很容易忘记，因此，写读书笔记可以帮助小学生实现有效的阅读积累。"读书笔记"是指小学生在日常的学习生活中，把自己阅读书籍的心得体会和精彩内容记录整理下来的文字材料。许多教材把读书笔记纳入常见的应用文范畴是有一定道理的，因为它可以帮助记忆，培养思考，积累材料，开阔视野，提高语言文字的表达能力，有利于发现新问题，有助于研究新问题。

读书笔记训练的方式有很多种，最常用的方式有摘录式、提要式、心得式、评论式、存疑式、仿写式等。

1. 摘录式

摘录式就是在阅读中把自己感兴趣的词、句、段摘录下来，以供日后熟读、背诵和运用。小学生生活阅历浅，缺乏对生活的认识，教师可引导他们把自己对生活的感悟，以及自己对课文的解读摘录下来。这样可以促使他们加深对语言文字的积累，同时又可以加深对阅读文本的理解和感悟。

2. 提要式

提要式就是通过编写内容提纲，明确主要和次要内容，并把它们提炼出来的一种写作训练形式。这种方式的训练，可以帮助学生提高自己对阅读文本的总体把握能力。这里的"阅读对象"可以是语文课本，也可以是课外读物，例如童话故事、警句格言、词语典故等。这样做，不仅可以加深对所读内容的印象，而且摘录下来的资料将成为他们以后作文训练时一个非常丰富的资料储备库，可以极大地帮助学生解决作文训练时缺乏素材的困惑。

3. 心得式

心得式就是把自己在阅读中对某一问题的认识记录下来。这种读书笔记的作文训练方式可以帮助学生捕捉生活和学习中的浪花，促使他们把生活所得和学习所得联系起来，加深学生对生活和学习的理解，使他们在今后的写作中能有物可写、有事可记、有感可发，改变作文训练被动的状态。

4. 评论式

评论式就是对书中的人物、事件加以评论，以肯定其思想和写作技巧。评论的对象可以是书名、文中人物或事件。这种作文训练可以帮助教师了解学生的阅读能力和对事物的认识能力，同时可以锻炼学生的思维能力，培养他们的抽象思维能力和论辩能力。

5. 存疑式

存疑式就是记录读书中遇到的疑难问题，并分别进行询问请教，达到弄懂的目的。这种方式可以促使学生边阅读边思考，养成勤于思考、勇于存疑、善于提问的习惯。学习的过程，其实质是学习者不断的"生疑—质疑—释疑"的过程。只有"存疑"，才能让学生产生认知冲突，促进学生思考。教师教学一定要鼓励学生存疑，鼓励他们把自己的疑问写成读书笔记。

6. 仿写式

仿写式就是对所摘录的精彩句子、段落进行仿写。这种训练在简单的纪实作文的教学中已有叙述，这里不再赘述。

以上所介绍的读书笔记只是最为常用的几种，在实际教学中还远远不止这些。

二、小学习作教学的程序

（一）第一学段着重练习写话

写话，就是把自己想说的话写出来，它是最初的、最基本的训练。一般一年级上学期练习说话，下学期开始练习写话，用说话作为作文训练的开始，让学生由说话到写话不断进步，引导学生不自觉地走上习作之路。

1. 引导学生从说话开始

习作教学先是口头作文，然后才是书面作文。入学以前，孩子们都会说话了，有的小嘴还挺乖巧的；入学后，知识、见识与日俱增，"说"也就越发"滔滔"了。习作教学要充分利用各种条件，不断开发学生"说"的能力。

2. 激发学生的写话兴趣

所谓"激发写话兴趣"，就是面对事物时，教师要诱发学生的好奇心，激发学生的参与欲望，让他们带着一种高涨和激动的情绪参与并思考。同时，教师还要注意消除他们的恐惧心理，使他们感到：把自己想要说的话写下来是一种很有意思的事，是一种快乐。

3. 引导学生写自己想说的话，写想象中的事物

现在的学生看待事物都有自己的观点与态度，习作教学就要充分利用学生的这种心理特点，激发他们表现自己的欲望，引导他们把自己的想法说出

来和写下来，记录下自己对周围事物的感受，从而使自己的知识体系和思维模式由基础型走向发展型。

4. 培养学生"学"和"用"的意识

培养学生"学"和"用"的意识，是指在写作中培养学生运用日常积累的词语和其他语言材料的意识和习惯。任何文章都是由词和句组成的，词和句是文章的"血液"，只有把词运用得准确无误，把句子说得清楚明白，文章才能达到表情达意的目的。初学写作的第一学段的学生应当在基础的语句上下功夫，教师应启发他们在写话中灵活地运用所学词汇。

(二) 第二学段继续鼓励学生自由表达，训练习作

与第一学段相比，第二学段进行习作训练，除继续激发学生的自主表达欲望之外，还要注意两个方面的内容：一要强调学生留心观察周围事物，乐于书面表达，增强习作的自信心，并突破课文范围，能不拘形式地写下见闻感想，着重表现自己觉得新奇有趣或印象深刻的内容；二要鼓励学生在课堂或课外将自己的习作读给别人听，与他人分享习作的快乐，尽可能地为学生提供更多的使用简短书信便条进行书面交际的机会，唤起他们尝试在习作中运用自己平时积累的语言材料，特别是唤起他们使用新鲜感的词句的欲望。同时，第二学段习作教学要求语句通顺流畅，意思清楚明白；学生能够自己修改习作中有明显错误的句子，根据表达的需要，使用冒号、引号等标点符号。

(三) 第三学段着重练习写成篇的作文

在第一、二学段学生练习了自由表达的习作后，高段要求学生练写成篇的作文。这一学段应要求学生贴近生活实际、积累习作素材，写作时易于动笔、乐于表达；要尽可能地减少对学生的束缚，鼓励自主表达和创意表达，但要把"围绕一个主要意思写"和"要有一定的条理"作为训练重点。

第三学段要求学生注意取材、构思、起草、加工等环节，旨在让他们在写作实践中学会写作，并提高自己对生活的认识和把握，重视对作文的修改。具体来说，在写一篇作文时，要适当讲究文章的立意和布局及材料的剪裁。要求学生明确表达文章主旨。学生在立意之后要考虑选取什么材料较为合适，然后选择合理的顺序进行写作。通过这些练习，学生应该明白如果把

一篇作文比喻成一个人，那么题目是"眼睛"，中心是"心脏"，结构是"骨架"，材料是"肌肉"，语言是"血液"，这五者缺一不可。

整个小学阶段的作文学习，对于学生来说，是一个从激发兴趣、不拘形式地自由表达到写成文章的过程，对于教师而言，又是从一个放、拢的过程。教学应该注意培养学生的思维由发散走向规范，习作教学要循着从口头语言的表达到书面语言的表达，从能用说话、写话表达自己到写成文章的教学规律前进，不能急于求成，对学生应多鼓励、少批评，使他们由怕写作到提笔就写，最后达到喜欢作文的目的。可以说，学生喜欢写作就是习作教学的最大收获。

第二章 小学生习作兴趣的培养

第一节 小学生心理、思维及语言特点

一、小学生心理特点

（一）低年级学生心理特点

1. 一年级

对于刚入学的一年级儿童来说，一切都是陌生的，因而难以适应新环境；对学习有好奇感，却很难做到专心听讲，独立完成作业；很乐意和同学进行接触、交谈；特别信任老师，相信老师的话，尊重老师的行为和评价；很多学生没有相应的劳动习惯，对其父母的依赖性很强；行为摇摆不定，不善于控制；对成功的喜悦和失败的痛苦都很强烈；有当好学生的愿望，只是不熟悉学校的生活，不了解学校常规。他们渴望参加光荣的少先队组织。他们好奇、好动、喜欢模仿，并且有直观、具体、形象等思维特点。

2. 二年级

二年级学生已基本适应小学的学习生活。他们知道学校的规章制度，懂得一些行为常规，而且愿意努力遵守。在上课听讲、完成作业、遵守公共秩序、尊敬师长、简单的自我服务性劳动等方面有了一定的基础。他们习惯过集体生活，喜欢和小伙伴一起活动；开始有了自我控制的能力，喜欢表现自己，竞争意识和上进心有所发展，能树立近期的奋斗目标，都想成为好学

生，并渴望参加少先队的一切活动。好奇、好动、好模仿，思维的直观性、具体性、形象性仍然是其共同的特点。

（二）中年级学生心理特点

1. 三年级

三年级学生的思维正处于由形象思维向抽象思维过渡的时期，但仍以形象思维为主，模仿性较强；想象能力也由模仿性和再现性向创造性的想象过渡；集体主义情感有所发展，良好的道德品质正在形成，但极不稳固。感情容易激起和爆发，不善于控制，虽已能从事需要一定意志支配的工作，但意志力还很薄弱，自觉性、主动性、持久性都较差，遇到困难和挫折，往往动摇。三年级学生自我意识逐渐发展，逐渐学会道德原则的评价标准，评价能力开始发展起来，往往是提出自己的见解。道德感、正义感开始萌芽，但很容易受到外界的影响。

2. 四年级

四年级学生正处在由儿童期向少年期转变的过程中。他们的独立意识开始增强，已经不满足于单纯地听老师的话，也不满足于接受课堂教学。他们爱看课外书，对自然现象、社会现象产生浓厚兴趣。同学之间在学习上出现了较明显的差距，兴趣爱好也有所分化。他们对集体生活已经比较熟悉和习惯，愿意参加集体活动，也逐步树立起集体荣誉感，并有了广泛交友的愿望。他们的活动范围比以前扩大，接触社会比以前多，但他们看问题仍然比较幼稚，对复杂的是非常常分辨不清，对日常生活的基本准则虽然知道，但往往不能自觉执行，自控能力较差。

对于学生而言，一至四年级这4年是从幼儿园以"玩"为主的生活方式，慢慢转化为以"学"为主的过程，对于小学的"学习环境""学习内容""作息时间"都产生了极大的不适应。但由于其年龄的特征，对此感受不大，尤其是各方面的压力。所以在这四年中是一个对学生综合习惯培养的一个最佳时机（比如心智的培养、智力开发、习惯培养、生活习惯、学习习惯）。

（三）高年级学生心理特点

五、六年级属于学生心理的少年阶段，在各方面处于半成熟期，对许多事情的好奇心,超乎人们的想象。同时在其他方面也是成熟阶段(集中力记忆力思维由形象思维向抽象思维过渡)。在这个阶段是培养学生对知识认知度的最佳时机。

1. 五年级

五年级学生开始进入少年期,身心的发展正处在由幼稚走向自觉,由依赖趋向独立的半幼稚半成熟的矛盾时期。品德心理上具有以下特点:能认识和掌握一定的道理观念,对社会现象开始关注,开始有独立见解。道德感情开始多变而且不轻易外露。开始以一定的道德标准来评价人、事或社会现象,但仍有片面性。对学校的教育内容趋向思考选择接受。已有的行为习惯日趋稳定,但对新提出的行为要求则容易知行脱节。第二信号系统开始占优势,求知的欲望和能力、好奇心都有所增强,对新鲜事物开始思考、追求、探索。学习的兴趣更为广泛。同学间开始进行个人简单交往,往往偏重于情感。自我意识有所发展,开始注重穿着打扮,自尊心进一步增强,自主性要求日益强烈。

2. 六年级

六年级学生在小学里边处于大哥哥大姐姐的地位,他们一方面对母校和老师充满感情,另一方面又不满足于小学生活,向往进入新的更高一级的学习环境。六年级学生独立意识和成人感增强,他们不希望老师家长把他们当小孩对待,但他们在独立处理人际关系和其他实际问题上还很不成熟,需要成人的指导和帮助。六年级学生接触社会的面比以前广,吸取的信息也更多,对社会现象和国内外新闻比较关心,但不善于正确地进行判断与辨析;六年级学生敬仰英雄和名人,爱抄名人名言,想当英雄;他们对小学生的日常行为要求比较熟练。

二、小学生思维特点

(一)意象思维

小学生的意象思维特点是指他们在认识和理解事物时,主要依靠的是感性认识,通过感官、形象、符号等来表达和理解事物,具体表现如下:

1. 对视觉信息的敏感性

小学生的视觉感受非常敏锐，能够迅速地捕捉和记忆事物的外在形态，包括颜色、形状、大小、位置等。

2. 对语言信息的理解能力

小学生虽然还不具备抽象思维能力，但是他们已经具有很强的语言理解能力，能够根据语言描述来理解事物的内在含义。

3. 对符号的识别和应用

小学生具有较强的符号识别和应用能力，能够识别各种符号，并能够灵活运用各种符号进行表达和交流。

4. 对动手操作的熟练度

小学生善于动手，能够通过手工制作、画画、拼图等活动，表达和理解事物的形态和结构。

小学生的意象思维特点主要表现在对视觉信息的敏感性、对语言信息的理解能力、对符号的识别和应用、对动手操作的熟练度等方面。教师在教学中，应该注重培养小学生的意象思维，通过形象化的教学方式，帮助他们更好地理解和掌握学习内容。

（二）逻辑思维

小学生的逻辑思维特点是指他们在认识和理解事物时，逐渐具备了一定的逻辑思维能力，主要表现在以下几个方面：

1. 分类思维

小学生能够将事物按照共性和差异进行分类，形成分类概念，例如动物分类、植物分类等。

2. 归纳思维

小学生能够从个别的、特殊的事物中归纳出同一类事物的一般性规律与结论的思维方式，例如从多种动物的特征中归纳出"动物有呼吸、有生命、能运动"等一般性规律。

3. 比较思维

小学生能够通过对事物的比较，找出事物间的异同点，揭示事物的本质与发展规律，例如比较两种植物的特征、比较两个故事的情节等。

4.推理思维

小学生能够根据已知的事实和规律，进行推理和预测，推导出一个未知结论的思维方式，例如从已知的条件中推断出未知的结果等。

5.问题解决思维

小学生能够通过分析问题，发现并掌握事物规律与本质，从而解决实际问题的思维能力，例如解决数学问题、社会问题等。

小学生的逻辑思维特点主要表现在分类思维、归纳思维、比较思维、推理思维和问题解决思维等方面。教师在教学中，应该注重引导和培养小学生的逻辑思维能力，通过教学活动、游戏等方式，激发小学生的思维活力和创造力。

（三）感性思维

小学生的感性思维特点是指他们在认识和理解事物时，主要依靠的是感性认识，通过感官、形象、符号等来表达和理解事物，主要表现在以下几个方面：

1.对感官刺激的敏感性

小学生的感官敏感度比较高，能够迅速感知周围的声音、味道、气味、触感等。

2.对形象信息的认知

小学生的认知能力是以形象信息为主要依据的，比如图画、模型、视频等形象信息，通过这些信息，能够更好地引导他们对事物的理解和认识。

3.对情感信息的体验

小学生的情感体验比较丰富，很容易被情感信息所感染和吸引，情感体验是他们理解事物的重要依据之一。

4.对人际关系的敏感性

小学生对周围的人际关系比较敏感，能够较为准确地感知、理解和认识到自己与他人之间的关系。

小学生的感性思维特点主要表现在对感官刺激的敏感性、对形象信息的认知、对情感信息的体验以及对人际关系的敏感性等方面。教师在教学中，应该注重培养小学生的感性思维，通过生动形象的教学方式等手段，来激发小学生的学习兴趣和学习热情，提高他们的学习效果。

三、小学生语言特点

（一）创造性

小学生的语言表达一般具有创造性，他们有时会创造一些新的词语、短语或句子来表达自己的想法。在语言表达中常常表现出的创造性和独创性，主要包括以下三个方面：

1. 创造新词

小学生有时会创造一些新词来表达自己的想法。例如，他们可能会将两个或多个单词组合在一起，创造出一个新的词语。

2. 使用比喻和象征

小学生在语言表达中善于使用比喻和象征来表达自己的思想和感受，从而使语言表达更具有生动性和形象性。

3. 自由发挥

小学生的语言表达往往具有较强的自由性和随意性，他们喜欢用自己的方式来表达自己的观点和感受，从而创造出富有个性化的语言表达方式。

（二）直观性

小学生的语言表达具有较强的直观性，他们倾向于用形象、图画、比喻等方式来说明和解释抽象的概念，使得语言表达更加生动形象，易于理解和接受。

以下是三名小学生语言直观性特点的例子：

小明写一篇作文，描述夏天的海滩。他用"金色的沙滩、碧绿的海水、晒红的肌肤"等生动形象的语言来描绘海滩景象，让读者仿佛能够感受到夏日的阳光和海风。

小芳在作文中描写自己喜欢的动物——小猫。她用"柔软的毛发""大大的眼睛""咕咕的叫声"等生动形象的语言来描写小猫，让读者感同身受。

小华在讲故事时，用了"鬼影般的急速奔跑""如飞燕般的优美飞翔"等比喻来形容故事中的人物，让听众能够更加深刻地感受故事情节。

这些例子充分展示了小学生语言的直观性特点，他们更倾向于使用具体、形象、生动的语言来表达自己的想法和感受。教师可以通过鼓励小学生运用比喻、绘画等方式来表情达意，激发他们的创新能力和语言表达能力，进一步提高他们的语文素养。

(三) 情感性

小学生语言的情感性特点是指他们的语言富有较强的感情色彩，具有一定的感染力和表现力。

这一特点主要表现在以下三个方面：

1. 情感表达的直接性

小学生常常采用较为直接的方式来表达自己的情感，如"我非常喜欢这个礼物""我很伤心"等。

2. 情感表达的夸张性

小学生在表达情感时，常常会夸大其程度，如"我特别特别喜欢这首歌""我非常非常生气"等。

3. 情感表达的多样性

小学生在表达情感时，可以采用多种语言呈现方式，如文字、图画、手势、音调等，以便更加准确地表达自己的情感和情绪。

这些情感性特点使得小学生在语言表达中更加具有感情色彩和感染力，同时也需要教师关注情感表达的合理性和适度性，避免使用过度夸张、不准确的表达方式。教师可以通过适时的情感课程设计、建立良好的情感互动关系等方式，引导小学生在习作中表达真情实感，提高他们的情商和语言素养。

第二节　教师在习作指导时的语言特点

一、浅显明白，简洁通俗

教师在习作指导时在语言上要通俗浅显、简明准确，这对于孩子的语言学习和写作能力的提高非常重要。

儿童在语言学习中还处于发展阶段，掌握的词汇和语法知识相对较少，如果教师使用过于复杂或者书面化的语言，他们会难以理解和接受，导致教育效果不佳。因此，教师要用浅显易懂的语言，适当降低自己的语言水平，以适应儿童的语言接受能力。

同时，教师在习作指导中应该尽量少用复句和长句，避免给儿童带来过多的语法负担。更多地使用简单的单句和短句，能够更好地让他们理解和运用，从而促进其写作能力的提高。

二、清晰流畅，语速恰当

"清晰"包括语音、语意两个方面。

首先，教师的普通话水平必须达到国家规定的标准，语音要标准，吐字要清晰，切忌使用方音、土语。因为教师发音的准确与否，将对学生语言的准确性产生重大影响。

其次，"清晰"还包括语音清楚、准确、用词恰当得体。用词时要充分考虑到学生的语言实际水平，选择恰当的词语，既能准确无误地表达意思，又能被学生所接受；用句时，精心选择句式，善于变换句子，调整词序，既要符合语法规范，又要考虑到学生的理解和接受能力，这也属于通常所说的练词练句的范畴。

"流畅"是指教师说话时思路通畅、语句通顺、语流连贯、对答敏捷、不重复、不断线、不语塞。这种流畅具有音乐的美感，有节奏、有韵味，能令人回味无穷。这种流畅犹如慈母般的爱抚，能唤起幼儿情感上的共鸣。

三、委婉亲切，富有童心

教师在习作指导过程中的语言表达要委婉亲切、富有童心，这对于学生的情感态度和学习效果都非常重要。

"未成曲调先有情"，这句话非常贴切地描述了教师在教学过程中应该呈现的情感状态。教师的情感状态会直接影响到学生的情感体验和学习效果，因此，教师需要学会如何保持良好的情感状态，让自己的情绪能够和学生产生共鸣，从而形成一个宽松、和谐的学习氛围。

教师还需要像妈妈一样亲切，用轻声慢语、和蔼可亲、充满柔情的语言与学生交流，让学生感受到来自教师的关怀和支持。这种饱含慈爱之心的儿童化语言，会让学生们感到被理解和尊重，从而增强他们的学习动力和自信心，取得意想不到的教育效果。

四、新鲜活泼，生动形象

儿童形象思维占优势，抽象思维处于萌芽期。小学生的思维带有形象性和直观性特点，他们在认识客观世界时，主要是借助于种种形状、色彩、声音来进行感觉和思考。因此，教师要依靠形象、直观、绘声绘色的语言，把孩子全部感觉器官调动起来，使之参与认识活动。讲蓝天，则日月星辰拥来；讲大海，则波涛滚滚而至；讲花儿，则花香扑鼻；讲鸟儿，则鸟语入耳；讲炎夏，则感到大汗淋漓；讲严冬，则犹见白雪飘飞。教师用生动形象的语言来描述教学内容、教学要求，使学生感受到一种具体的形象，感受到一种审美的愉悦，只有这样，才能吸引他们的注意，使大脑细胞活动保持稳定的兴奋性，使孩子们如见其行、如闻其声、如临其境，从形象中接受与理解，从而取得良好的教育教学效果。教师都应以生动形象的语言调动起学生的情绪，于高兴处，能使学生们欢喜雀跃；于悲哀处，能使学生们潸然泪下。在生动形象的教育教学过程中，使学生们得到体的发展、德的升华、智的启迪、美的陶冶。

第三节 小学生习作兴趣的激发

一、博览群书，积累素材

读书破万卷，下笔如有神。这句话道出了写作与阅读之间的密切关系。阐明了凡作文，须胸中有万卷书根底的道理。纵观古今中外文学大师，能在文章中广征博引，显示其深厚的文化底蕴，很大程度上取决于博览、勤读。因此，学生只读小学语文课本还不够，教师必须引导他们多读课外书。然而，现在很多学生沉迷于手机、游戏，对读课外书的兴趣不大。众所周知，兴趣并非与生俱来，而是靠后天激发和培养。那么如何激发学生广泛的阅读兴趣呢？

第一，在阅读中积累词语，为作文准备素材，知识靠不断地积累，但人的记忆力有限，读过的书，时间一长，印象就淡薄了，甚至遗忘得一干二净。因此，在学生的阅读过程中，教师要引导他们坚持写读书笔记，边读边摘抄自己认为有用的内容，并进行分类，通过不断地积累，学生就拥有一个小型的知识材料库，读得越多，写得越勤，积累的材料品种就越多，作文的素材就越充足，从而解决了写作文时"无米下锅"的问题。

第二，借助范文，让学生的作文有话可写。常言道，见多识广。只有多读才能识广，才可以信手拈来的写作。例如，教师要求学生参照《桂林山水》中山的奇、险、秀和水的静、清、绿进行仿写。学生望着题目，手托下巴，不知从何下手，于是教师就将事先准备好的同类型作文片段提纲发给他们看，如写村头大树的高、大、密……使他们脑海豁然开朗！哦，原来这些东西也可以写成作文。如此借助范文，学生思维的闸门一下便打开了，似有千言万语要诉说。

第三，多读后，学生更善于捕捉典型事物和精彩镜头。比如，写《童年趣事》，这篇作文的中心要突出"趣"，要求写童年时代一件有趣的事，虽然是学生自己亲身经历的事，但它们也难以写出趣味，只是平淡的叙述，内容枯燥乏味。针对这一情况，教师为了激发学生兴趣，让他们从小学生作文书、作文报上收集一些有关写童年趣事的文章，引导学生从中阅读，捕捉典型事例，抓住精彩片段，感悟写作方法。这样一来，学生的文章便写得十分有"趣"了。

第四，作为一个有远见卓识的教师，必定会鼓励学生奔向"十字街头"，关注社会生活，扩大信息接收量，让社会现实生活的源头活水滋润作文田园。让学生关注社会现实生活，就要鼓励他们切实做到"眼多看，耳勤听，口常开"。作文与一个人的社会生活阅历和文化底蕴有密切关系，学生通过这样的多看、勤听、常说，就能成为一个"家事国事天下事，事事关心"的有心人。对于这样的有心人在进行习作训练时，何愁写作文不能信手拈来、言如潮涌？

二、观察生活，捕捉精彩

（一）学会观察，捕捉精彩，产生兴趣

观察能力是一种可贵的品质，教师要引导学生用眼去观察，用耳去聆听，用心去感受。课堂上，教师想要了解班上学生到校的方式。同学们七嘴八舌地讨论开了：爸爸、妈妈开车送来的，爷爷、奶奶骑电瓶车送来的，离校近的是自个儿走到学校来的。随后，教师布置一项任务：观察、记录上学路上发生有价值的事情。一周后的交流会上，学生的所见所闻、所思所感，令我刮目相看，很多反映的是浓浓的亲情。其中一名女生含着泪说起年迈的奶奶无论是刮风下雨，还是严寒酷暑，每天都弓着背，坚持开着电瓶车接送，她望着奶奶的背影，看着风中凌乱的银丝，她流泪了，决定以后要自己到校。也有学生在放学路上观察家乡的环境变化，尤其是在他经过地铁三号线建筑工地时，望着拔地而起的轻轨高架，一股自豪感油然而生。同时，让人欣喜的是部分学生能用独到的眼光来观察一些社会现象：马路两旁的早餐摊点尘土飞扬，卫生状况很差，对人的身体危害肯定很大吧？正值下班高峰期两辆汽车发生剐蹭，并无大碍，可是由于两名司机互不相让，造成了交通堵塞，大人们的宽容心哪去了……当然，每个学生对生活的观察体悟是有所差别的，因此其习作内容也会有所不同。这时教师要鼓励与肯定学生的个性表达，随着时间的推移，学生慢慢地便会产生写作的兴趣。

（二）学会倾吐，畅所欲言，培养兴趣

小学生的生活是多姿多彩的。教师要解放学生的心灵，鼓励他们说真话，写出真情实感，让作文成为学生倾诉心事的载体。

如半命题作文《我想对你说……》，这题目既可对某人说，也可对某物说，还能让学生自由表达对某人某事的看法，展示自己对生活的喜怒哀乐。班级里有名男生经常不做作业，影响了小组的荣誉，所以有很多学生就写了"小吕，我想对你说……"。习作中恰如其分地指出了小吕的缺点，真诚地表达了自己的希望。我还建议这小组开个交流会，读读这篇习作，谈谈感想。在由写到述的过程中，学生敞开心扉，畅所欲言，收获更多。学生对于

社会热点问题也很关注，教师在写作教学中可以引导学生表达真情实感。如《油条的自述》，运用拟人的手法，谈路边早餐的危害，谈对小贩的"抗议"。如《停电以后……》，学生结合亲身体验，"电的作用可真大，我们要节约用电"的感慨由衷而发。本研究发现这类习作能把课堂教学与社会生活相融合，充分发挥学生的潜能。

（三）参与实践，明理达情，提高兴趣

作文来源于生活，实践是学生作文素材积累的捷径，也是学生表达真情实感的基础。例如一次写跳远活动，在课堂上教师给学生一个动作、一个动作的讲解，自认为已到位，请学生再写，感觉只是几个动作的串联，少了"血肉"的充实。

要想解决这一问题，就需要教师带着学生来到沙坑边，让学生自己跳一跳，明确跳远的动作要点，谈谈跳远过程中的感受，再看一看其他同学是怎样跳的，找找经验与教训，然后再写，效果甚佳。在实践体验中，学生积累素材，有事可记录，有情可抒发，有理可阐述，也会乐于表达。

三、先说后写，下笔成文

（一）鼓励大胆说话，重视学生说话兴趣和能力的培养

说是写的基础，学生在说话的时候也在无形中训练了自己的语言表达能力和思维能力。给学生说话的机会，也是在提高学生的习作水平。

1.保护学生的自尊心，激发学生说话的兴趣

绝大多数小学生从小就爱说、想说，特别是在教师面前有强烈的表达和倾诉的愿望，要使学生长久保持这种倾诉表达的愿望，教师应抓住每一次机会，耐心地给予引导。

（1）从朗读入手，培养学生敢于说话。对那些羞于表达，不愿主动开口讲话的学生，绝不能急功近利，采用高压手段，逼迫其说话。对这一类学生，应该从其朗读入手，使学生先学会"说"文本上的话，再通过教师的引导和鼓励，敢于讲自己的话。

（2）从学生课堂发言入手，培养学生说话的兴趣。课堂是教学的主阵地，既是教师传道、授业、解惑的场所，也是学生学习、交流、提高的聚集地。课堂上应重视学生的交流，要给学生大胆表达的机会——可单独全班交流；也可创设情境，让学生在小组内自由交流。给机会让学生在课堂上大胆地谈感受、说体会，有助于学生语言表达能力的提高。

（3）从简单的礼貌问候语入手，培养学生文明用语。礼仪教育是学校德育教育不可或缺的重要内容。见面问声好，离开道个别，打扰别人说声"对不起"，请教别人说声"谢谢"。简单的一个问候，轻轻的一声道歉，反映的不仅仅是学生良好的修养，更是学生文明用语的一个良好开端。教师要培养学生文明用语就必须从这些简单的文明用语开始。

2.明确要求，循序渐进，提高学生说话的水平

说话看似简单，一张嘴就能说话，但话也不可乱说。俗话说：东西可以乱吃，话不可乱讲。让学生说话规范，使之说话水平提高，离不开教师有意识的引导。

（1）说好一句话。人每天都要说话，嘴一张，脱口而出就是一句话，但要训练学生规范地表达，还需要从说好一句话开始。扩句是训练学生说好一句话的捷径。学生在说每一句话之前，教师都应要求学生像训练扩句那样，尽量把话说完整，说完美。比如，在引导学生说"沙滩上有贝壳"这句话时，首先应让学生对自己先提问（什么样的沙滩？有什么样的贝壳？），然后把自己的答案加在句子里，使句子更加完整和完美。

（2）说好一段话。说好一段话的标准是什么呢？如果把几句毫无关联的句子串联起来，这便显得毫无意义，说好一段话的标准是围绕一个中心或一个意思来说。比如围绕"美丽"一词，说说哪个人或哪处景很美，美在何处？也可以让学生围绕一个句子来说，坚持不懈地训练，必能使学生说好一段话。

（3）说好一件事。把看到的或想到的事情有条理、清楚地表达出来，需要教师给予长期的、耐心的指导。教师通常在说之前先让学生想清楚这样一些问题：这件事发生在什么时候、什么地点？人物有哪些？原因是什么？这件事有怎样的曲折过程？结果又是怎样的？其实这六个问题便是学生写作的"六要素"。

（二）说写结合，培养小学生习作兴趣

在学生充分完整地表达过后，再让学生动笔将自己的所思所想写下来，把口头语言转化为书面语言，这便是作文。

1.说想结合，完善作文

学生说话内容可能会因为课堂气氛和自己的能力学识不足而表达得不规范、不完整。此时，就需要给学生思考的时间，让学生把自己表述不规范、不完整的地方重新进行完善和补充，再完整地把自己表达的内容写下来。

2.师生互助，生生互助，完善表达

学生在表达过后，可能会因为自己的知识和能力不足而不确定自己的表达是否完整与规范。这时就需要教师给予一定的鼓励和帮助。

3.借助工具书，避免错别字

在学生写作过程中，教师还要教会学生使用工具书，养成使用工具书的好习惯，以此尽可能减少方言对小学生习作的负面影响，尽量减少学生在作文中的错别字。

四、鼓励创作，推荐发表

在小学生习作教学过程中，教师应该鼓励学生创作，并推荐优秀作品发表，只有这样，才能激发学生的写作兴趣，提高学生的写作能力。

首先，教师应该鼓励学生大胆创作，让学生发挥自己的想象力和创造力，写出自己独特的作品。同时，教师也要提供充分的时间和机会，让学生反复修改和完善自己的作品，从而提高自己的写作水平。

其次，教师还可以推荐一些优秀的作品发表，让学生了解到优秀作品的标准和要求，从而激发学生的写作热情。比如，教师可以在班级或学校内组织一次作文比赛，让学生向优秀作品学习，同时也可以通过各种途径，比如报纸、杂志、网站等，让学生的优秀作品得到充分展示，增强学生的写作自信心和成就感。

最后，教师还应该给予学生充分的肯定和鼓励，让学生有足够的勇气和信心去创作和发表自己的作品。教师可以对学生的优秀作品进行展示和表扬，让学生感受到自己写作的价值和意义。

例如，在一次小学五年级的习作教学中，教师给学生布置了一篇以《我

的假期计划》为题的作文。在教学中，教师鼓励学生通过自己的想象力和创造力来展开写作，并向学生提供一些写作技巧和方法，例如如何描述场景、如何刻画人物等。同时，教师还应鼓励学生积极参加写作比赛、阅读比赛等活动，提高学生的写作技巧和能力。又如，一名学生写了一篇非常出色的作文，并获得了班级第一名。教师在批改作文的同时，还鼓励学生将作品发表在校刊上，并向其提供一些相关的资料和指导。学生非常高兴地接受了教师的建议，并顺利将自己的作品发表在了校刊上。

这样的教学方式，一方面通过鼓励学生将自己的作品分享给更多的人，让他们感受到写作的价值和意义，从而提高写作的自信心和积极性。另一方面通过参加写作比赛、阅读比赛等活动，学生还可以更好地展现自己的写作能力和创作才华，从而提高自己的写作水平。

总之，教师应该在小学生习作教学中鼓励学生按照自己的思路和想法进行创作，推荐优秀作品发表，让学生感受到写作的乐趣和成就感，从而激发他们的写作热情和积极性。

五、表扬为主，纠正为辅

表扬和纠正都是习作教学中非常重要的环节，二者缺一不可。但是，在激发学生习作兴趣方面，表扬实则更为重要。

表扬可以增强学生的自信心和积极性，让他们感受到自己写作的价值和意义，从而更加热爱写作。因此，教师在批改学生作文时，应该重点关注学生的优点和亮点，给予肯定和表扬，鼓励他们继续努力。

当然，在表扬的同时，也需要适当纠正学生的错误，帮助他们发现问题、解决问题，从而提高他们的写作水平。但是，纠正错误也需要讲究方法，不能因过于严厉而打击学生写作的积极性。

例如，在一次小学三年级的习作教学中，教师布置了一篇关于"我的好朋友"主题的作文。在批改学生作文时，教师发现一名学生的作文有许多错误，但教师并没有一味地纠正错误，而是首先表扬学生写作的积极性和较强的情感表达能力，并肯定学生的想象力和创造力。然后教师针对学生的错误，用鼓励的语言给予纠正，告诉学生应该如何避免类似错误再次发生。

这样的批改方式，既让学生感受到了来自教师的肯定和鼓励，也能促使他们发现自身存在的问题，进而对其加以改正，从而逐渐提高自己的写作水平，写出更好的作品。同时，学生也因为受到了教师的肯定和鼓励而更加热爱写作，自觉地去写作，使得自己的写作能力得到提高。

因此，在习作教学中，表扬和纠正应该相辅相成，平衡使用。表扬为主、纠正为辅，只有这样，才能更好地激发学生的习作兴趣和写作潜能。同时，教师还应该在教学中多运用互动、创新的方式，提高习作教学的趣味性和实效性。

六、范文赏析，品味成功

每一位学生的习作，都会有自己的闪光之处，如果教师能真正发自内心地认为"这么小，就能写出这样的语言来，真让人敬佩呢"，那么学生一定会从你的语言、语气、神态、动作中感受到，并发自内心地开心快乐，从而产生强大的写作能力。

课上，教师选出优秀的作品进行范文赏析，可以在一定程度上激发学生的习作兴趣。当一个学生的作品在全班进行展示时，他一定会产生自豪的心情，为下次习作注入无穷无尽的动力。在《一个印象深刻的人》习作赏评课上，小作者写到了一个将要转学的同学——李可的事情，大家都深有感触，都用心欣赏着这篇文章，用心感受着这份真情。作者看到自己的文章得到了大家的认可、欣赏时，感到很兴奋，心中充满了被欣赏后的满足与幸福，对习作的兴趣越发浓厚。

七、师生共写，丰富实践

让学生习作，教师应该躬亲共做，写下范文，这样做可以更好地激发学生习作的兴趣。

教师范写下水文，可以更有效地把握好习作教学的重难点。有一篇《生活中的启示》的习作，写之前认为很简单，但真正写起来的时候才发现，即使生活中的事有很多，但是真正能够发人深思的事却少之又少，从而认识到素材的选择是这一篇习作的一个难点。在此基础上，教师应当针对学情进行精准备课，课堂上很好地激发学生习作的兴趣。

教师范写下水文，可以体谅学生习作的甘苦，更加用心地欣赏。教师亲自经历一篇习作从选材到成文的艰辛过程，在批阅的时候，才会把学生纸上每一个字看在眼里，赏在心间。教师在《记一次游戏》的习作教学中，尝试写下水文，总是不能够很好地描写自己在游戏过程中的感受，却从学生的习作中，看到了生动新鲜的表达："我戴上眼罩，世界暗了下来；我戴上头盔，世界静了下来。""我一直往黑暗深处走去，却不知自己早已偏离了方向。幸好老师把我拖回了场地，不然我就直接'小鸡下蛋'了。"生动的语言，让教师更加敬佩学生语言运用的能力，课堂上更加用心地欣赏学生的习作了。

教师范写下水文，可以拉近与学生的距离，激励学生用心习作。在习作课上，教师把自己的下水文读给学生听，学生都十分惊讶，一是他们没有想到教师会和他们一起写作文，敬佩教师的同甘共苦；二是感慨教师写的习作之精彩，从而有了学习的榜样，习作的兴趣和热情也随之更加高涨。

八、巧用游戏，习作导航

（一）巧用游戏，引出"话源"，打开学生的话匣子

常常听学生感叹："作文难，难于上青天。"对于刚开始学习写作的中年级学生来说，更是"谈作色变"，一到作文课就愁眉苦脸的，唉声叹气，课堂上咬着笔尖半天也无从下手。而一听到要玩游戏，学生们立马来了精神，一口气说出好多游戏名称，还能详细地介绍各种游戏的玩法。

教师：同学们，你们喜欢玩游戏吗？

学生：喜欢。（教室里顿时热闹起来，学生个个精神抖擞。）

教师：你们都玩过哪些游戏，又是怎么玩的呢？

学生1：我最喜欢玩两人三足跑，两个人一组，两个同学站在一起，用一根绳子把两个同学相邻的一只脚绑在一起……

学生2：我最爱玩贴鼻子的游戏了。贴鼻子游戏可有趣了！在黑板上画上一个人脸，这张脸没有鼻子，推选一个同学，用红领巾将他的眼睛蒙住……

学生们津津乐道地诉说着自己喜欢的游戏，与平时习作课堂上的表现完全不同。喜欢游戏是儿童的天性，兴趣才是最好的老师。将游戏活动和学生作文有机结合，让游戏引出学生的"话源"，能使学生在述说游戏的过程中体验到习作的快乐，从而获得基本的语文素养。

（二）开展活动，引导实践，提升学生的习作能力

1. 游戏体验，获得写作灵感

在小学语文习作教学活动中，教师要通过游戏活动的形式，让学生获得良好的游戏体验、情感体验，从而获得更多的习作灵感，积累更多的习作素材，为之后的习作奠定良好、扎实的基础。因此，教师要创设多元化的游戏活动，为学生创造更多表现自我、体验活动的机会，让学生在习作游戏中详细地介绍游戏的过程，以及自身的感悟、认知，这样才能改变学生习作中"无从下手""无素材可写"的现状，让学生融入自己的真情实感来展开习作，让习作内容更具感染力。在开展游戏体验活动期间，教师要提供相应的指导、点拨，实现游戏活动和习作教育的深度融合，点燃学生参与习作练习的积极性，点拨学生的习作思路，促使学生自由表达。如教师可以开展"你点我答"的闯关游戏活动，让学生通过观看有关小动物的视频片段，鼓励学生积极发言，描述出动物的特征、名称，之后再以句子接龙的形式，详细地描述动物的特征。在游戏活动结束之后，教师可以设定"我喜欢的一种动物"的习作主题，让学生结合自己真实的游戏体验，以及游戏中记录的有关"动物"的描述来习作。这样做，既能增强习作活动的趣味性，还能让学生拥有清晰的习作思路，从中积累更多的习作素材。又如，教师可以通过开展"圈住你，圈住我"的游戏活动，先让学生用双手同时画出方和圆，并在此过程中观察其他同学游戏期间的神态、动作、表情、细节，之后分享彼此的游戏感想。最后，基于游戏感悟、游戏过程、游戏场面来自主拟题展开习作，锻炼学生的创新能力、创新意识，使学生在习作中拥有更多新颖、独特的观点。

2. 利用游戏活动，提升学生习作构思和选材能力

在小学语文习作教学活动中，教师要利用趣味游戏，提升学生的作文构思和选材能力，让学生从中收获更多的习作技能、方法，培育学生良好的学科核心素养，为将来的习作、学习奠定稳固的基础。教师要利用游戏活动，让学生学会如何自主组织文章的知识脉络、架构，初步总结、归纳习作的规律，在习作中能够积极地表达自身的感受、看法、观点。如在"记一次游戏"习作课程活动中，教师可以让学生去描述游戏过程、环节、体验，让学生在习作中拥有清晰的思路，恰当地添加独特的看法、观点，为习作课堂增添更多的活力。在"破蛋成鸡"游戏讲解期间，教师可以让学生以小组合作的形

式来完成游戏活动。在游戏活动结束之后，让学生谈一谈参与游戏的感受和想法，总结游戏失败、成功的成因。在此过程中，教师要让学生拥有更多合作探究、自主思考的空间，并引导学生去分析主旨句的内涵、如何选材、如何紧扣主题等，从而提升学生的作文构思、选材能力，只有这样，学生才能写出高质量的文章。

3.创新游戏内容，锻炼学生的习作能力

在小学语文习作教学活动中，要想展示出游戏教学的德育功能、作用，教师就应注重游戏内容的创新，以此来锻炼学生的习作能力。在正式开展习作游戏活动之前，教师要全面做好学生的学情调查，了解学生独特的审美价值观、学习兴趣，并且要强化和学生间的互动、沟通，了解学生真实的习作困惑、不足之处，以此作为开展习作活动的重要导向。与此同时，教师要把习作游戏作为开展习作活动的切入点、突破口。如展示游戏活动、表演游戏活动、竞赛游戏活动、媒体游戏活动等，让学生详细地讲解游戏内容、描述游戏环节、谈一谈游戏感受，以此来拓展学生的习作视野。此外，教师还可以为学生展示卡通形象，鼓励学生编写卡通故事，并基于此，开展习作训练活动。活动中，有的学生喜爱扮演孙悟空，还有的学生喜爱扮演猪猪侠、灰太狼，以此来营造温馨、和谐的习作氛围。如此一来，可以促使学生在习作过程中有话可说，能有效地开启习作思维，获得更多的习作素材。

4.开展表演游戏活动，开展巧妙点评

习作点评是习作教学中的核心环节。教师通过习作点评，能够发现学生习作期间的闪光点、不足之处，引导学生查漏补缺、加以改正，帮助学生掌握更多的习作技巧、方法。同时，教师还可以通过表演游戏活动的形式，巧妙地开展习作点评，增强习作教学过程、习作点评活动的趣味性，让学生拥有参与习作活动的自信心。例如，教师可以设定"吃汤圆"的习作主题，在学生完成习作任务之后，对学生的作文进行批改、点评。但是如果只是教师单方面的点评，学生很难去深入理解、感知。因此，教师可以鼓励学生参与到习作点评中，通过"让学生表演吃汤圆"的游戏活动，让学生在真实的体验、表演中对"吃汤圆"过程形成更丰富的见解、认知，这时候再让学生去欣赏自己写过的作文，就会发现较多的不足之处，进而培养学生自我反思意识，提升学生的习作能力。

（三）巧用活动，引领学生观察，培养学生的口头表达能力

1. 把握游戏节奏，引导学生观察和表达

游戏习作指导课与平时的游戏活动不同，它是借游戏引导学生观察和表达，从而提高学生的习作能力。因而在游戏过程中，教师就要把握好游戏节奏，引导学生进行有重点地观察，并做到有序地观察。例如，在"记一次游戏"习作课上，教师引导学生玩"吹瓶子"游戏，总共做了三次游戏，每一次观察的重点都不相同，先是观察吹瓶子的人，然后观察台下同学的表现，再次则是综合观察。观察时，教师让学生抓住同学们的动作、神态、语言等各种表现，加以有序地记录，如此一来，学生就可以进行生动细致地描绘，交流时也就不会无话可说了。

2. 合理选用游戏，激发习作兴趣

游戏活动习作课不同于其他习作课，它是通过引导学生游戏来达到快乐习作的目的。因此，并不是所有游戏都适合在课堂上操作，而要对游戏内容进行甄选。例如，教师在教学四年级上册第六单元习作"记一次游戏"时，第一次选用的是"危险大逃亡"游戏。游戏道具：一个空瓶子，三个系着绳子的小砝码。游戏内容：把瓶子放在地上，把三个小砝码分给三个学生，让他们拿着绳子头，先后把小砝码放到瓶子里，空瓶子代表的是一口枯井，他们手里拿着的砝码代表他们自己，"井口"（瓶口）很窄，一次只能上来一个砝码（"人"）。铃声响起，游戏开始，一个学生一边不停地往井里倒水，一边大声呼喊："危险，快上来！"拿砝码的学生要依次把砝码从瓶子（枯井）里提出。而其他学生则要注意观察游戏者的各种表现，包括游戏者的动作、神态、语言等，还要去揣摩游戏者的内心世界。游戏时，学生们兴致勃勃，游戏后，却没几个说得出来。

显然，这节游戏活动习作课没有达到预期的效果。由于游戏时间短暂，学生们只关注游戏的新颖好玩、游戏的成功与否，而没有人去留意游戏过程中自己的独特感受及体验。因此，游戏活动习作课需要慎重选择恰当的游戏，只有这样，才能既让每个学生成为整个游戏活动的参加者、创造者、描述者，又能充分调动学生视觉、听觉等感官去观察游戏、体验游戏，以达到更好地帮助学生实现"由游戏体验到口头表达""由形象思维到文字转化"的转变，从而激发学生的习作兴趣。

3.巧用媒体资源，再现游戏场景

多媒体的优点是集图片、文字、声音、影像为一体，为学生提供多样化的感性材料。在"记一次游戏"习作课上，教师充分利用智能手机即时拍摄一些学生游戏时的场景，然后将其同步到白板多媒体课件中，在引导学生回顾游戏场景的过程中，恰当地再现游戏环节，然后引导他们有目的地进行观察、回忆，并将关键的镜头进行缓慢、定格播放，甚至逐步推进、重复播放，以达到强化学生观察训练的目的，从而指导学生有序地进行细致的观察，恰当地展开联想。有了多媒体的帮助，学生的快乐表达也就水到渠成了。另外，新课程教学理念强调教师在指导习作时，要建立范文意识，利用阅读教学中的相关课文作为习作指导的范例。因此，在学生描述游戏过程及自己独特感受时，教师可通过多媒体平台展示一些优秀范例，让学生从优秀范例中习得语言表达技巧。这样做，不仅可以提高教师习作指导的质量，还可以让学生更快地掌握习作要领。

第四节　小学生习作兴趣的维系

一、佳句精选

在学校周报中可以推出栏目——"佳句精选"，专门刊发学生的一句话作文。第一年时，2次入选"佳句精选"，获纪念卡一张；第二年时，每入选1次，得50分；第三年时，每入选1次，得"稿费"。

"佳句精选"到六年级时发挥作用更为明显。这一阶段，学生作文越写越长，报纸的版面大小却相对固定，周报刊发学生文章的篇数明显减少，这会在一定程度上打击学生的写作欲、发表欲。"佳句精选"的推出，能够让更多学生的名字出现在周报上，使他们得到鼓励。要想让周报选用"佳句"，学生向编辑部投稿时，必须用红笔圈画出自己最得意的句段，这样做，既可以减轻教师的批阅和遴选工作量，又可以促使学生逐步学会品味和琢磨自己的语言，学会享受自己"妙手偶得之"的写作乐趣。

写作是一种辛苦，幸福的辛苦，辛苦的幸福。对于一个真正的写作者来说，写作时，他能够清晰感受到，每改出一个令人满意的字词，或句段时所带来的无以言说的驾驭语言，创新语言的快慰。可以说，每一个精妙的语段，每一次超越自己的表述，都是对写作者劳动的肯定和奖赏。每当学生从写作的过程中获得这种奖赏时，便是一趟快乐的写作之旅。

作文活动课上，可以让学生齐读佳句：

（1）一口咬下去，这个龙虾，辣得我泪水都快出来了，嘴里险些喷出火来！

（2）我恨不得把他掐成肉馅，让外婆替我包饺子吃！

（3）就你那三脚猫功夫，还想骗我，恐怕要等到下辈子喽！

（4）在田野里奔跑，给人一种飞起来的感觉。

（5）金晓峰，有种你单挑，别找什么帮手，这不是男子汉所为。

（6）没想到六年级学生，败在一群低年级学生手下。不要太小看他们哦，他们可是会"狮子吼"的。

久而久之，学生自然明白什么样的话，是具有生命力、震撼力和语言魅力的话。刊发此类"佳句"，目的还在于扶持个性化的语言。"我恨不得把他掐成肉馅，让外婆替我包饺子吃"这类话语，如果因思想不健康而不被扶持，将对学生个性言语的捕捉，语言个性的发展造成伤害。扶持这类语言，就是在珍惜和爱护学生用自己的语言表达自己的所想所思。这些似乎有点"另类"的不一样的语言表达，实际上就是学生不一样的思考，语言跟着思想情感走，你不肯用俗滥的语言，自然也就不肯用俗滥的思想感情，你遇事就会朝深一层去想，你的文章也就真正是"作"出来的，不至落入下乘。语言的不落俗套，语言的童真、童性和童彩，将在"佳句精选"中得到有力的扶持和伸展。

风行水上之文，决不在于一句一字之奇。事实上，只有让学生历经"一句字之奇"才可能超越"一句一字之奇"，才可能有"风行水上之文"。

二、心语港湾

所谓"心语港湾"，即学生在《班级作文周报》上面写祝福的话，比如祝福同学、爸爸妈妈的生日，祝贺某位同学发表文章、获得奖励。祝福的对象和内容十分广泛，既可以祝福个人，也可以祝福大家、班集体，如春节快乐、儿童节快乐、暑假快乐、班级取得好成绩等等。此外，也可以在"心语港湾"上说道歉的话,与朋友伙伴难免有疙瘩,与爸爸妈妈难免有摩擦,有些话当面不好说,那么,可以把这一切交给《班级作文周报》。与此同时,教师还应动员家长参与"心语港湾",开设"家长寄语"栏目,让家长也拿起笔来说话。由于目前家长和学生的沟通并不顺畅,面对面交流闹得不开心的事时有发生,因此,换一种文字的方式进行爱的表达与沟通,对家长来说,也是件有意思的新鲜事。

物质的充沛与精神的丰腴是两码事。如今学生的苦恼、困惑和迷惘,并不比二十年前的学生少。他们并不想将这些苦恼、困惑和迷惘压在心头,他们要找到一个发泄的出口。用文字的方式去宣泄,是一个不错的途径。为什么有那么多的学生沉迷于手机?为什么有那么多的学生喜欢在网上聊天?文字这种说话方式有其特殊的优势,文字的对话有着特殊的韵味。无论现代社会移动通信技术多么发达,相信有一样东西永远不会消失,那就是"情"书。文字里那种无声胜有声,那些当面不好意思说、内心里又很想说的滚烫的话语,那些从字里行间流露出的真情实感,不是电话所能取代的。人类在进行情感语言的转化过程中,需要借助文字得以实现。"心语港湾"为学生开辟一个心灵交流的场所,在这里,作文、心灵、情感连接在一起。

教育是一个生活的过程,而不是为将来生活做准备的。写作教学应该是一个生活的过程,学生运用文字的作文过程应该是生活过程的一个部分。而传统作文教学总认为作文过程是一个准备过程,近一点说,是为考试准备;远一点说,是为将来的生活准备,总之,是一个"准备过程"。然而事实上,作文是为现实的生活所用的,作文与现实的生活融为一体,"在作文中生活,在生活中作文",作文的过程就是生活的过程,作文进入生活,生活激扬作文。

三、话题辩论

这里所说的"话题辩论",是教师有意使学生进入辩论状态。语言是一种交际工具,它贯穿于一切交际活动之中。如果说《班级作文周报》使文字有了一个实现交流、交际功能的舞台,学生真切地感受到了文字的现实功能,那么,"话题辩论"则是进一步发挥文字的交际功能、作文周报舞台功能的重要载体,它能在学生心中产生更为强烈的获得性需要。"话题"最好选择一些贴合学生生活实际的"两难"话题。

教师可以选择的"两难"话题有①"追星，好不好"；②"同桌，自选好还是老师安排好"；③"流行歌曲进课堂，该不该"；④"看电视，好不好"；⑤"网络游戏，好不好"；⑥"压岁钱自己花，好不好"；⑦"和伙伴怄气，该不该先低头求和"；⑧"擅作主张，好不好"；⑨"作业，多好还是少好"；⑩"'严'老师，好不好"；⑪"做乖学生，做'鬼'学生？"这些话题的两难性、开放性，使对话氛围浓烈。对话的结果是双赢。对话越深入，各自的精神世界就越敞亮，生命的道路也就越宽阔、明亮。

要是绝大多数学生家里都拥有电脑且能上网，那就可以在网络上开设"每月一辩"乃至"每旬一辩"活动。这样做，一方面可以给学生的生活注入新鲜血液，另一方面也可以使学生实现"面对面"的辩论，从而促进学生对事物思考力的提升。

第三章　小学习作教学中的教师指导

第一节　小学习作教学中的教师指导——写人作文

一、指导以事写人

写人的记叙文,有的是通过一件事写一个人,有的是通过几件事写一个人,也有的以一件事写几个人,还有的以几件事写几个人。下面就分别谈谈这个问题:

(一)以一件事写一个人

以一件事写一个人,就是通过一件典型事例来表现一个人的思想品质和崇高精神。这是初学写作比较容易掌握又常用的基本的记叙人物的方法,学写人物的记叙文就应该从这里起步。当然,这里的"一事"可能是简单的,也可能是比较复杂的,事情经历的时间可能是短暂的,也可能是长久的,这主要取决于文章表达的中心思想。

(二)以几件事写一个人

通过一件事写人的文章,它的情节一般比较简单,文中出现的人物较少,对于初学写作的小学生而言,比较容易掌握。但是现实生活中会遇到各种各样的人,有时候只写一件事,文章内容过于单薄,难以表达人物丰富的思想感情,不足以充分反映人物的性格特点和思想品质。因此通过几件事来刻画人物形象，能使人物形象更加丰满与生动。

（三）以一件事写几个人

以一件事来写几个人、表达几个人的个性品质，难度较大。由于事情只写一件，而人物却不止一人，所以选材尤为关键必须具有典型性。所写的事情，应充分反映出这些人的性格特点、精神面貌。部编版五年级语文下册第5课《草船借箭》共写了三个人：诸葛亮、周瑜、鲁肃。这三个人的性格完全不同：诸葛亮足智多谋，周瑜嫉贤妒能，鲁肃诚实厚道。这三个人的不同性格，都在"借箭"一事中充分表现出来。

（四）以几件事写几个人

用几件事来写几个人，和用一件事写几个人一样，都属于比较复杂的记叙文。它在于塑造人物群像，比起一人一事和一人几事来说，头绪要更多，情况也更为复杂，但随着同学们作文能力的提高，这种写作方法也应被逐步掌握。在小学语文课本中也有不少以几件事写几个人的范文。例如，部编版语文五年级上册第6课《将相和》这篇课文，作者写了三件事："完璧归赵""渑池会见""负荆请罪"。其中重点描写了三个人物：秦王、蔺相如以及廉颇，而且这三个人物都很有个性：秦王仗势欺人，蔺相如机智勇敢，廉颇知错能改、知错就改。

二、指导写人物局部

（一）人物的外貌描写

写人要写得逼真、写得像，首先要外貌像。这就需要在外貌描写上下功夫。外貌描写就是对一个人的长相、衣着、神情、姿态等方面进行的描写，以展示人物的内心世界和性格特征，表现出作者的爱憎分明的思想感情。俗话说，"人心不同，各如其面"。在现实生活中，世界上没有两个人的外貌是完全一样的，即使是双胞胎，也有微小的差别。从某种程度上说，一个人的喜怒哀乐、生活经历、社会地位，可以通过人物的外貌神态体现出来。所以，恰如其分地描写人物外貌，对表现一个人的个性是很重要的。

1. 外貌描写要符合人物的年龄和性别特征

不同年龄和性别的人，无论是长相、爱好还是穿着等都有着不同之处。有一篇《我为自己画像》的文章，其人物外貌描写很传神，"我有一双黑白相间、非常机灵的眼睛，只要眼珠滴溜儿一转，一个坏主意就想出来啦，你猜啊，谁会倒霉？高高的鼻梁端正地长在两只眼睛中间。一张薄嘴唇很会说话，上课时常会忽然间冒出一句别人意想不到的话来，逗得同学们哈哈大笑，连老师也被我弄得哭笑不得"。这一段话惟妙惟肖地刻画出了一个天真而又淘气的调皮鬼，通过朴实、生动、活泼的语言，使得鲜明的人物形象跃然纸上。

2. 要抓住与众不同的特点来写

每个人都有着不同的外貌与性格特征。例如，有的人眼睛特别大，像铜铃，有的人眼睛特别小，经常眯成一条线；有的人说话细声细气，慢条斯理，有的人说话特别响亮，正可谓声如洪钟。人教版六年制小学语文课本第10册（1988年5月第二版）里有一篇名为《老水牛爷爷》的文章，其中水牛爷爷的外貌描写是这样的："古铜色的脸上镶着一双亮光闪闪的眼睛，尖尖的下巴上飘拂着花白胡须。他高高的个子，宽宽的肩膀，说起话来声音像洪钟一样响亮，走起路来地皮都踏得忽闪忽闪的。"这个牛爷爷啊，年纪虽然较大，但身体仍旧特别强壮有力，真像一头"牛"！这就是老水牛爷爷的与众不同之处。

3. 外貌描写要符合一个人的身世

这是因为每个人都有不同的成长经历，有人因长期被病魔折腾，而显得消瘦虚弱；有人因长期过着艰辛的生活，而过早衰老等等。例如，部编版六年级语文上册第八单元25课《少年闰土》一文中的人物外貌描写得就十分有特色。"他正在厨房里，紫色的圆脸，头戴一顶小毡帽，颈上套一个明晃晃的银项……"这是少年闰土的外貌形象，写得很传神，符合人物的身世。"紫色的圆脸"与他长期生活在海边经常参加户外劳动有关；"头戴一顶小毡帽"，这是旧社会农村孩子的打扮；"颈上套一个明晃晃的银项圈"，说明父亲十分疼爱他，怕他死去，就用圈子把他套住了，意思是说，他跑不了啦！

4. 外貌描写要符合一个人的职业特点

不同的职业人群，有着不同的外貌特征：知识分子文质彬彬，有些人还戴着一副高度近视的眼镜；农民伯伯穿着朴素，走起路来，稳健有力；小学生天真活泼，长着一双水灵灵的眼睛，走在路上蹦蹦跳跳。下面一段描写教师外貌的段落："班主任张老师，今年三十六岁，中等身材，稍微有点发胖。他的衣服虽然旧了，但非常整洁。每一个纽扣都扣得规规矩矩，就连制服上的风纪扣也一丝不苟地扣着。他的脸庞长圆，额上有三条挺深的皱纹，眼睛不算大，但能闪闪放光地看人，撒谎的学生最怕他这目光；不过更让学生敬畏的是张老师的那张嘴，人们都说薄嘴唇的人能说会道，张老师却是一对厚嘴唇，冬春常被风吹得爆出干皮儿；从这对厚嘴唇里迸出的话语，总是那么热情、生动、流利，像一架永不生锈的播种机，不断在学生们的心里播下革命思想和知识的种子，又像一把无形的大笤帚，不停息地把学生心田上的灰尘无情地扫去……"（选自刘心武《班主任》）这位教师的外貌，与工人、农民和解放军完全不同，有着明显的职业烙印。特别是对张老师"眼光"和"嘴"的描写，给人留下了深刻的印象。

5.外貌描写还要符合一个人的个性特点

每个人都有自己的个性特点，有人善良勇敢，也有人阴险狡诈，等等。许多影视剧中的正派角色与反派角色，仅从人物的外貌神态和着装打扮便可一目了然。下面这一段外貌描写，你一看就知道他是个地地道道的坏人："这个人生得尖脸猴腮，前额后脑尤其突出，终年戴着一顶满是油污、灰尘的呢毡帽，帽檐下露出一对浮肿的、几乎合成一条缝的眼睛。细看这缝中，却滴溜溜地转着两颗黄豆大的眼珠，发出阴险的贼光。额上青筋暴起，像密布的电网。毫无血色的尖脸上，留下了一道道伤痕。"这一定是盗窃犯曾经和人搏斗过，否则怎么会留下一道道伤痕呢？

（二）人物的语言描写

写人物往往要写人物的语言。"言为心声"，语言是人物思想感情的反映。在记叙文中，主要写的是人物对话和独白。对话是两个及以上人物之间的问答，中间还可插入对话者的动作和神态。好的对话描写，可以使读者"闻其言，见其人"。语言描写的目的，是揭示人物的性格，塑造人物的形象，表达人物的思想感情。此外，语言描写还可以用来推动情节的发展，交代事情的经过，通过对话，可以省去大段的文字叙述。独白则是人物主动地诉说自己的内心，它可以直接抒发人物思想感情。

语言描写可分为以下三类：

1. 一人说话。通常为一个人自言自语或向人讲话。重在表明认识、陈述要求和抒发感情。例如，他站在山顶，望着眼前的祖国山河，心中十分激动，他双手在嘴边合成喇叭形，大声呼喊："祖国，我爱你！"

2. 二人对话。这是写文章中经常用到的一种对话形式。通过这种形式可以表现人物的思想感情和性格特征。

3. 众人交谈。这种谈话通常会围绕一个中心话题展开，不会海阔天空、漫无边际。例如《白杨》一课中哥哥、妹妹、爸爸议论白杨，就属于这种形式。

（三）人物的动作描写

动作描写是指对人物在特定环境下的动作、行为的刻画和描绘，包括人物的举手投足、跳跑坐卧等等。这是表现人物精神面貌，把人物写"活"的基本手段。众所周知，人类的一切活动都离不开环境，而他们的活动又不是孤立存在的，是受思想支配的，所以，为了展现人物的精神品质和性格特点，一定要写好动作描写。

（四）人物的心理活动描写

心理描写就是对人物的思想活动和内心世界的描写，是一种直接表现人物精神面貌、思想活动的手段。通过心理描写可以展现正面人物的美好心灵，也可以揭露反面人物的丑恶灵魂。心理描写可分为动态心理描写和静态心理描写两种。动态心理指的是个体的思想感情行为的变化是一个连续的过程，行为的变化。静态的心理指在相对固定的时间段内某一感情的反复出现。

三、指导写不同职业的人

（一）分析不同职业人物的特点

教师可以让学生分析不同职业人物的特点，如警察具有责任感、正义感、勇气和智慧；医生具有爱心、耐心、细心和责任感；音乐家具有艺术感、情感表达能力和技艺水平等。这样做，可以帮助学生了解不同职业人物的特点，从而更好地刻画人物形象。

（二）搜集职业相关资料

教师可以引导学生通过阅读书籍、杂志、新闻、互联网等途径，搜集职业相关的资料，了解职业人物的工作内容、特点、背景等，从而帮助学生积累丰富的写作素材。

（三）培养写作技巧

教师可以通过讲解不同职业人物的写作技巧，即如何刻画人物特点、如何写出人物的情感、如何体现职业特点等，从而帮助学生写出更加生动、鲜活的职业人物形象。

（四）给予写作范例

教师可以提供一些优秀的职业人物写作范例，让学生在模仿中学习，了解刻画职业人物形象的方法。

以下是警察、医生、音乐家职业人物形象的写作范例：

警察：警察是保护人民安全、维护社会秩序的重要职业。在写作中，可以通过刻画警察的责任感、正义感和勇气等特点，让人物形象更加鲜明。

医生：医生是保障人民群众身体健康的重要职业。在写作中，可以通过刻画医生的爱心、耐心和细心等特点，让人物形象更加生动。

音乐家：音乐家是用音乐语言表达自己情感的职业。在写作中，可以通过刻画音乐家的艺术感和情感表达能力等，让人物形象更加鲜活。

通过以上方法，教师可以指导学生写出生动、形象的不同职业人物形象，从而提高学生的写作能力和水平。

第二节　小学习作教学中的教师指导——写景作文

一、指导写时令季节

时令即季节，就是一年中的春、夏、秋、冬。无论是一年中的春、夏、秋、冬，还是一天的早、中、晚以及风中、雨中、雪中、烈日下……景物都会呈现出不同的变化。在写景时，就应抓住它们不同的特点，进行生动逼真地描绘。

首先，引导学生观察自然景观。教师可以引导学生观察自然界的变化，如春季万物复苏、夏季百花盛开、秋季硕果累累、冬季雪花纷飞等。帮助学生深入了解四季的特点。

其次，学习相关知识。教师可以通过讲解四季变化的相关知识，如天文、地理、气象等知识，让学生更深刻地理解和体会四季的变化。

再次，体验四季的文化。教师可以引导学生体验与四季相关的文化，如春节、清明节、端午节、中秋节、冬至等。了解各个节日的来历、习俗等，帮助学生塑造四季的文化形象。

最后，利用四季的素材。教师可以引导学生在写作中运用四季的素材，如描写春天的草长莺飞、夏天的热浪滚滚、秋天的果实飘香、冬天的银装素裹等。这样做，可以让学生更生动地描写出四季特点。

以下是一个例子：

春天，大地苏醒，万物生长。小草破土而出，慢慢地张开双手，拥抱春天的来临。小树抽出嫩芽，把整个山坡染成了淡绿色。春雨细如丝，润泽大地，小溪欢快地流淌，蜻蜓在空中翩翩起舞。春天，美丽的季节，怀揣梦想，迎接新的挑战。

通过以上指导方法，教师可以让学生更好地体验和刻画四季美景，从而提高学生的写作能力和水平。

二、指导写天象气象

天象，顾名思义是指天空中出现的自然现象，如日出、晚霞、云彩等等；而气象主要是指气候变化现象，如风、雪、雨、雷、电等等。天象气象是写景文章中出现得最多的描写对象。在文章中，作者通过对天象气象的描绘，不仅可以表现出人物对现实的态度，环境对人物的巨大影响，而且可以反映出人与宇宙、人与大自然的复杂关系，把人物的思想变化与宇宙的变化、与大自然的变化紧密地联系起来，使人与自然和谐统一。

在文章中，人们习惯把天象气象的变化比作人的内心世界的变化；把人的内心世界的变化投影在天象气象的变幻中。这就是常说的寓情于景，情景交融。在不同的作者笔下，在不同的作品中，宇宙空间、地球上的各种自然现象会呈现出五彩缤纷的景象。它们有的细腻、有的粗犷；有的清新、有的沉郁……风格各异。有的烘托气氛，有的映衬人物思想；有的创设环境，有的融入作者情思……作用多种多样。

在描写天象和气象时，最常见的描写方法便是动静结合，这种方法使所描写的景象更加栩栩如生、生机勃勃。什么叫静态描写和动态描写呢？静态描写是对描写对象在静止状态下的描摹状写。如景物的颜色、形状以及建筑、山石的形态等的描绘。动态描写是指对景物作活动状态的描写。大自然中的万物，随着时间、气候的变化，其色彩和形状均有所变化，这些就是动态。总的来说，对景物的动态和静态进行描绘，使之跃然纸上，这就是动态描写和静态描写。动态描写和静态描写是一对孪生姐妹。描写时，只有让它们互相依存、相互补充，才能使文章情趣盎然，使描写的景物生动逼真。日月星辰、风雨雷电、阴晴云雪，这些大自然的美丽使者，本来就是色彩斑斓、变幻多端的。如果能有静有动的描写，更能使文章增辉添彩。

以下是一个例子：

太阳逐渐升起，天空被渐渐染成了一片暖黄色，远处山峦隐约可见。温暖的阳光照射在身上，心情变得格外舒畅。看，彩虹出现了！七彩的光芒穿过云层，显得格外美丽。人们纷纷停下脚步，仔细欣赏这美丽的天象气象，仿佛置身于童话世界之中。

三、指导写山林原野

名山大川瑰丽壮观，文化遗迹历史悠久，宫殿楼宇巧夺天工……这些无不让人产生对大自然的热爱、对民族文化的热爱、对劳动人民智慧的钦佩等思想感情。大自然中的一草一木、一山一石，同样也时时撩拨人们的心弦，引发情思。山林原野是大自然赋予人类取之不尽、想之不完、赞之不竭的自然之物。对山林原野的描写，应该使山山水水都饱含着感情；描写田园风光，给人以美的享受；借景抒情，烘托人物；借描绘山林原野推动情节的发展。

山，一种写名山，一种写不知名的山。写名山，一定要写出新意，因为写同一座名山的人太多了。写不知名的山，更要抓住其特点，才能引人入胜。无论是写名山，还是写不知名的山，都要写出其变化特点来，更要写出作者看山时的不同感受、心情变化。如此一来，同一座山在不同的人手下便会写出不同的特色来。

水，水分布广、种类多。作品中有源远流长的江河，有气势磅礴的大海，有碧波万顷的湖泊，有清澈的甘泉，有蜿蜒曲折的小溪，有一落千丈的瀑布，还有晶莹剔透的露珠……如此形态万千的水，要描绘它，就必须亲自去体验其美妙之处，甚至到江河中徜徉，到溪流间去嬉戏。

当人与山、水融为一体时，便会产生奇妙的感受，写出美妙的文章。树木森林，花草植被，形状各异，各有特征。写作时，要善于透过外表捕捉其内在的特殊的精神品质，使读者从中得到有益的启示。田野、草原、山峦，有的空旷、寂静，有的狭长、喧闹；有的碧波荡漾，有的金光灿烂；有的一望无际，有的起伏连绵；有的给人遐想，有的让人沉思……只要去细细品尝，定会意味无穷。

以下是一个例子：

春天的田野，像一幅大自然的画卷。沐浴着温暖的阳光，大地上到处都是一朵朵粉色的花儿，像是从地底下钻出来的仙女，欢快地跳跃着。田野里还有一些青草，像一条条细细的绿丝带，随风起舞。远处的山峰，在朦胧的雾气中若隐若现，好像是一个神秘的王国，让人想不去都难。在这个美丽的春天田野里，我仿佛置身于一个神奇的梦境中，感受着大自然的魅力和美好。

四、指导写江河湖海

江河湖海也是常见的写景对象之一。咆哮的江水、蜿蜒的溪流、平静的湖泊、汹涌的大海，无不给人以遐想、沉思。在写景状物的写作训练中，学生通过对江河湖海的描绘，不仅能培养审美情趣，增强热爱生活、热爱自然、热爱家乡、热爱祖国的思想感情，还能提高自身的观察能力、想象能力和表达能力。

在写人记事的文章中，恰当地描绘江河湖海，可以渲染文章气氛，衬托人物思想情感，表现人物精神品质。怎样才能写好江河湖海呢？

第一，选择一定的观察点，按一定的空间顺序描写江河湖海，或者不固定观察点，随观察者位置移动来描绘观察到的景物。由于江河湖海的写作范围较广，描写对象较多，因此，写作顺序则显得尤为重要。

第二，描写时要抓住特点，动静结合。因为乍一看，江河湖海是静止不动的，而细细观察，它们又是非常"活跃"的。因此，描写时，把它们动态和静态的特征和谐完美地呈现于读者面前，就会让江河湖海"活"起来。在描写时，可以注重写出人物对江河湖海的情感体验和感受，以此来加深读者对文章氛围的理解和共鸣。

第三，注重情感体验的描写。江河湖海不仅是自然景观，更是情感的载体。在描写时，可以着重写出人物对江河湖海的情感体验和感受，以此来加深读者对文章氛围的理解和共鸣。

第四，注意用词准确、生动。用恰当的词汇来描绘江河湖海，能更好地传达出文章的氛围和感受。比如，用"浩瀚""壮观""汹涌"等词汇来形容江河湖海的气势；用"澄澈""碧蓝""清新"等词语来形容它们的颜色和质感。

第五，善于借景抒情。江河湖海的描写不仅可以衬托人物，还可以作为抒发人物情感的手段。在描写时，可以借助对江河湖海景象的描绘，来表现人物的内心世界和感情变化。

以下是一个例子：

橘子洲头的夜景，让人仿佛置身于水墨画之中。远处的岳阳楼倒映在湖面上，仿佛在水中悠然漂浮。近处的湖水被灯光照耀，波光粼粼，璀璨耀眼。夜色下，江面静谧，仿佛在欣赏湖岸上一对情侣的低声私语。微风拂面，湖面上泛起一圈圈涟漪，如同是给予这对情侣的陪伴。远处的船只在灯光的映照下，显得更加神秘和美丽。在这美丽的夜景中，我感受到了湖水的静谧和生命力，仿佛它们在默默地守护着这座城市。

第三节　小学习作教学中的教师指导——叙事作文

一、指导记一件事

什么是"事"？简单地说，就是人们在一定的时间、地方开展的各种各样的活动，便形成了"事"。记叙一件事，一般地说，就是把这件事发生的时间、地点、人物和事情的起因、经过、结果（简称写事六要素）交代清楚，并且把人们在事情中（也就是活动中）是怎么想的（心理）、怎么说的（语言）、怎么做的（行动），细致地、真实地再现出来。指导学生写好以记一件事为主的记叙文，是小学生作文训练的重点，是提高学生写作能力的重要途径。

打好"记事"的基础，写人、绘景和状物也就不难了。因此，必须通过反复练习，让学生熟练掌握。那么，一篇好的叙事文章应达到哪些基本要求呢？

第一，要有明确的中心。"文以意为主"，这个"意"就是文章的中心思想，也就是文章的灵魂，它决定着一篇文章的价值大小、质量高低。一篇记事的文章，除了要把事情的六要素交代清楚，还要把文中这件事说明的道理、作者的某种认识以及抒发的某种感情在文章中表露出来。只有这样，才会使读者受到教益，得到启迪，给读者留下深刻的印象。

第二，要条理清晰。在叙事文章中，这一点很重要。就是要按照一定的顺序写清楚事情的起因、经过和结果。在记叙过程中，要注意做到详略得当，前后照应，首尾一致，脉络清晰。

第三，要重点写好事情发展过程。要在事情发展变化过程中，把人物的语言、动作、神态和心理活动等细致逼真地写出来，再加上自己的想象和联想，就会给人以亲切、真实、自然的感觉，产生强烈的感染力。

第四，要语言生动。叙事的文章需要运用生动形象、准确得体的语言来描写事物，让读者能够感受到事情的真实感和亲切感。可以适当地运用比喻、拟人、夸张等修辞手法，但要注意不要过度，以免使得文章过于虚构或离奇。此外，语言表达要准确、简洁、流畅，让读者容易理解和接受。

第五，要求有感染力。一篇好的叙事文章应该能够让读者产生共鸣，引起读者的深度思考。在描写人物和事物的过程中，要注意突出主题，表达深层次的思想感情，使读者感受到作者对人生、对世界的独特感悟和理解。

第六，要有个性和风格。好的叙事文章应该突出作者的个性和风格，使其独具一格，让人一眼便能辨认出是哪位作者的作品。通过对语言、句式、结构、节奏等方面的处理，使独特的写作风格得以形成，给读者留下深刻的印象。

二、指导记复杂的事

记事文章除了可以一篇记一件事外，还可以一篇记几件事。一篇记几件事的记叙文是一种结构比较复杂的叙事性记叙文。一篇记几件事，是为了更加全面、细致地表现某种思想或某种观点，也就是更深刻地表现文章中心思想，增强文章的说服力和感染力。

（一）并列式

文章并列地使用几个材料，从不同角度、不同侧面来反映一个主题。作者每写一件事就能使中心思想得到一次强化。例如，在《我家新事多》这篇习作中，一名学生运用并列式写了三件事：一件事是爸爸为了适应工作需要参加电脑培训班学习，前天考核获得了中级证书；二是妈妈自力更生开办小吃店，生意越做越红火；三是爷爷退休后担任街道干部，在协助政府、动员群众进行旧城改造的工作中受到了上级表彰。这三件事，从不同的角度、不同的侧面，反映了一个鲜明的主题：由于我国改革开放政策的深入推进，随着人民群众物质生活水平的不断提高，人民群众的精神面貌也发生了巨大变化。如果在这篇文章里，只写其中的一件事，内容就显得过于单薄，难以突出文章主题。

（二）因果式

文章中所记叙的几件事，存在着因果关系。因果式结构中的几件事可以先写出事情的原因，后写出事情的结果；也可以先写出事情的结果，后写出发生的原因。《将相和》一文中的三件事就是前因后果式的：前两件事"完璧归赵""渑池之会"是第三件事"负荆请罪"的起因；最后将相和好，共同卫国御敌，则是故事的结果。三件事因果分明，联系紧密，有力地表现了主题。

《我的伯父鲁迅先生》一文中的几件事是先果后因式的。开头一段写了鲁迅先生逝世后，"许多人都来追悼他，向他致敬，有的甚至失声痛哭"。这是"果"。而后写的四件事："谈《水浒传》""碰壁""救助车夫""关心女佣阿三"，这四件事则是"因"。鲁迅先生之所以会受到这么多人的尊敬和爱戴，就是因为他生前关心儿童、热爱劳动人民、勇于跟黑暗势力作斗争。

（三）对比式

这种结构的文章，通常是围绕一个中心，选用相关的两件事或几件事进行各种比较，如好与坏、真与假、美与丑、善与恶、过去与现在、先进与落后、文明与野蛮等比较，并在对比中使得中心思想得以凸显。通常来说，正反两方面的对比，可以双方并列，平均用力；也可以正面详细，反面简略。由此可见，运用对比式结构写出来的文章，主题突出，爱憎分明，具有真切感人的效果。

三、指导记学校的事

学校是孩子们学习文化科学知识的园地，是孩子们唱歌跳舞、开展各种活动的舞台，也是孩子们健康成长的摇篮。在学校这片天地中，孩子们有甜蜜，有苦涩；有友谊，有纷争；有快乐，有失落……他们用童心编织成一幅幅美丽的画卷，谱写出一首首动听的歌曲，演绎出一则则感人的故事。总之，学校生活是丰富多彩的，是绚丽多姿的。它为孩子们的写作提供了取之不尽、用之不竭的源泉。因此，指导学生认真细致地观察学校生活，从中积累写人素材，拓宽写作思路，提炼写作主题，具有十分重要的意义。

第一，要突出重点。对重点部分（一般指事情的发展高潮处）要写具体、写详实，也就是要把人物的语言、神态、动作、心理活动等写细致、写逼真。特别是在写活动时，更要突出重点，不能胡子眉毛一把抓。

第二，要注意场面描写。场面描写是在一定的时间和环境中，展开以人物活动为中心的生活画面的描写。场面描写包括事情发生时的天气状况、环境布置、人们的情绪等等。场面描写可以渲染气氛、烘托主题，使人产生身临其境的感觉。例文中说，"这一天，风很大，吹得地上的塑料袋四处飞扬""火辣辣的太阳当头照着","额上的汗珠像断了线的珠子滚滚而下",这些句子都是对天气环境的描写,展现了孩子们清除白色污染不怕困难的精神风貌。

第三,所写事情要表现学生的童真、童心、童情、童趣。要以学生的目光去观察校园生活、描写校园生活,只有这样,才能使文章更加真实感人。

四、指导记家庭的事

小学语文课本中有不少篇章是描写家庭生活的。《劳动最有滋味》一文中,记录了老舍先生一家人在春节前夕齐心协力忙生活的情景,从字里行间能使读者领略到劳动的乐趣。《女邮递员的信》一文中,描写了江布尔大叔家庭的和睦和待客的真诚热情,特别是江布尔大叔和大婶之间妙趣横生的对话更是令人忍俊不禁。《我的伯父鲁迅先生》一文中"谈《水浒传》"这一节,反映出了鲁迅先生家庭的温馨与和谐,以及鲁迅先生对晚辈的关爱和慈祥。家庭生活确实是写作的重要题材,在"家庭"这块热土宝地上,将会挖掘出许多有用的矿石——写作的素材,提炼出许多有价值的金属——文章的主题。

由于社会的进步,科学的发达,经济的繁荣,人们观念的更新,生活节奏的加快,物质文明建设和精神文明建设的深入开展,促使家庭生活变得越来越丰富多彩。这就为描写家庭生活提供了广阔的天地。孩子是家庭成员之一,他们对亲人的生老病死、喜怒哀乐、家庭的悲欢离合,以及亲人的高尚情操、美好心灵、丑恶行径、不法行为……有着深切的感受,这些都是描写家庭生活的有用材料。家庭的事包括哪些方面呢?

一是精神文明方面:助人为乐、舍己为人、关心集体、生活俭朴、团结友好、尊老爱幼、戒烟戒赌、立功受奖等等。

二是物质文明方面:购买大彩电、安装程控电话、喜迁新居等等。

三是欢乐的事:喜庆生日,节日团聚,彩票得奖,爸爸学会了电脑,妈妈的小吃店越办越红火等等。

四是忧伤的事:钱物遗失、遭受灾害、父母离异、亲人离世等等。

五是苦恼的事:妈妈不让我看电视,爸爸让我做做不完的习题,麻将声吵得我不得安宁等等。

五、指导记社会的事

生活是写作的源泉。纷繁复杂的社会是生活的万花筒，提供了大量的写作素材。因此，指导学生了解社会，熟悉社会，为作文积累素材，具有十分重要的意义。指导学生写"社会的事"，就是指导学生把在社会上看到的、听到的事情真实地记录下来，同时写下自己的感想。指导学生写"社会的事"，可以培养学生处处留心观察周围事物的好习惯，提高学生仔细观察事物、认真分析事物的能力。怎样指导学生了解社会、熟悉社会、描写社会呢？怎样引导学生投身社会大课堂，在广阔的社会环境中扩大眼界、增长见识呢？可以从下面四个方面去努力：

一是仔细观察。看看街头有哪些变化，听听行人有什么议论，商店橱窗里的布置，墙头上书写的标语，都应该"尽收眼底"，储存在大脑"材料库"里，使之成为有用的写作素材。

二是社会调查。通过调查农户、村庄、街道等，进行今昔对比，了解过去的苦难、今天的幸福，知道广大人民在党的领导下是怎样摆脱贫困、走上康庄大道的。

三是参观访问。通过参观工厂、农村、商场、集市、果园场、养鸡场，访问老红军、老干部、专业户、英雄模范，让学生认识到社会的进步，懂得创业的艰辛，珍惜今天来之不易的幸福生活。

四是游览欣赏。游览名胜古迹，欣赏大自然风光，增强爱国之情。

从上述四个方面，引导孩子走向社会、认识社会，学习书本上没有的知识，提炼出有价值的主题，写出优秀的篇章。指导写"社会的事"，主要包括下面两种类型：

一是赞美社会主义新风尚：邻里友好、尊老爱幼、团结互助、无私奉献、辛勤劳动、见义勇为等。

二是颂扬物质文明建设的新成就：工业发展、农业丰收、街道变样、交通发达等。

第四节　小学习作教学中的教师指导——状物作文

"状物",又称摹状。"状"是记叙、描写的意思。"物"是指具体的事物。既包括动物,又包括植物,还包括静物等。状物就是照着事物的样子来写,要把所写之物的形状、声音、色彩、气味、神态、习性、感情等表现出来,以准确鲜明地再现事物的真实面貌。状物同记事写人、绘景一样,也是记叙文的一种,是训练小学生写作的一项重要基本功。状物的目的在于说明物体本身的特点,表达一定的思想感情或说明一定的道理。状物文章一般可分为四类:一是说明性状物,这类文章要从物体的形状、颜色、功用等多方面进行说明、介绍;二是记叙性状物;三是抒情性状物(即借物抒情);四是寓理性状物,即在状物中说明道理。无论何种状物文章都要对"物"的外形、习性、功能或用途进行描写,而且要重点突出其特征。因此,对描写对象深入细致的观察必不可少。那么,如何观察才能抓住事物的特征呢?

第一,观察要讲顺序。在勾勒"物"的外部形态或对"物"进行介绍时,一定要讲求一定的顺序,或由远及近,由近及远;或由上至下,由下至上;或由整体到局部,由局部到整体等等。可以说,没有一定顺序的状物就犹如一只无头苍蝇,四处乱窜,人们读后会感到不知所云。

第二,观察要全面。要多角度、全方位地反复观察,只有这样,才能完整地揭示事物的本质。观察单凭眼睛是不够的,为了把"物"写得更逼真,要充分调动各种感官,包括触觉、嗅觉、味觉等进行多方位观察、体验,只有这样,才能使所状之物鲜活逼真,跃然纸上。为了寻找事物发展规律,如在写植物或动物的生长特征或生活习性时,还需要反复细致地观察与记录,如此一来,才能发现其一般性的特点、变化及其规律。

第三,观察要用"心"。在观察时,要用"心"多思,只有这样,才能发现事物的本质和规律、反映事物的特征。不能浮光掠影,只满足一些表面现象,否则会闹出"盲人摸象"的笑话。

一、指导写动物

动物按照动物学进行划分,可以分出许多种类。平常写作时一般把它归结为鸟兽虫鱼。动物本是活生生的,所以在写动物时一定要把它写得逼真、写得活灵活现。如何才能将其写得逼真呢？首先，除了描写静态的外形外，还要对其生活习性进行描述。在对以上两方面进行描写时，不能平均使用"力气"，要选取最能体现这一动物特点的生活习性来写，让人们在"生活"中去了解、去体会、去品味。其次，要注意动静结合。通过以动衬静、静中观动等写法，将动物写得逼真有趣。

二、指导写植物

描摹植物，要着眼于植物的特征。首先，树木有乔木、灌木、落叶、针叶等。花卉有草本和木本、多年生和一年生等区别。其次，植物的描摹通常以个体描摹为主。植物的干、茎、枝、叶、花、蕾、果、根部也会有不同之处。如有的根细弱，有的干粗壮，有的叶茂盛，有的花艳丽。此外，还应注意植物的形态、颜色、气味以及植物的生长季节。要善于观察植物的生长过程，如萌芽、成长、开花、结果、枯萎的变化。植物品类较多，通常包括草、木、花卉、瓜果类等。对草木花卉的描摹并不等于对自然环境的描写，但作品中描摹植物往往可以起到描写环境、渲染氛围、衬托人物境遇等作用。值得特别注意的是，各民族都有自己喜爱的花木，虽然植物是没有知觉的，但经常被人们倾注了深沉的情感，在文章中借草木花卉体现作者的深意，如遇寒不凋、坚强不屈的松柏，高雅秀逸、虚心自持的翠竹，节操凝重、耐寒报春的冬梅，婀娜多姿、柔媚含情的垂柳，国色天香、雍容华贵的牡丹等。这些中国人推崇的名贵花木在文章中出现，往往超过它们自身形象的意义，成为某种意境的象征。

三、指导写静物

静物类状物文章要想写好，与动物、植物类状物文章相比，略有难度。因为它是静止的物体，无法从它的变化或活动中写出它的生趣。要想把静物写"活"，除了要对其外部特征做具体摹形外，更重要的是展开丰富的想象与联想，使之更加传神。传神就是指着重写出物体内在的神态，发现静物的内在品格，力求捕捉静物引起的内心感受。

第四章 情绪、情感、动机与小学习作教学

第一节 情绪、情感、动机的含义及相互关系

一、情绪、情感、动机的含义

情绪和情感是与人的特定的主观愿望和需要相联系的,历史上曾统称为感情。情绪和情感是人对客观事物的态度体验及相应的行为反应。

把它们引入到习作教学中,关注的是教学中学生对习作的态度体验及反应,以及影响学生习作态度体验及反应的各种因素。在习作活动中,当学生认为习作本身符合其需要和愿望时,就能引起他们积极的、肯定的情绪和情感,从而促进习作教学的发展,反之如果当学生认为习作不符合其需要和愿望时,就会引起消极的、否定的情绪和情感,从而阻碍习作教学的创新与发展。

动机是由目标或对象引导、激发和维持个体活动的一种内在心理过程或内部动力。在习作教学中,研究的是激发学生的习作动机,以及通过这一动机能够引导、激发和维持学生的习作活动。

二、情绪、情感、动机的相互关系

(一)情绪、情感及动机之间存在着区别

情绪主要指感情过程,即个体的需要与情境相互作用的过程,如高兴

时人会喜形于色、愤怒时会怒目相向。情绪具有较大的情境性、激动性和暂时性，往往会随具体情境改变和特定需要的满足而减弱或消失。在习作教学中，本研究关注的是课堂教学及习作过程中教师和学生们表现出的情绪状态。情感常常用来描述具有稳定的、深刻社会意义的感情，如对祖国的热爱，对敌人的憎恨以及对美的欣赏等等。作为一种情感体验和感受，情感有着较大的稳定性、深刻性和持久性。因此，本研究主要关注的是学生主体对习作的情感及影响其情感的因素。

动机是一种内部的心理过程，而不是心理活动的结果。对于内部心理过程，不能进行直接地观察判断，但是，可以通过人们选择任务，对任务的努力程度，对活动的坚持性，以及在活动过程中的语言表达等外部行为简单地判断出来。通过任务选择可以判断主体行为动机的方向、对象或目标，通过主体的努力程度和坚持性可以判断主体动机强度的大小。心理学中的动机理论有很多，绝大多数人认为，动机是构成人类大部分行为活动的基础。动机必须要有目标，目标会引导个体行为的方向，并且持续提供原动力。当个体对目标的认识由外部诱因转化为内在需求时，这种认识就会成为行为的动力，进而推动行为。在习作教学中，动机可以促使学生自觉地进行习作练习，从而促进学生的习作能力发展。

（二）情绪情感及动机又有着密切的联系

情绪和情感既有区别，又是相互依存、不可分离的。稳定的情感是在情绪的基础上形成发展的，而且它又是通过情绪来表达的。情绪也离不开情感，情绪的变化反映着情感的深度，在情绪中蕴含着情感。此外，情绪情感与动机也有着十分紧密的关系。积极的情绪情感可以激发和维持学生的习作动机，反过来，强烈的习作动机也可以促进学生积极的情绪情感体验。

举例来说，当教师合理组织习作课堂时，学生便可能表现出一种积极的情绪状态，认真思考，文思泉涌。虽然这样的情绪状态是暂时的，不同于稳定的情感状态，但是它有利于促进情感的发展。如果每一节习作课学生都能保持积极的情绪状态，势必能激发学生习作的热情。同理，如果学生具有喜爱习作活动的稳定情感，在习作教学活动中，他便会集中自己的注意力，使自身的情绪处于一种积极的状态中。

情绪情感表现为一种态度体验及相应的行为反应,是一种内部的心理过程。它与动机有着紧密的联系。在习作活动中,学生如果能够获得积极的情绪情感体验,那么这样的情绪情感体验便可以进一步驱使他投入这个活动中,也就是说激发了学生的习作动机。而一旦学生有了进行习作活动的强烈愿望,即他有着习作的动机,那么在习作活动中,他便很有可能体验到积极的情绪情感。这样的良性循环将最终提高学生的习作能力,促进整个习作教学的发展。

情绪情感及动机对习作教学有着十分重要的作用。绝大多数情况下,它们在教学中,表现为一种"兴趣"。作为一名小学语文教师,在习作教学的过程中,绝对不能忽视以上三个因素。

第二节　情绪、情感、动机在教学中的有机渗透

一、古代写作教学中的情绪、情感及动机的渗透

我国是文明古国,五千年的文明源远流长。在文明的传承过程中,教育是不可缺失的一个重要环节。在千百年前的教育论著中,不乏针对习作教学的佳作,其中还渗透着前人在习作教学中对情绪、情感及动机的思考。

(一) 谢枋得的习作教学思想

南宋诗人谢枋得在《文章轨范》中说道"凡学文,初要胆大,终要心小。由粗入细,由俗入雅,由繁入简,由豪荡入纯粹。此集皆粗枝大叶之文,本于义礼。老于世事,合于人情。初学熟之,开广其胸襟,发舒其志气,但见文之易,不见文之难,必能放言高论,笔端不窘束矣[①]"。

谢枋得的习作教学思想主张,刚开始学文章时要"胆大",不要拘泥于写作规则、技法之类的清规戒律,太多的顾虑往往会让人缩手缩脚,不敢动笔。因此,在初学写作时,只要把那些心中所想全部付诸笔墨,表达出来即可,也就是要为情而造文,而不为文而造情。基于此,再逐渐过渡到"心

[①] 谢枋得. 文章轨范[M]. 郑州:中州古籍出版社,1991:83.

小"，即逐渐下功夫在文章的表现形式等方面，注意在文章中运用一些写作技法。这样的观点是有一定道理的。写文章"初要胆大"，这样做可以让学生做好充分的心理准备，进而激发起学生学习习作的兴趣，树立习作的信心，从而强化他的习作动机，最终促使学生形成一种学习写作的动力定型。学生只有对学习对象本身产生了浓厚的兴趣，才能保持持久的学习激情，任何通过外因所产生的学习写作的兴趣，往往是短暂的、不长久的。再有，写作能力的养成，需要经过一个漫长而艰辛的过程，任何畏难心理、厌倦心理，都有可能使写作能力的培养半途而废，甚至功亏一篑。因此，放胆而作，"但见文之易，不见文之难"，只有这样，才可以帮助学生建立一种良性的心理循环，促使学生乐此不疲，坚持不懈，最终学有所成。

（二）王筠的习作教学思想

清代的王筠也有与谢枋得类似的看法。他在《教童子法》中曾经说道："作诗文必须放，放之如野马，踶跳咆嗥，不受羁绊，久之必自厌而收束矣。此时加以衔辔，其俯首乐从。……[①]"

王筠认为，学生刚开始写文章，要鼓励他们敞开心门、放飞思绪，不要被一些条条框框所束缚，只有这样，学生的作文才会有一个从量变到质变的过程。此外，他认为要使学生的作文有话可说，有事可写，就要让学生自己去拟题，去写他自己所熟悉的生活，让他们的思维不受教师的禁锢。他曾言："我见何子贞太史教其侄作诗，题目皆自撰，以目前所遇之事为题，是可法也。"这样的做法既可以在一定程度上解决学生作文"无米之炊"的困境，提高他们的习作兴趣，又可以借此锻炼学生自主命题的能力和概括能力。在习作训练中，如果能结合生活中的实际问题，一方面可以使学生因感到实用而增加对练习的兴趣，另一方面又可以提高学生分析问题和解决问题的能力。

王筠还提出"少改易之，以圈为主"。这对今天的习作批改仍然有现实意义。长期的教学实践证明，学生怕写作文的原因之一就是看不到自己的进步，有些老师习惯性地把学生的作文修改得面目全非，以此彰显自己的教学

[①] 王筠.教童子法[M].北京：中华书局，1985：4.

态度。殊不知正是这样的方式让学生失去了信心，从而对写作望而生畏。研究表明，在指导学生习作的过程中，鼓励的效果要优于批评，得到些许的表扬，学生就会感到满足、信心倍增，并因此而提高习作兴趣。试想一下，如果一名学生写的一篇习作得到了老师的表扬，那么他当然会越写越想写，最终激发其习作的动机，并因此爱上习作。

虽然上述内容都是古人的习作教学思想，但是在他们的书籍中所提到的关于情绪情感及动机的科学看法，仍然对今天的小学习作教学具有重要的启迪作用。小学语文教师可以认真思考其中蕴含的真理，使之为今天的习作教学服务。

二、近年习作教学中的情绪、情感及动机的渗透

（一）强调作文训练必须遵循学生的认知规律

为了避免作文教学中的随意性和盲目性，作文教学要按照一定的序列有步骤、有计划地实施，这已经成为一种共识。在这样的思路引导下，出现了不少对作文序列训练的探索。

这些训练有的从文体入手，把记叙文分成写人、记事、写景、状物四大类，训练按照由易到难、由浅入深、螺旋上升的顺序编排教学内容。此外，还可以以语言知识为序，先指导学生说好一句话，再训练学生写好一段话，最后指导学生写好一篇文章；有的以能力训练为序，以期学生的写作能力逐渐提高。

以作文为中心，先放后收的作文训练也是在学生的认知规律基础上进行的。一般来说，这种作文训练开始于小学三年级。此时教师主要要求学生写"放胆文"，帮助学生解决"乐意写"和"写什么"的问题。四年级时，教师开始规范学生的文体，体现了由放到收的规律。五至六年级时，教师让学生灵活地运用所学的作文技巧，提高自己的习作能力。

从客观上看，上述教学方式都符合了学生的认知规律。这样的教学本质上是一个循序渐进的过程，可以让学生不再望文生畏，视写作为畏途，最终培养出对习作的兴趣。

（二）重视课堂的心理气氛

教学过程中的心理气氛是师生态度、情感、精神面貌的综合反映与表现，它对每个成员的心理和行为会产生巨大的影响。不同的教学气氛，教学效果相差甚远。积极的心理气氛有助于促进学生的学习。

江苏特级教师李吉林创立了情景作文训练。他的作文训练通过生活再现、实物演示、音乐渲染等方式在课堂上创设了良好的教学情境。在课堂上，教师的热情教学同时激发了学生强烈的表达欲望，师生共同构建了一种积极的心理氛围，学生的认知活动和情意活动有机地统一起来，审美教育与提高学生习作能力也结合起来，学生在学习中收获良多[1]。

贾志敏老师的"小品表演"作文教学也创设了一种良好的心理氛围。他经常运用小品来指导习作，通过"模拟生活"来开展教学活动。小品表演一方面让学生进行了语言运用的训练，另一方面也起到了兴趣激发和情感召唤的作用。学生在这样的课堂上一直保持着较高的积极性，愿意主动学习，因而可以取得不错的教学效果。习作教学是语文教学的重要组成部分，任何一位语文教师都不能忽视习作教学[2]。

大量的实践探索为如今的教学提供了全新的思路。语文教师应该从中汲取营养，结合自己的教学实际来开创属于自己的教学之路。

第三节 情绪、情感、动机在小学习作教学中的作用

一、情绪、情感、动机在教师习作教学中的作用

（一）积极的情绪、情感及动机促使教师认真备课

积极的情绪情感及动机促使教师具有较强的能动性。教师热爱教学工作，有强烈的动机，他就会努力钻研，刻苦学习，尽可能地扩展知识的深

---

[1] 李吉林.为儿童快乐学习的情境教学[J].课程·教材·教法，2013，33（2）：3-8，28.
[2] 贾志敏.小学作文怎么教[J].语文建设，2012（21）：11-13.

度和广度。

习作教学是语文教学中的一个难点，但它却是语文教学中最容易被忽视的重要环节，特别是在小学阶段。在应试教育仍大行其道的今天，作文教学因其难度高、起效慢而被许多教师所"怠慢"。许多语文老师不厌其烦地紧抓学生的生字词，一遍又一遍地讲解课文，因为这样可以快速提高学生的语文成绩。殊不知，"写"的能力培养也是语文教学中不可或缺的重要一环。当一位语文教师全身心地投入自己的教学工作时，他便会很自然地把语文教学与学生的语文能力培养结合起来，从而合理地安排自己的教学活动。

习作教学工作十分繁杂，要求教师具备多种能力，无形中使得备课难度不断提升。首先，习作教学的内容不易确定。在小学语文课本中，阅读教学的内容远远多于习作教学内容，绝大多数情况下课本中的习作内容，并不适合本地学生，因而思考教学内容是习作教学的首要工作。其次，习作教学的教学方法不易掌握。相对于习作教学，生字词教学及阅读教学更加容易。学习掌握语文教师想上好习作课，教学方法的思考是一项不可或缺的重要工作。再次，一个班级内的学生习作水平良莠不齐，教师的教学需要面对所有学生，这又给习作教学增加了难度。由此可知，若是没有较高的工作热情，习作教学将无法顺利进行。

（二）教师的情绪情感影响教学过程的心理气氛

教师就是这课堂心理气氛的创造者。虽然影响教学心理气氛的因素有很多，如学生对教学目标的认同程度，教师的教学能力及教学风格，教师对课堂的管理效果等等。但是教师乐观开朗的心态、热情洋溢的精神面貌等情感因素却是对课堂心理气氛起到直接影响的重要因素。积极的情绪情感及动机鼓舞着教师全身心地投入教学中，促使教学活动得以顺利开展。教师的积极情绪会感染学生，使学生得到愉快、振奋的积极的情绪体验，基于此，师生才能共同创设一个良好的课堂心理气氛。因此说，习作是一项难度较高的学习任务，只有当学生保持高度集中的注意力，有较高的保持兴致之时，才有可能完成较高质量的作品，而这一目标的实现，离不开一个高效课堂。

(三)教师的情绪情感影响学生的心智活动

教师可以直接影响学生的情感状态。若学生在愉快轻松的氛围中学习时，就会激发出自身的潜能和积极性，使得思维更加敏捷而活跃。反之就会压抑自身的潜能与创造力，使思维变得迟钝而沉闷。因此说，教师积极的情绪情感及动机影响着学生心智活动的各个环节及整个过程。具体地说，当教师具有较高热情时，他在教学活动就会富于表情，这有助于学生形成内在的具体形象，有利于激发学生的思维，特别是学生的形象思维。教学过程中，如果教师自身具有良好的情绪状态便可创设轻松愉快的教学情境，从而使学生思维的活跃度、反应的敏捷度得到进一步提高，进而激励学生展开想象的翅膀，更好地完成习作。例如，在进行写景的习作训练时，教师如果能够根据学生的实际情况，唤起学生的形象思维，必定能够帮助学生更好地完成习作任务。

此外，在教学活动中，教师表现出积极的情感，可以感染学生，激发学生积极的情绪体验，进而促进学生对教学内容的记忆。因此，习作教学需要对学生进行一些习作方法的指导。这些方法有很多是需要学生记忆的。教师保持着积极的心理状态，课堂中富有抑扬顿挫的语调、神采飞扬的神态都会激起学生的情绪体验，从而提高学生的记忆效果。

二、情绪、情感、动机在学生习作学习中的作用

(一)积极的情绪情感及动机可以激发学生的习作兴趣

情感与写作之间有着密不可分的关系，它像血液一样灌注或渗透到"生活－写作－文章－读者"这一写作系统的各个环节，使得整个写作活动充满生气。

学生的习作也是如此，一篇好的文章必然会将作者的真情实感完整地表达出来。曾经有这么一个案例，一名学生平时从不认真完成作业，唯一的爱好就是踢足球，在一次学校的足球比赛之后，向来只写三行日记作业的他，当天的作业一下子写了两页半。这说明如果教师能够激发学生的情感，让作文贴近他们的生活，那么习作将不再是"被迫"完成的家庭作业。

小学生有较强的表达欲望。当一个学生能够通过习作实现与他人的交流，他便会逐渐地意识到习作是自己认识世界，表达自我的工具。如此一来，习作便由一时冲动逐渐转化为稳定的动力定型。只要再有需要表达自我的机会，他就会自然而然地想到习作。此时便可以认为他形成了对习作较稳定的兴趣。而情绪情感及动机的利用可以激发他们的习作兴趣。

（二）积极的情绪情感及动机有利于培养学生注意力及观察力

学生在进行习作活动时，如果能够一直保持着一种积极的情绪状态，精神饱满，兴致盎然，那么他的注意力就较集中。

众所周知，从事习作活动时，学生必须要有专注力，只有这样，他才能够完成较好的作品。很难想象，一个三心二意、无法集中注意力的学生可以完成高质量的文章。一个学生如果真正地喜爱作文，拿起笔来，便会有种欲罢不能之感。曾经有家长抱怨，孩子玩起电脑来，什么都不顾，连饭也不吃，这说明学生喜爱玩电脑，他的注意力因而都集中在玩电脑的活动中。由此可知，如果学生能够对习作保持较高的兴致，那么，他就会把他的注意力更多地集中在习作活动中，这样有助于培养学生的注意力。

生活是习作的源泉，好的习作必然是源于生活，贴近生活，联系生活的，所以，作为语文教师，不能忽视生活这个天然素材。现在的问题是如何能让学生在复杂的生活中有所发现。要做到这一点，不能忽视对学生观察力的培养。

利用情绪情感有助于培养学生的观察力。曾经有一位教师做过这样的尝试。下雪天，她带领三年级的学生走出教室，来到操场上，要求学生仔细观察雪的形状，观察下雪之后大地的变化，她允许学生玩打雪仗、堆雪人的游戏。与此同时，要求学生观察同学滚雪球的动作及玩雪时的神态。学生们的兴致很高。当一切游戏结束之后，她要求学生以雪为内容完成一篇习作。结果，学生们的习作让她大吃一惊。在习作的篇幅上，大部分学生比平时多写了一至二百字；在描述雪的形状时，很多学生运用了平时不常用的修辞；在习作内容上，学生大胆地尝试，个别孩子用童话的方式以雪花的视角描述学生的活动。可以说，这样的习作教学是成功的，而成功的原因在于教师适当地利用了情绪情感及动机，使生活与习作密切结合，在情绪情感及动机的驱使下，学生的观察力大大提升。想象一下，如果多有几次这样的习作教学，何愁学生观察不到生活中的闪光点。

（三）积极的情绪情感及动机可以活跃学生的思维

思维是借助语言、表象或动作实现的、对客观事物概括的和间接的认识，是认识的高级形式。它能揭示事物的本质特征和内部联系，主要表现在概念形成、问题解决和决策等活动中。因此，在习作教学活动中，要培养学生积极思考的习惯，只有这样，才能够提高课堂教学效果。

当学生对教学活动有较高兴致、较强动机时，便会具有良好的思维品质特性，即思维的深刻性、灵活性、独创性、批判性、敏捷性、系统性。曾有这样一节习作课令人印象深刻。教师出示一张图片，图片中展示的是海上日出的景象。教师要求学生根据图片进行描述，同时展开想象。学生的兴致很高，在讨论过程中各抒己见，课堂气氛十分活跃，这说明这个班的学生已经形成一个较好的动力定型，一听说是习作课，没有一个学生表现出厌恶的情绪。令在场教师惊讶的是，当堂展示的习作作品普遍质量较高，个别学生竟能把一个普通的日出与个人的发展及国家的命运结合起来。同时，对于修改自己及他人的习作，学生也表现出很高的积极性。由此可见，无论是习作前的讨论，还是习作活动本身及习作后的修改，都需要学生积极地思考，此课堂展现了学生较强的思维能力。教师课后反思总结报告也表明，长期重视调动情绪情感及动机，是促进习作教学的一个前提。正因为教师利用各种教学手段，促使学生对习作活动保持长久而充足的兴趣，才使得学生的思维能力得到提升。

（四）积极的情绪情感及动机可增强学生的审美能力

语文是一门有着丰富人文内涵的学科，在语文的学习过程中可以提高学生的审美情趣。那么如何提高学生的审美能力，情绪情感及动机的调动在其中发挥着至关重要的作用。在教学过程中，教师让学生对真、善、美的事物产生积极的情绪体验，对假、恶、丑的事物产生消极的情绪体验。通过这种方式，可以使学生不自觉地趋向真、善、美的事物而远离假、恶、丑的事物。这样的过程实际上就是培养学生审美能力的过程。例如，在描述班级同学的习作中，教师可引导学生赞扬为班级做贡献、认真努力的同学；在描述家乡的习作中，教师可引导学生回忆家乡的美丽；在叙事的习作中，教师可引导学生歌颂助人为乐的品质……在这些引导的过程中，如果教师能够调动学生的情绪情感及动机，使他们体验到积极的情绪，那么，他们就会从心底对教师所肯定的事物表现出认同，在平常的学习生活中也会趋向这样的事物。这也是对学生审美能力的一种培养。

（五）积极的情绪情感及动机可促进学生的心理健康

习作是学生内心世界的表达，如果学生没有良好的心理状态，他很难写出一篇立意正确的文章。在批阅学生的习作时，教师会不时地发现，有些学生的习作所表现出的是一种不恰当的心理。例如，在家庭中与父母发生矛盾时，就要离家出走；在学校中与同学发生矛盾时，一味指责对方的错误而无丝毫的反省；对社会上出现的一些不恰当的行为选择视而不见等等。这些虽然与小学生没有形成正确的价值观、世界观有着较大关系，但是如果教师对此现象听之任之的话，那么势必会影响学生的心理健康发展。

小学的语文教师常常兼任班主任，在绝大多数情况下，语文教师可以把习作教学与日常的班级管理相结合。这样做，一方面符合语文学科人文性与实践性较强的特点，另一方面也有利于学生保持良好的心理状态。例如，有些语文教师开展了班级日志活动，学生轮流记录班级日志，由于这个活动没有分数考量，又是记录身边的人和事，因此，学生的积极性很高，记录的日志往往比平常的习作篇幅还要长。基于此，语文教师既可根据日志进行班级管理，又能适时做一些习作技巧的指导，结果往往出现多赢的局面，使得班级形成良好的班风、学风，学生的习作水平有了提高，学生的心理也得到了健康发展。总之，情绪情感及动机对习作教学有着十分重要的意义。总之在习作教学的过程中，教师尽可能地调动起可调动的情绪情感及动机，不仅可以促进教学的效果，也可以促进学生能力的发展。

第四节 培养情绪、情感及诱发动机的原则与方法

一、小学习作教学中培养情绪、情感及诱发动机的原则

在教学活动中,教师应该在充分考虑认知因素的同时,尽可能地发挥教学过程中情绪、情感及动机的积极作用,从而促进学生习作能力的发展。为此,教师可以基于情绪、情感及诱发动机确立一条全新的教学原则:寓教于乐,激发兴趣。

这就是说,教师要在教学中合理控制各种教学变量,使学生保持较高的兴趣来进行学习,让学生在教学活动中乐于学习、乐于接受。可以说,在这样的教学情境中,教师不仅仅要关注学生能否接受他所教的教学内容,还要关注学生是否乐于接受教师所教的教学内容。因此,教师要尽可能地在快乐教学中培养学生的写作兴趣。

(一)"寓教于乐、激发兴趣"包含"快乐"与"兴趣"的双重含义

教师在进行习作教学时,要注意用各种方法组织教学,让学生在学习中体验到快乐,带着一种快乐的情绪投入学习中。心理学实验证明,一个人的情绪状态与其智能水平的发挥程度有着密切关系。所以,教师应该一方面注意学生的情绪,尽量使学生的情绪保持在最佳状态,以此促进习作教学效果。另一方面,还要培养学生的写作兴趣。在普通心理学中,一般把兴趣归于个性心理倾向范畴,表现为人们对某件事物或者某项活动的选择性态度和积极的情绪反应。这也就是说,语文教师要想从根本上提高学生的习作能力,不能只考虑如何提高某一节课的习作效果,而是应当从培养学生对习作活动的兴趣入手,使他们在课堂外仍然可以自觉地从事习作活动,而并非被动地在教师及家长的强迫下学习。

(二)"寓教于乐、激发兴趣"要以调节学生在教学中的情绪状态为操作点

在习作教学中,教师要通过控制教学变量,使学生的情绪处于快乐和兴

趣的状态之中，这种调节的可能性是由情绪特有的性质所决定的。

与其他的心理现象相比，情绪表现出一种情境性的特点，也就是说，情绪会随着情境的变化而变化。此外，情绪在各维度上都存在两极状态。从强度上看，它有强弱之分；从极性上看，它又有正负之别；从作用上看，它还有积极与消极之异；从紧张度上看，它有紧张与轻松之差等等。在实践活动中，随着情境的变化，人们的情绪可以在各维度上波动。这种波动的存在为教学活动中调节学生的情绪，使其朝着快乐、兴趣方面转化创造了有利条件。

需要特别强调的是，以调节学生的情绪状态为操作点，不只因为看到情绪在教学中的形式和作用，也因为情绪具有可调节性的特点。例如，意志也是一项对教学有重要意义的心理因素，但是在具体的教学中很难对学生的意志力加以调节。因此，以调节情绪为操作点在教学实践中更有可操作性，更符合教师实际的教学情况。

（三）"寓教于乐、激发兴趣"要以促进学生由"外在乐"向"内在乐"转化为目标

在教学中，帮助学生保持快乐情绪状态的原因有很多。可能是在教学活动中，教师采取了生动有趣的教学形式，以游戏的方式进行教学满足了学生的娱乐需要而使其感到快乐；也可能是因为教师合理地采用了启发式的教学形式，满足了学生的探究需要使其感到快乐；还有可能是在教学过程中，通过师生的共同努力，使学生的求知需要得到满足而使其感到快乐……由此可见，学生的快乐与兴趣是有其原因的。

教师在贯彻"寓教于乐、激发兴趣"的原则时，虽然要以引发学生的快乐和兴趣为操作点，但其最终目标设定为低层次的情绪调节，而是要以情绪调节为切入口，最终实现学生由低层次的"外在乐"向高层次的"内在乐"转化的目标。换句话说，要让学生喜欢上习作课，但是最终目的是要让学生喜欢上习作活动本身，让他们可以在教师的要求外，自觉地进行习作活动。实质上就是让学生由"乐中学"转化为"学中乐"，这是实施"寓教于乐、激发兴趣"这一教学原则的最高境界。

（四）"寓教于乐、激发兴趣"原则不全盘否定其他情绪

"寓教于乐、激发兴趣"强调的是发挥快乐、兴趣这样的正性情绪对学生的积极作用，并以此促使在教学活动中普遍适用的原则得以确立，但是这并不代表这一原则对其他情绪的否定。要注意的是，有一些负面情绪也可能在教学活动中对学生起到促进作用。只是这些情绪往往要在特定的条件下才能对学生的学习活动起到促进作用，它们缺乏适用的普遍性，而且容易带来某些消极影响，因而不能够用教学原则来规范，例如焦虑。心理学研究表明，高度的焦虑对于那些有较高能力的学生有促进作用，但是对于那些能力一般或者能力低下的学生却有抑制作用。而中等程度的焦虑才可能对一般能力水平的学生有所促进。但是一定要注意，长期处于焦虑状态对于学生的身心健康是不利的。所以，不反对有些教师在特定的情况下对学生施加压力，但是一定要慎重，要以利于学生身心发展为前提。

在小学语文习作教学中，要始终遵循"寓教于乐、激发兴趣"这一原则。除此之外，还应考虑一些具体的方式方法。通过这些方式方法来提高习作教学质量。

二、小学习作教学中培养情绪、情感及诱发动机的方法

（一）优化习作教学

1. 做好课前准备

任何一次成功的教学活动都需要教师精心准备，习作教学也不例外。与其他教学活动一样，教师要事先备好教材、了解学生的实际情况、考虑教学措施及方法等等。此外，由于习作是学生语文综合能力的集中体现，因而，语文教师还应做一些特殊的准备工作。

（1）教师要在从生活中寻找素材。首先，教师要在生活中寻找教学素材。教师的教学要贴合学生实际，因而教师自己应具有敏锐的观察力，从生活中发现贴合学生生活的素材，并以此来设计教学内容，这样做，可以极大地调动学生学习的积极性，激发学生的习作动机。例如，老师以日常生活中常见的"捶捶乐"为素材组织一节习作课。"捶捶乐"是学生们在日常生

活中经常见到的物品之一，但是他们从来没想过如何去介绍这种物品，窦桂梅老师敏锐地发现了这一点，并在写作课上让学生们以各种方式介绍"捶捶乐"，极大地激发了学生的学习兴趣，学生们在课堂上各抒己见，写出了许多别具一格的说明书。

其次，教师要引导学生自己在生活中积累素材。生活中蕴藏着许多素材，但是学生们往往对这些素材视而不见，语文教师必须去引导学生观察生活。一般情况下，小学语文教师往往兼任班主任及中队辅导员，因而有许多学校的活动都是在语文教师的指导及带领下进行的，如运动会、班队会、艺术节表演等等。鉴于此，语文教师完全可以利用这个便利，在活动中引导学生注意观察活动时大家的表现、活动的环节等等，这些都是我们平时不在意却是写作中不可缺少的生动的习作素材。此外，教师还要引导学生在校园外观察大自然、观察社会生活。长此以往，何愁学生写作时无素材可写，会很大程度上消除学生的畏难情绪，有利于培养学生的习作兴趣。

（2）教师要注重资料的收集。生活是写作的灵感来源，但是每个人的时间和精力是有限的。因而，教师还要从一些资料中汲取营养来充实自己的习作教学。

在教学前，教师应该收集一些书面材料，在前人的研究之中思考自己的教学。前人已经有了不少关于习作教学的经验，除了总结出一些有利于习作教学的方法外，还指出了一些教学方式的弊端。因此，教师在进行教学前一定要对自己的教学做到心中有数。一方面，尽可能地发挥自己所用教学方法的优势，另一方面，尽可能地减弱其弊端。此外，还要引导学生去收集大量的资料。例如，教师在指导教学部编版四年级上册第五组的习作"世界遗产"的导游词时，便需要这样做。这种类型的作文要求学生必须掌握充足的资料，如果他们对所介绍的"世界遗产"一无所知的话，是很难写出一篇像样的文章的。

此外，小学生的观察力与思考能力尚待培养与提高，大量地收集资料，阅读书籍等可以开阔学生的视野，锻炼学生的思维，客观上有利于激发学生习作兴趣，提高习作教学效率。

（3）教师要争取各方支持，丰富学生的情感体验。作为一名普通的教师，虽然不能以一己之力为学生创立一个图书馆，为学生争取广泛的生活空间……但是可以争取家长、学校及社区的支持，丰富学生的生活，丰富他们的情感体验。

首先，可以争取家长的支持。写作是需要读者的，可以请家长做学生的第一个读者。作为成年人，家长的视野与思维优于学生，他们可以帮助学生发现一些在写作中未意识到的问题，从而提升学生的习作水平。

其次，可以利用学校及社区的活动。学校的少先队活动，会创造机会让学生走出校门，走入社区。教师可以利用这个机会引导学生与社区人员接触，关注生活，丰富学生的情感体验。这样做，既有利于培养学生的道德情操，也为学生的习作积累了不少素材。

当学校为学生争取了资源后，学生便可以毫无后顾之忧地努力提高自己的习作水平。而学生能力的提高可以在一定程度上激发其自身的成就动机，促使他们不断地进行习作活动，经过不断的强化，学生便会逐渐地喜欢上习作。

2.提高习作课堂的教学效果

（1）课堂上要注意创设积极的情境，激发学生的情感。在信息时代的今天，语文教师可以把多媒体技术引入课堂教学，创设良好的情境，促进教学效果。小学生具有好奇心强的特点，如果单单靠教师拿着一支粉笔讲解，很难调动他们的积极性，课堂中引入多媒体，借助视频、音频等手段来直观地展示教学内容，可以唤起小学生的好奇心，吸引他们的注意力，从而开阔他们的视野，促进他们的思维发展。

例如，写一篇关于运动会的习作，教师可以运用多媒体展示运动会时的照片、影像，这必然能够引起学生的回忆；指导学生按顺序细致观察……多媒体的应用，可以在一定程度上解决小学生观察力不足的问题，挖掘出他们平时熟视无睹的生活场景，这样可以激发学生的学习兴趣，使学生愿意主动写作。

此外，教师还应该灵活地组织课堂，改变传统的教学模式。相较于第一学段学生，许多高于第一学段的学生希望教师能够在习作课堂上组织一些活动，还希望学生之间及师生之间能够多一些互动。第二学段学生也认为在习作课堂上如果能加入一些游戏会更加有趣。可以说，传统的讲授式教学很难满足这些要求。因此，语文教师可以把一些新颖的教学活动引入课堂。例

第四章 情绪、情感、动机与小学习作教学

如，张化万曾经把西瓜抱入课堂，让学生看瓜说瓜、吃瓜品瓜[①]；于永正把生活引入课堂，虚拟了一个需要学生向老师转述通知的情景，一方面锻炼了学生人物描写等多种习作能力，另一方面又调动了学生的积极性……[②] 总之，语文教师必须改变传统的"教师指导—范文引路"的课堂教学方式，把这些新颖的教学活动引入习作教学课堂，让习作课不再枯燥，充分激发学生的习作动机，让他们喜欢上习作，爱上习作。

（2）教师命题可以自由作文为主，命题作文为辅。无论哪一个年级，他们都喜欢想象作文，因为这样的写作方式可以任他们天马行空地驰骋在想象的天地之中。可我们的语文教师在进行习作教学时，往往会设定好学生的写作题目，甚至有些教师连学生的写作顺序都已经安排好，这样的习作方式，学生哪来的激情和灵感呢？在这样的教学束缚下，学生往往说着苍白无力的空话、假话：写母爱，都是母亲照顾生病的自己或者风雨中接送；写老师，都是带病上课、节假日辅导学生；写有意义的事，都是捡钱包、让座位……可以想象，如果教师对此毫无所觉，任其发展，学生的作文将会千篇一律，毫无个性与特色。

要想改变这样的状况，可以让学生多一些自由作文，特别是想象作文。不要单纯的依赖课本上的习作素材指导学生的习作。而是要结合学生的现实生活，灵活的安排习作内容，鼓励学生以自己的方式说出自己的所思所想。例如，可以让学生自己出作文题目，这样做，对于学生来说，作文题目来源于学生的实际生活，他们会更加感兴趣。绝大多数教师也都认为自己的学生想象作文写得更好一些。因为这样的自由作文可以为学生提供一个宽松的写作范围，学生在此可以满足自己的表达欲望。作为小学语文教师，可以利用这一点来激发学生的习作动机，让学生喜欢上习作、爱上习作。

（3）教师要重视"作前指导"。首先，教师要指导学生收集材料。教师鼓励学生走进生活的海洋，留心观察生活，同时从书本中获取素材支持自己的习作。其次，教师要教授学生一定的写作方法与技巧。学生有了素材不见得能够很顺畅地运用它，这时就需要教师对学生进行方法指导，帮助学生表达出自己的心中所想。再次，教师在指导时，尽量不要有太多的条条框框，

---

① 张化万.生活作文的教学实践与思考[J].教学月刊：小学版，2003（11）：19-22.
② 于永正.于永正：我教语文[J].江苏教育：小学教学，2011（7）：19-22.

避免束缚学生的思维，抹杀学生的想象力，要鼓励学生有自己的创见。最后，教师在指导学生的习作时，方法也可以灵活运用。无论在什么样的情况下，都要意识到教师的指导绝不能磨灭学生的习作兴趣，要尽可能地保持学生对习作活动的强烈动机。

只有合理有效地"作前指导"才能够让学生保持着对习作活动的兴趣，最终完成一篇能够表达出自己心中所想的文章来。

3.重视作文评价

（1）习作的评价要及时。有一些教师在学生完成习作之后许久才进行讲评，这样的评价效果不高。当学生刚完成习作时，他们兴致是很高的，他们迫切地想要知道指导老师给予的习作评价，同学们会不会喜欢自己的习作……而随着时间的推移，这样的兴致会逐渐减弱，有些学生甚至会忘记自己曾经写过什么。这时再进行习作评价，学生首先要耗费一定精力回想自己的习作内容，教师的评价也因此很难达到预期效果。

所以，语文教师一定要克服种种困难，及时地对学生的习作进行讲评，否则将会事倍功半，吃力不讨好。

（2）习作的评价应重视习作的批改。随着年级的升高，学生逐渐意识到教师评语的重要性，他们愿意从教师的评语中了解自己的习作。因此，教师一定要认真为学生写习作评语。在为学生批改习作时，教师对学生的习作要尽可能少做一些修改，写评语时要注意尊重学生的思维、情感，避免过度打击学生的积极性。此外，教师还要尽量树立学生习作的信心。同时，教师还要指出学生习作中的不足，为学生的写作指明方向。从学生角度来看，学生也希望教师在评语中指出自己的不足，他们希望通过教师的指点来提高自己。

（3）习作讲评的方式要多样。随着年级的升高，学生对教师的讲评不再如以往那样感兴趣和重视，因此教师可以根据教学实际，灵活地安排讲评方式。对个别学生习作中存在的问题，教师可以选择面对面的讲解方式加以指导，而对于学生习作中普遍存在的问题，教师可选择面向全体学生进行指导。这样的教学更加具有针对性，可以更好地解决学生习作中的问题。

此外，教师还可以调动学生及家长的力量，通过互动评改提高学生的习作能力。例如，这一阶段的学生存在一种普遍的心理特征，就是愿意给别人"挑毛病"。基于此，教师可以让学生尝试着批改其他同学的习作，引导学生

第四章 情绪、情感、动机与小学习作教学

指出别人的不足，发现别人的闪光点，从而来提高自己的习作水平。在家庭亲子互动中，学生的家庭成员更了解学生的成长历程、生活阅历，家长的习作能力也普遍高于学生，因此对于学生的习作，家长们也可以给予一定的指导。这样做，一方面可以减轻教师的负担，另一方面也可以调动家长教育学生的积极性，与此同时，还可以真正地提高学生的习作能力，一举多得。当教师把一切可调动的力量都调动起来，那么何愁学生的习作能力无法提高！

教师还可以引导学生对自己的习作进行评价。在他人的帮助下，学生能够认识到自己习作中的不足，那么通过学生修改自己的习作，也能在一定程度上提高习作能力与水平。总之，教师要用多种形式评价学生的习作，这样学生才不会觉得作文的评价枯燥乏味，学生对评价习作产生兴趣，必然会从中有所收获。

4. 习作的评价要注意激发学生习作的动机

有了习作的动机，学生才有了从事习作活动的驱动力。教师在评价学生的习作时，一定要尽可能地激发学生的习作动机，这样学生才可能从心底喜欢上习作，自觉地从事习作活动。

首先，教师要注意激发学生的成就动机。成就动机就是一个人力求获得成就的一种心理倾向，对人的学习、工作起着定向和推动作用。教师在评价学生的习作时，可以以鼓励学生的方式激发学生的成就动机。此外，教师还可以给学生提供一个展示的舞台，如创办班级小报，推荐学生作品在各级报刊上发表等方式激发学生的成就动机。通过上述方式，学生会从中体验到成功的快乐，因而爱上写作。

其次，教师要帮助学生正确归因。不同的归因，将会影响学生的习作动机。当一名学生认为自己的一次高水平习作是由于他自己的努力铸就时，便会更愿意投身于习作活动中，而当他认为，自己的习作是因为一时的偶然时，他就不会对下一次的习作活动有太大的兴趣。因此，教师要帮助学生正确归因，引导学生端正自己的习作态度，让他们意识到只要认真努力就会有所提高。这样学生才会对习作充满信心，更愿意主动进行写作。

综上所述，优化习作教学是促进习作教学的一个重要方面。教师在习作教学中有意识地利用情绪情感及动机使之为教学服务，势必可以提高习作教学的效果。

（二）提高教师素养

教师是教学活动的主导者。在小学阶段，由于学生的思维等各方面的能力都有待提高，教师的主导地位便更加凸显，教学活动或多或少都会打上教师个人的印记。因此，提高教师个人的素养显得尤为重要。那么，教师应该怎样做才能提高自身的素养呢？

1.教师要注意陶冶情操，加强个性修养

良好的心境和高尚的情操可以让教师在教学过程中保持积极向上的精神状态，这无疑会促使学生奋进、兴致盎然地投入学习活动中。

首先教师要有着正确的人生观，要积极地面对人生及正确地看待各种社会现象。教师被称为人类灵魂的工程师，他首先应当热爱工作、热爱生活。对复杂的社会与人生，教师要全面地、客观地、辩证地去看待。其次，教师要有着自信进取、乐观向上的精神状态，只有这样，在教学过程中他们才能对学生产生鼓舞作用，使他们遇到困难时不会感到孤立无援，从而确保教学过程的顺利完成。此外，教师还要升华个人的精神世界。教师的工作是一项奉献的工作。在工作中，不要计较一些个人得失，而把主要精力放到自己所从事的事业中，只有这样，教师才能够督促自己不断进步，从而到达一个新的境界。

学生喜欢的教师应具备的个性特征：幽默博学、热情坦率、真诚公平、言行一致、待人宽容、开朗乐观、富于同情心、善于体贴学生等。这些特征很多是关于教师人格的。随着年龄的增长，学生的向师性也会逐渐地削弱。这个时候，教师想让学生喜欢自己，一定要让自己具有独特人格的魅力，让学生愿意亲近自己。这一点在小学表现尤为明显。学生往往是先喜欢一位教师、再喜欢他所教的学科。细心的人会发现，一个学生喜欢他的语文老师，这个学生阅读的书籍，写的文章都与他的语文教师相像。因而，教师要让自己的教学有效，不可不重视自己的人格修养。

2.教师要具备调控情绪情感的能力

合理调节自己的期望值。情感的产生与人的需要是否满足有着很大的关系。当一个人对自己的要求过高，他往往就会产生一些不满足的情绪，从而出现一些消极的情绪体验。此时，应该根据自己的实际情况，合理地调节自己的期望值，为自己定下一个经过努力便可以达成的人生目标，这样一来，便可以减轻一些因需求过多、期望过高而产生的不满、抱怨、悲观等情绪。

换角度看问题。大家都听说这样一个小故事：半杯葡萄酒，乐观主义者会说："太好了，还有半杯！"悲观主义者会说："太不幸了，只剩半杯！"面对同一事物得出不同的结论只因为看待事情的角度不同所致。这就是说，在很多情况下，我们所体验的情绪并不完全取决于事物本身，而取决于我们对待它的态度。所以，当我们遇到挫折和不幸时，不妨换一个角度来思考，常言道：塞翁失马，焉知非福？

合理宣泄自己的情绪。我们可以在不妨碍别人的前提下，以自己和他人能接受的方式宣泄自己消极的负面情感。例如：写日记、找人倾诉、加强体育锻炼等等。心理学研究表明，消极情感如果长期得不到宣泄，势必会影响当事人的身心健康。所以，我们完全可以以一些正确的方法把这些不利于自身健康的情绪情感宣泄出来，当我们甩掉心灵的包袱轻装上阵时，我们就会发现原本的难题都已迎刃而解。

宣泄自己的消极情感有很多方式，不管采用何种方式，其最终目的都是要调节自己的情绪情感，以一个最佳的状态来投入教育教学工作中，这样才会取得预期的效果。做一名新时代的教师，不应燃烧了自己，照亮了别人，而应发展了自己，照亮了别人。因此，合理地调控自己的情绪情感让自己保持在最佳的精神状态应该是现代教师必备的素养之一。这样的素养既可以促进教学活动的有效开展，还可以促进习作教学的发展。

3. 教师要勤写"下水文"

何谓"下水文"？"水"就是写作实践，"下水"就是教师要亲自参与到写作实践中来。教师"下水"，才能知道"水"是深还是浅，是凉还是热。教师写下水文，一方面可以促进自己的习作教学的发展，另一方面也是对教师写作能力及教学水平的提高。

教师在写下水文时，需要考虑以下三个方面：

首先，教师要考虑时间的选择。教师写下水文可以选择在学生习作前，这样对学生的习作可以起到示范作用；也可以选择在学生习作的过程中写下水文，教师与学生同步习作，既能了解学生习作的问题，又能够在写作中激励学生；教师还可以选择在学生习作后写下水文，这样指导学生的习作，更具针对性。

其次，教师要考虑材料的选择。下水文的材料可以是与学生选材相同或相近的，也可以选择一些与学生选材不同的材料，但是必须符合题目的要求。教师的思维、知识储备等都优于学生，所以在材料的选择上，要尽量起到示范作用，从而给学生一些有益的启示。

最后，教师要注意写法上的选择。教师可以根据自己的教学目标选择一些学生能够接受学习的写法。如果时间和精力允许的话，教师可以采用两种不同的写法来写同一材料，这样做，可以加深学生的印象，对学生有着重要的启示作用。

如今很多语文教师都忽略了"下水文"重要性。只有优秀的语文教师才会发现，学生们在听教师的下水文时，总是兴致勃勃的，因为他们渴望了解自己的教师，教师可以利用这一点来调动学生的积极性，促进自己习作教学的发展。此外，作为一名语文教师，如果不能够写好文章怎能让学生信服？写下水文可以提高教师的写作水平，这也是对教师的一种锻炼。

（三）改善师生关系

1. 施爱于细微之处

小学生虽然年纪不大，但他们有着自己独特的视角，往往能在教师的一言一行、一颦一笑、一个眼神、一个手势中分辨出细微的差别，感受到教师的情感。因而，教师要时刻注意自己的言行，在细微之处彰显自己对学生的爱。

上课时，教师要注意自己的站位。一般来说，教师不应站在太靠后的位置，站在学生座位的前三分之一左右的位置较为合适，这个位置能够让所有的学生都能与老师有一定的交流。

细微之处见真情，教师在细微之处关注学生，让学生体会到教师善意的爱，学生会以他最诚挚的感情来回报你。

2. 施爱于表扬和批评之时

教师的一切教育活动都要本着"一切为了学生的发展"的宗旨。教师的表扬与批评往往对学生有一定的引导作用，因此，学生愿意趋向教师表扬的行为，而避免教师批评的行为。鉴于此，教师一定要注意在表扬或批评时，尽量不要对学生的天分进行评价，而要注意引导学生关注自己的学习态度、道德修养等方面。

此外，教师要注意表扬与批评的方式。表扬尽量在全体学生面前，这样可以帮助学生树立信心。而很多批评可以在私下里进行，避免伤害学生的自尊心。批评时，还要注意批评的方式，对于不同的学生要采取不同的批评方式。

教师合理的表扬和批评可以帮助师生间建立融洽的师生关系，在一定情况下，可以化腐朽为神奇、变被动为主动，体现出教书育人的艺术。

3. 施爱于教学之余

在小学阶段，师生的交往并不仅仅局限于教学活动中，在教学活动之外还存在着一定的师生互动。这些互动对于改善师生关系有着重要意义，可以在教学之余建立起良好的师生关系。这种关系往往可以促进教学中师生之间的情感交流，反之，不良的师生关系往往会阻碍教学中的师生情感交流。因此，我们说改善师生关系，绝不能忽视教学之余师生情感的交流。很多优秀的教师都注意到了这一点，利用这一渠道与学生"打成一片"，为教学中的师生情感交流打下良好的基础。

例如，在小学生活中，学生需要参与很多活动，如文艺汇演、运动会、元旦联欢会等等。在这些活动中教师主动参与其中，对学生嘘寒问暖，可以让学生体会到教师的善意。曾有位教师提到过这样一件事：一次运动会，天气很冷，一名学困生穿着单薄的衣服坐在座位上，见此情景，教师便把自己的衣服脱下给学生披上。这本是无意之举，学生当时也没有任何表现，但这位教师在运动会之后的教学中发现，这名几乎不写任何作业的学生竟然交上了他所教学科的作业。

此外，教师还可以通过谈心实现与学生的交流。在谈心过程中，教师要注意避免批评，要以了解学生状况，与学生沟通为目的。有时师生之间的对立往往是相互之间不理解所造成的。教师要学会倾听学生的心声，了解学生的难处，与此同时，也让学生了解教师的苦衷。在相互理解之下，学生将不再抗拒与教师的"谈心"。

课余后，师生之间的交往可以少谈一些学习成绩，只有这样，才能使学生敞开心扉，愿意与教师坦诚相待。如果教师施爱于教学之外，他将会惊喜地发现，学生在课堂上也"可爱"多了。

4. 施爱于家校之间

很多教师都有一个教育学生的法宝：叫家长。我们经常看到当一名学生犯错后，教师通常会气急败坏地找来学生的家长数落出一串学生的错误，然后家长回到家再严厉地"教育"学生。学生可能会有短暂的进步，但殊不知这种方式既伤害了教师与家长的关系，也伤害了教师与学生的关系。

家长都是关心自己孩子的，希望自己的孩子能够成才。当教师把自己满腔的愤怒与怨言发泄在家长身上时，家长只能再把这种委屈与愤怒转嫁到学生身上。但是从本质上看，家长不见得就理解了老师，赞同老师的教育观念。因此，教师与其找家长"告状"，还不如与之平心静气地交谈，分析学生的状况，找出问题之所在，思考怎样相互配合解决问题。只有这样，家长才会从心底体谅教师，更愿意配合教师的工作，这对教学是有益的。

从学生的角度讲，教师请家长之后，自己受一顿"教训"，不见得会使学生认识到自己的错误，反而可能让学生产生对教师的怨恨之情，使学生与教师的关系不断恶化。教师可以选择与家长、学生一起谈心，这样的教育方式学生更容易接受。教师一定要让家长了解自己的教育理念，争取与家长达成教育共识，让学生了解到教师其实和他们的父母一样，期望他们成才。一般来说，与学生最亲近的人就是他的父母，当学生的家长由衷地赞同教师的教育理念和教学方法时，不难发现，学生也更愿意配合教师的教学工作了。

要求教师努力改善自己与学生的关系，其最终目的还是改善我们的教学，促进学生的能力发展。学生的习作是学生心灵的产物，当我们与学生建立起融洽的关系后，我们更容易使学生喜欢上习作，对习作产生兴趣。从本质上看，习作教学这样复杂的教学活动，需要一个和谐融洽的教学环境和心境。

第五章 小学语文习作教学的学段衔接

第一节 理解教材习作编排体系，明确教学内容和要求

统编语文教材与之前的教材相比，有独立的习作教学内容和能力培养体系。每一单元的导语都提示了习作训练重点。在部分课文后面的小练笔和语文园地中的"词句段运用"部分，安排了大量的仿写、拓展写、续写等内容做铺垫，引导学生学习习作方法和规范学生的语言表达，体现了"语言能力的发展要在语言实践中完成"的理念。不同的学段对学生能力的培养重点、习作内容的设置、习作要求是不同的。为了使学生习作顺利衔接，教师要先了解教材在不同学段的编排内容和要求。

一、研读习作教学内容，把握不同学段的相互联系

教材对学生习作能力的培养呈现螺旋式上升的特点。学生某一方面习作能力的培养不是被固定安排在某一特定学段。以关于观察能力的培养为例，教材在三年级上册第五单元安排了专门的习作训练（习作"我们眼中的缤纷世界"），让学生学会细致观察、多感官参与观察、观察时注意事物的变化，这在三年级下册的多次习作中都有训练。比如，第一单元习作"我的植物朋友"让学生观察一种植物，第二单元习作"看图画，写一写"让学生观察图画，第六单元习作"身边那些有特点的人"的观察对象是身边有特点的人。四年级上册第三单元安排了写观察日记。在五年级上册也安排了关于观察的

习作练习，如第二单元习作"'漫画'老师"，要求学生观察老师有什么特点；第五单元习作"介绍一种事物"，要求学生仔细观察一种事物，并搜集相关资料，进一步了解该事物；第七单元习作"＿＿＿即景"，要求学生观察一种自然现象或一处自然景观，重点观察事物的变化，写下观察所得。这种安排体现了教材对学生观察能力的持续性培养。另外，课标要求学生习作时"写清楚"，这属于中段的培养目标，但是教材在五年级下册和六年级的部分习作要求中重新提到这一要求。所以语文教师要意识到学生习作能力培养的长期性和艰巨性。

为了使学生适应学段过渡，统编教材在学段过渡的初期降低了习作要求，如由低段升入中段，学生还不会写条理清楚的段落，没有掌握构段的技能，所以第一次和第二次习作的要求较宽松：第一次习作要求学生"写完以后能让别人猜出你写的是谁"，第二次习作要求"把日记的格式写正确"。另外在前几个单元的课文后面安排了小练笔。大多是写句子的练习，例如在部编版三年级语文上册第2课《花的学校》安排了课后小练笔，让学生仿写拟人句。部编版小学三年级上册语文第6课《秋天的雨》课后安排了仿写比喻句，既是对二年级写话教学的承接，也是在教学生学习更多的句式表达方法，为学习构段做准备。

此外在每一学段的后期，教材中会适当渗透下一学段的要求。例如在四年级下册就适当渗透了"分段"的意识：第四单元习作"我的植物朋友"提示学生写之前想一想打算从哪些方面介绍它，它在这些方面有哪些特点，为高段学习分段和列提纲做准备。

二、明确习作教学要求，熟知不同学段的主要差异

教材编写的习作话题在不同学段重复出现，但是不同学段对学生习作的要求是不同的，教师应该结合课标中的学段课程目标要求，并且在遵循课本编排顺序的前提下，对学生的习作给出合理评价，不可以揠苗助长。例如写一处景物，教材在中高学段进行了多次安排：三上第六单元安排习作"介绍身边的美景"，学生只要能围绕一个意思写一段话就可以，四上第一单元安排习作"推荐一个好地方"，学生只要把这个地方按一定顺序介绍清楚、把推荐理由写充分就可以；五上第七单元习作"＿＿＿即景"要求学生写一处自

然现象或自然景观，需要学生按一定顺序观察并写出景物的动态变化。

教材对学生习作的要求在不同学段有不同的侧重点，中段习作要求培养学生"写清楚"的能力，高段主要培养学生"写具体"的能力。"写清楚"和"写具体"有什么不同？课程标准没有说明，教材也没有介绍，按字面意思来理解，"清楚"的意思是"清晰，明白，有条理"，"具体"的意思是"不抽象，不笼统，有细节"。教师把握两个学段的不同要求，才能在习作指导和评价中把握好尺度。

总之，我们既要看到语文教材各学段之间内容的密切联系，又要明确不同学段对学生习作的不同要求，了解学生在不同学段的习作基础。这样才能在教学中掌握好评价的尺度，帮助学生顺利完成不同学段的衔接。

第二节　挖掘教材习作训练点，实现阅读到习作的转化

语文教材是语文学习的主要载体，语文课是学生学语文的主要阵地。虽然统编语文教材为了培养学生的习作能力构建了习作训练体系，但是语文教师在落实这些训练的同时，还可以利用好语文课本加强对学生语言表达能力的培养，丰富他们习作时的思维路径。语文教师不能把习作教学以学段为界限进行切割。在后一个学段不应该排斥前一个学段知识能力的巩固强化，在低学段也不应绝对拒绝高学段知识能力的合理渗透。教师可以挖掘课本的言语表达有哪些值得借鉴之处，引导学生通过仿写等方式，实现习作教学与阅读教学的有机结合。

一、关注选文的标点使用特色，引导学生自主运用

在课程标准的学段目标中，三个学段都对学生的标点符号的使用作出了规定。低学段要求学生学习使用逗号、句号、问号、感叹号，中段要求学生根据表达的需要，正确使用冒号、引号等标点符号，高段要求学生根据表达的需要，正确使用常用的标点符号，标点能够表达丰富的情感，教师应该根据选文特色，引导学生体会标点的表达效果，并引导学生进行模仿和运用。

例如部编版四年级上册有《检阅》一课，第五自然段的标点运用有特色：劝他不去？要不把他放在队尾？再不就把他藏在队伍中间？可是跟他怎么说呢？谁去跟他说呢？

这个段落很重要的特点就是几个问号连用，表达了大家不知道怎么办才好的心理。教师让学生观察这个句子有什么特点，然后在课堂上体会作者为什么这样写。最后设计小练笔，让学生仿写。提示学生在生活中遇到要表达不知道怎么办才好的情况时，也可以用几个问号连用的方式：

出示例子：小明在马路上捡到了一元钱，他想：（ ）？（ ）？（ ）？

二、利用选文的表达方法特点，引导学生理解内化

语文教材中范文的表达方法很多，教师不能从文章学的角度去分析讲解文章的主题、线索、材料等方面的规则，那样的烦琐分析会使语文教学失去灵气和生命。但是教师可以关注作者作品中特殊且具有普遍意义的语言表达方式、思维规律、审美特色等，归纳每篇课文值得学习和借鉴的言语经验，抓住课文的表达特点，引导学生多学习一些表达方法，帮助他们构建习作能力体系。

课本中的选文，有的课文中，句子表达特色突出，比如运用了一些修辞方法、有特殊的构段作用等；有的课文段落描写特点突出，比如运用了连续动作描写、按一定顺序写、边观察边想象等；有的课文描写的角度特点突出，例如三年级上册第六单元第19课《海滨小城》前几段是通过颜色描写来表现海滨的美丽；有的课文行文线索清晰，如部编版小学语文三年级上册第20课《美丽的小兴安岭》一课按照春夏秋冬的顺序描写小兴安岭的美丽和物产丰富。教师如果善于挖掘这些习作学习资源，引导学生进行仿写或者引领学生进行深入体会，使学生实现"一课一得"，将会使学生积累更多习作方法，从而提高习作能力。

在三年级上册第六单元的课文教学中，注意到四篇课文中部编版语文三年级上册第六单元第20课《美丽的小兴安岭》以及部编版三年级语文上册第六单元第18课《富饶的西沙群岛》一课都用了"总—分—总"的结构方式，所以在阅读教学中引导学生体会这一表达特色，然后在单元习作教学中引导学生运用这种方式来介绍一处自己喜欢的地方，教师虽然给学生规定了习作

的开头、结尾怎么写，设定了文章框架，但是习作指导的重点仍然放在"围绕一个意思写一段话"的段落教学，取得了较好的教学效果。

第三节 把握低段到中段的对接，选用适宜的教学策略

低段写话要求学生写自己想说的话，从三年级开始，教材要求学生写成段的话，在实际教学中，教师常常会让学生写成篇的文章。对于学生来说，这个衔接是有一定跨度的。学生刚升入三年级，他们的习作中常常出现想什么说什么、语言缺少条理的情况，尤其在刚开始习作时，他们的习作会出现词汇匮乏、条理性不强等问题。如果没有教师的引导，他们的习作质量很难让人满意。另外，学生的生活经历是有限的，缺少对日常生活的观察，这就容易导致他们无话可说。为了培养学生对习作的兴趣，应该根据三年级学生的心理特点，结合中段习作培养目标和低段学生写话能力的基础，在学生升入三年级这一过渡时期后采用有效的策略帮助他们顺利过渡。

一、训练学生学会观察，提升及时记录能力

俗话说："巧妇难为无米之炊"，获取材料是写作的第一步。那么应该如何获取材料？众所周知，观察是获取感性表象的唯一渠道。吴立岗教授曾这样描述写作的过程："搜集材料是写作的第一步。所谓搜集材料，主要是通过观察和形象思维获得与写作有关的感性表象和典型形象，并且积累各种与知觉形象相结合的常用词语。有了材料，学生就可以概括文章的中心思想，整理材料和安排文章的结构。"[①] 就三年级学生来说，一方面，学生观察时通过有意注意获得的信息总比无意注意要鲜明，如果教师在课堂上带领学生观察，观察完毕后及时写下观察结果，可以减轻他们习作时构思的难度。另一方面他们通过直接观察和形象思维获得了相关事物的表象，然后及时开始写作，学生就不容易遗忘。

[①] 吴立岗.小学作文教学论[M].南宁：广西教育出版社，2002：155—156.

（一）观察实物

学生刚刚升入三年级，他们的抽象逻辑思维还没有很好地建立和发展起来，不宜对学生的写作方法进行过多指导。教师要帮助学生获得习作的"材料"，让他们看到什么写什么。所以给学生提供观察机会、对观察方法进行指导、引导他们及时记录观察所得对学生很重要。这里所观察的实物，包括景物、动物、植物、文具等，教师可以根据课时安排和学生的实际情况灵活掌握。

三年级上册有一次练笔是训练学生学会多感官观察。我让学生们每人带来一种水果，语文课上让同学们拿出自己的水果看一看、摸一摸、闻一闻、尝一尝，学生们都兴趣盎然。一些水果的细节也被他们发现了：富士苹果是红色的，有的带有黄色的竖纹；梨是黄色的，掺杂着一些棕色的小斑点，李子的皮紫得发黑。通过亲身观察，改变了学生千篇一律的凭空描写：苹果红红的，梨黄黄的。学生在观察的时候还展开了自然的联想。有的同学说："香蕉弯弯的。它的皮厚厚的，好像给香蕉宝宝穿上了厚厚的铠甲。"这些生动的描写是学生亲自观察后才能写出来的。

（二）组织游戏，观察活动

喜欢游戏是儿童的天性，当学生遇到写一件事情的习作时面临的问题之一就是发生的事情距离学生习作的时间较远，学生很难回忆起其中的很多细节。因此，如果教师通过组织游戏来给学生提供习作素材，学生们会很感兴趣，并且有话可说。

例如在三年级上册第二单元的习作"写日记"教学中，把教学重点放在指导学生掌握日记的格式上。要求学生写下自己一天之中印象最深的事情，学生写得并不好。大部分学生都写得像流水账一样，有的学生甚至没有话说，一篇作文只写下了几句话。教师可以让他们重新写，在写之前带领学生做了一个名为《巧合》的游戏。习作内容如下：

　　教师："同学们，今天我们来玩一个游戏，好不好？"
　　学生："好。"
　　教师："这个游戏的名字叫巧合。""这个游戏怎么玩呢？好玩不好玩呢？"

教师让每个学生撕下一张纸条，南排同学写上人物，中排同学写上地点，北排同学写上干什么。然后教师分别从每一排选出一个同学，让这三个同学依次读出纸条上的内容，这时候，巧合发生了：学生1读王××（某学生名字），学生2读在操场上，学生3读跳舞，合起来是王××在操场上跳舞，把学生逗得哈哈大笑。

这篇习作充满了真情实感，线索清晰，有条理。因为教师在组织这个游戏的时候，及时引导学生一边玩游戏一边进行观察和说话，所以学生在习作的时候就会有话可说。

随着学习的深入，教师还可以结合学生的日常活动引导学生有意识地观察并及时将观察的结果记录下来。教师要在活动前告知学生观察的要求，让学生有目的地观察。观察范围包括校内发生的事情（升旗仪式、班队会、运动会、专项比赛等）、家里发生的事情、在社会活动中遇到的事情等。让学生经历情境后写作，便于学生写出生活细节，有利于学生表达真实感受，并做到有话可说。

（三）观看影像素材

在多媒体技术日益发达和普及的今天，音像素材能够在一定程度上将学生带入真实的生活场景中，对学生来讲，犹如亲身经历一般，所以学生容易有话可说。

例如，部编版三年级下册第一单元第3课的《荷花》一课课后安排了小练笔《我的植物朋友》，让学生仿照课文第二自然段的写法，写一写其他的花。教师考虑到学生可能想不起生活中的各种不同形态的花，所以用幻灯片展示了不同形态的菊花，学生直观地看到了菊花的不同形态，很容易就完成了练笔。

再如，笔者在教授三年级上册第七单元课后的习作"我有一个想法"时先让学生观看一段录像：

一天，下着蒙蒙细雨，在一所学校的门口，同学们排队放学回家，有的举着伞，有的穿着雨衣。这时一辆白色的轿车从旁边缓缓驶来，穿过同学们的队伍，开走了。

画面定格后，我问同学们：你们刚刚看到了什么？很多同学描述得非常生动，我再问同学们：对于这件事，你有什么话想对这位司机说？你有什么话想对交警说？你有什么话想对学校的老师说？引导学生从不同的角度说出自己的想法，学生们情动于衷，说得非常恳切，表达的愿望被激发了出来。最后我引导学生按下面的顺序写：像刚才一样先说一个现象，再说说你对这个现象的看法，最后提出自己的建议。学生们不仅有话可说，而且能够按一定顺序表达。

二、合理诊断学生习作问题，适时提供教学支持

教师为学生提供教学支持，这里主要指教师根据学生习作中可能遇到的成文方面的困难提供习作上的帮助。学生初学习作会遇到各种问题，比如不会使用恰当的词句来表达、没有内容可写、不知道段中句与句的关系等。所以，教师在进行习作教学前要充分了解学生的学情，发现影响他们顺利成文的关键问题并在教学中给予相应的指导。

教师可以为学生提供成文框架的支持。例如在三年级上册第一单元习作教学"猜猜他是谁"中，很多同学不知道从哪方面介绍。一位教师指导学生先写人物的外貌，再通过一件事情表现出他的品质或性格等方面的特点。全班同学的文章框架都是一样的，教师把指导的重点放在怎样描写人物的外貌特征以及如何再现生活情节上。教师出示范文，让学生知道，写人物外貌要抓住特点来写，描写时要使用恰当的词语，从而使自己的文章更生动，写人物的品质时要通过一件具体的事情来表现。

教师可以为学生提供语言材料的支持。例如在三年级上册第六单元习作"这儿真美"教学的前两周，教师可以引导学生搜集写景色的词语和句子，开展每日课前两分钟的积累展示，让学生读一读、背一背自己积累的词语和句子，并互相交流。这样，他们在习作前就能够积累一定的语言材料。

三、灵活反馈习作建议，坚持鼓励评价取向

教师适当且及时地对学生的习作进行评价，有利于学生习作能力的提高。但是三年级学生刚开始习作，太多的批评容易使学生对学习丧失信心。通常情况下，评价学生习作可以用写评语、面批、习作讲评等方式。写评语

对三年级学生习作的指导性不强，因为教师的评语往往过于笼统，比如教师写下眉批"这个句子不通顺"，怎么改通顺学生并不会。有的教师字迹潦草，学生无法认读（学生识字量有限）。如果教师写的都是自己修改的内容，也不是学生自己的表达。另外，教师指导完学生的习作以后，距离下一次讲评课还有一周的时间，在此期间，学生非常想知道教师如何评价自己的习作。因此，教师可以通过以下途径与学生沟通，及时反馈对他们习作的建议。

（一）面批

教师可以在合适的时间与学生直接交流，面对面地指出他们作文中的优点和不足，并帮助学生修改不合理的地方。面批时，教师的面部表情、说话态度、语言的启发性等都可能会影响学生对习作的兴趣。因此教师在和学生交流时要和颜悦色，让学生感受到自己的鼓励。教师要有选择地安排面批的学生，所选择的对象应该是在习作中有个性问题的学生。例如三年级上册第三单元习作要求写一篇童话，有的同学把一个很长的故事写成了一个自然段，教师在讲评的时候没有必要给全班学生讲怎么分段，只需要对这一个学生进行面批，告诉他要怎么样分段来写，并给学生做好标记。有的学生的习作中有写得不清楚的地方，面批时教师可以设计问题让学生说清楚，再引导学生写下来。

（二）利用通信工具

现代通信技术的发展使人与人之间的沟通更加方便。比如很多班级都有班级微信群，教师可以及时把自己在批阅作文的过程中发现的好的片段描写发到微信群里给学生和家长看，使学生之间互相学习。

教师要对收上来的习作草稿进行仔细批阅，把其中的优秀段落拍照上传至班级微信群，上面写下简单评语，例如描写生动具体、表达时运用了有新鲜感的词语、修辞恰当、有独特感受等。这对学生习作有一定的示范作用。但是习作讲评课还是要重视，需要教师提出本班习作的共性问题，尤其要表扬优秀习作。对于习作中有问题的部分，教师可以让全班学生一起改。

总之，在学生习作的低段与中段衔接期，教师要注意关注学生的习作兴趣，关注学生的习作基础，采用合适的教学方法，引导学生顺利实现衔接。

第四节　熟知中段到高段的融合，运用多样的教学方法

在学生升入高段后，习作要求学生有更强的语言表达能力和更深刻的思考能力，有一定的生活积累、语言积累，从而为习作提供支持。要实现中、高段的衔接，应该注意在第二学段为学生打好基础，丰富其语言，提高其表达技能。在习作课中，教师还需要根据学生的习作基础进行精准的习作指导，帮助学生顺利完成习作。

一、鼓励学生多读课外书，积累大量语言素材

读课外书不仅可以积累语言，还能丰富学生的见闻，开阔学生的视野。阅读和写作的关系是不言而喻的："读书破万卷，下笔如有神""熟读唐诗三百首，不会作诗也会吟"已经成了大家耳熟能详的道理。台湾学者李家同说过，大量阅读，可训练四种语文能力：一是很快看懂文章，并且抓到文章的重点；二是正确且清楚地表达自己的想法；三是写文章合乎逻辑，不自相矛盾；四是文章内容不落俗套，有独到的见解。例如，山东省烟台市开展的"大量读写、双轨运行"实验已经证实了大量阅读对于学生习作的促进作用，得到了业内的认可。所以，从一年级开始就应该让学生扎扎实实地读课外书。

《义务教育语文课程标准（2022年版）》对学生的课外阅读是有规定的，总目标规定如下："学会运用多种阅读方法，具有独立阅读能力。能阅读日常的书报杂志，初步鉴赏文学作品，能借助工具书阅读浅易文言文。学会倾听与表达，初步学会用口头语言文明地进行人际沟通和社会交往。能根据需要，用书面语言具体明确、文从字顺地表达自己的见闻、体验和想法。"[1]

第一学段规定学生课外阅读总量不少于5万字。第二学段对课外阅读的要求是养成读书看报的习惯，收藏图书资料，乐于与同学交流。课外阅读总量不少于40万字。第三学段要求学生课外阅读总量不少于100万字。

---

[1] 中华人民共和国教育部制定.义务教育语文课程标准（2022年版）[M].北京：北京师范大学出版社（集团）有限公司，2022.

但是如果学生的课外阅读无法得到落实，学生的语言积累将得不到保障，也难以使思想得到丰富，从而影响学生习作能力的提高。那么，怎样才能将课外阅读落到实处呢？

第一，积极向家长宣传课外阅读的意义。可以通过举行丰富多彩的活动向家长宣传读书的意义，如举办读书节、评选书香家庭等，让家长成为督促学生课外阅读的重要力量。

第二，可以借助相关资源。笔者曾经有半年的时间利用某平台的课外阅读系统对学生的课外阅读进行跟踪监测，该平台对文学名著按章节内容进行检测，有线上讲解，有测试，还有线下活动，不仅调动了学生读书的积极性，还省去了教师出卷子、判卷子的麻烦。而且该平台推荐的版本都是经过教育专家精心推选的。这种借助相关资源的方式对于课外阅读的落实很有帮助。

第三，组织与读书相关的活动。教师可以成为学生课外阅读的促进者，通过组织相关的读书活动，如上好课外阅读的前期推荐课、中期交流课和后期展示课，促进学生的课外阅读。

二、开展习作知识教学，引导学生灵活运用

一般认为，小学四年级是学生从具象思维向抽象思维发展的关键期。学生在中段学习了一段时间后，有了一定的观察积累和语言积累，言语表达能力和抽象概括能力也会有所提升，所以对学生进行习作知识教学，可以丰富学生的习作经验，改善他们习作时的思维路径。从认知规律上看，儿童的言语能力发展离不开言语实践活动。但是在言语实践活动中，没有基础知识和基本技能的支持，儿童的习作能力就无从谈起。能力作为一种可以直接对活动起稳定、调节作用的个性心理特征，其实质内涵是结构化、网络化的知识和技能。再说语文素养，应该是以言语知识和言语能力为前提的。所以，除了语文课本中涉及的习作方法，教师可以适当在中段的中后期开展习作知识的教学。

例如，在三年级下学期，教师可以带领学生有选择地使用某写作素材课，从经典文学名著片段中提炼写作方法，再引导学生进行仿写。比如对于场面的描写方法，教师可以这样引导学生学习：

出示《夏洛的网》片段：

车子开进集市场地时，他们听到音乐声，看到菲利斯转轮在空中旋转。他们闻到被洒水车洒湿了跑道的灰尘气味，闻到了煎牛肉饼的香味，看到气球飘在空中。他们听到羊在羊栏里咩咩叫。

师：同学们，这段话主要通过哪些方面的描写写出了集市热闹的场面？

生：视觉、听觉、嗅觉。

师：作者的哪些描写是视觉描写？哪些是听觉描写？哪些是嗅觉描写？

生：音乐声和羊的叫声是听觉描写，看到菲利斯转轮在空中旋转和气球飘在空中是视觉描写，灰尘气味和牛肉饼的香味是嗅觉描写。

师：作者还用了拟声词，你能找到吗？

生：在写羊的叫声时，用了"咩咩"的拟声词。

师：这样多角度的描写加上拟声词可以让人身临其境地感受集市的热闹和孩子们赶集的欢乐。我们在表现生活中的热闹场景时也可以通过眼睛看到的、耳朵听到的、鼻子闻到的、嘴巴品尝到的、手摸到的几方面加上拟声词来表现。

接着又补充集市上还可以写什么：看到琳琅满目的商品，听到吆喝声、讨价还价声，闻到水果蔬菜的诱人清香、刚出炉糕点的香味，摸到商品时手的触感……引导学生多角度来表现集市的热闹。

学生习作片段举例如下：

今天我和爸爸去逛庙会。这里的人可真多啊，一眼望不到头。道路两旁摆着各种摊位：有卖本地特产花生糕的，有卖各地小吃的，还有表演杂技的……空气中弥漫着各种气味：有铁板鱿鱼的腥味，有奶油爆米花的香味，有长沙臭豆腐的臭味……

"卖炸年糕了，刚炸好的年糕！"不知是谁喊了一声，我循声望去，看见一位叔叔的摊位前面摆着牌子，上面写着正宗炸年糕，很多人都在排队想买他的年糕，我也想尝一尝。于是我买了两块，我吃了一口，哇，又香又甜。

教师也可以自己挖掘经典文学名著中对于学生学习习作方法有价值的片段，根据经典片段中的写作特色为学生渗透习作知识教学并引导学生学会运用。

三、上好日常习作教学课，力求指导精准化

习作教学课的主要教学内容是课本每单元安排的"习作"训练（俗称"大作文"）。课表安排了每周两课时的习作课，对于学生来说，完成课本每学期8次的习作练习是规定的学习任务。习作教学课分为习作指导课和习作讲评课，教师在习作指导课上，应该注意以下方面：

第一，要引导学生打开思路。到了高年级，学生们已经能够独立观察并有了一定的观察积累，对生活有了一定的体验和感受，这一阶段的学生面临的主要问题是不能够恰当地从记忆仓库中提取相关信息，并对其进行深度加工和表现，所以习作会产生"无话可说"的现象。教师应该运用恰当的方法，先让学生敞开心扉，打开"话匣子"。

一位教师在讲授《____，我想对你说》这篇作文时，是这样开启学生思路的：教师先用多媒体展示父母与孩子在一起时的照片，配上背景音乐，让学生感受父母对孩子的付出，将学生带入回忆的情境中。

师：同学们，看完刚才这些画面你们有什么样的心情？

生：很感动。

师：为什么感动了？

生：因为画面中的爸爸妈妈都那么爱自己的孩子，他们为孩子的成长付出了很多。

师：是的，我们每天在家里接触最多的人就是我们的爸爸妈妈，俗话说：父爱如山，母爱似海。你们觉得是这样吗？你能不能说一件你的父母让你最感动的事情？

生叙述：我爸爸是一名长途货车司机，他自己在外面跑车，他的车上经常带着方便面。有一次我看见爸爸又从超市里买了一箱方便面，就问他："爸爸你买这么多方便面干什么？"爸爸说：

"今天出车，有时候到饭点了，找不着吃饭的地方只能吃方便面。"我听了心里很不是滋味。晚上，我给爸爸打电话问他在干什么，爸爸说他在旅店里洗衣服，还对我说住宿的钱很便宜。我想到爸爸每天都要开很长时间的车，一定很辛苦，到了旅店还要自己洗衣服，我觉得爸爸挣钱非常不容易。

　　……

　　说着说着，很多学生已经流下了眼泪。

　　师：如果让你给自己的爸爸或者妈妈打分，你想打多少分？

　　生：我想给我爸爸打九十分。

　　师：为什么给爸爸减掉了十分？

　　生：我爸爸经常很粗暴地对待我，脾气很不好。有一次我在家里写作业，爸爸让我去给他买烟，但是我很想把作业写完，所以我就没有吱声，我爸爸又喊了一遍，我小声说："等会儿"，我爸爸就冲进我的房间对我喊："跟你说话你没听见吗？"然后又骂了我一顿，我觉得我爸爸应该先问清原因再发脾气。

教师在一开始巧妙地创设了情境引导学生回忆与父母相处的生活场景，容易使学生表达自己的真情实感，从而做到有话可说。后来教师又引导学生以打分的方式向父母提出建议，这样的设计巧妙地打开了学生的"话匣子"，使他们乐于表达自己的想法和感受。

第二，要抓住重点，突破难点。每节习作指导课都有不同的重点和难点，教材规定的单元训练重点往往也是习作的重点，但是，对于学生来说，习作的难点却不同于单元训练重点。教师应该针对习作要求，考虑学生的学情，抓住重点，突破难点。

吴勇在讲授五年级习作指导课《参观江溪小学》时，他是这样引导学生"写具体"的（写具体是本次习作教学的难点）：

　　师：如何才能把自己喜欢的地方写好，写具体呢？这就需要用到好的方法了。下面我们一起来看例文《龟山墓参观记》。

　　课件出示：步入南面的通道，只见一束红色的激光从墓内直射出来。导游介绍说："这条墓道长56米，打凿得非常直，用这束激光测定，从道口到尽头，几乎不差毫厘。往北19米，还有一条和他平行的通道，如果把两条通道同时向西延长，要到1000千米以外的西安才能相交呢！"我们听了连声赞叹，真想象不出两千多年前，我们的先人是用什么办法开凿的。

学生思考后交流写作方法（师板书：列数字）。

师：这里运用了列数字的方法，这种方法有什么好处呢？同样是墓道的长，换成下面这个句子行不行？课件出示：

这条墓道十分长，长得望不到尽头。

比较两个句子，生思考列数字的好处，自由交流。

师：列数字可以让描写的对象更真实，更具体。下面来看这段文字里有没有运用什么好方法。课件出示：

穿过甬道，我们来到墓室。墓室共15间，面积达700多平方米，几乎掏空了整个山体。马厩、兵器库、厨房、歌舞厅、会客厅……一应俱全，完全是伪仿造墓主人——楚王刘注生前居住的宫殿建造的。最有趣的是刘注夫人墓室内的歌舞厅。一根粗大的擎天柱矗立在大厅的中央，拱形的屋顶上有许多凸起的小石包。抬头仰望，那屋顶宛如浩渺的夜空，而那些小石包，就是散落在天空中的星星。

生交流写作方法：举例子，打比方。

师小结：举例子可以突出重点，而打比方则更加生动形象了。用上这些方法写自己喜欢的地方，可以写得更具体，更生动。

吴老师通过让学生学习范文的表达方法，引导学生学习怎样写具体。同样在处理"写具体"这个难点时，有一位老师是这样做的：他在指导学生写日记的时候，针对学生日记中的"记流水账"现象，他先让学生分组交流自己早上发生的事情，再通过与学生聊天的方式指出学生习作哪里写得不具体，再引导学生说具体，边说边归纳"写具体"的方法：可以加入动作描写、心理活动描写、神态描写，还可以加入自己的感受。

总之，突破学生习作学习难点可以灵活采用不同的方法。教师在开展小学阶段习作教学时，要根据不同学段学生的实际情况来判断教学的难点和重点，并提供有针对性的指导。尤其要注意通过日常教学总结、梳理不同学段的学生在习作方面存在的典型问题和挑战，并将这些问题和挑战作为下一次设计习作教学方案的现实依据，准确定位每次习作教学的重点和难点。

总体而言，无论是从低段向中段过渡，还是从中段向高段位移，都需要教师综合把握学生在每个学段的学情、各学段课程标准的能力要求和教材编制的内容指引，并结合自己的教学经验整体研判，精准把握小学习作教学的学段衔接点，灵活运用教学方法进行富有针对性的教学指导。

第六章　小学低段写话教学的探索与实践

第一节　小学低段写话教学的理论基础研究

一、小学低段写话教学的概念界定

（一）写话

袁微子在《小学语文教材教法》中提出：写话就是把说的话写下来，怎么说就怎么写[1]。平生在《写话教学法》中，将写话定义为："写"是写字的写，"话"是说话的话。我们说的话，都可用字写出来。有什么话，写什么字；话怎么说，就怎样写，这就是写话[2]。夏家发、刘云生在《小学语文教学研究》中指出：写话就是让学生用书面文字记录口头语言[3]。

简而言之，写话就是让学生用书面语言表达自己内心的想法。写话的主要目的是让学生把话说清楚、写具体，旨在提高学生的语言表达能力。

（二）写话教学

教学是教师依据教育目的，把学生培养成有经验的人才的过程。简言之，教学就是教师教和学生学的过程。写话教学作为教学的一部分，与教学

---

[1] 袁微子.小学语文教材教法[M].北京：人民教育出版社，1989：217.
[2] 平生.写话教学法[M].上海：华东人民出版社，1951：1.
[3] 夏家发，刘云生.小学语文教学研究[M].北京：教育科学出版社，2014：256.

有着内部联系，又有其特殊性。写话教学就是指小学低年级的语文教师根据教学目标和低年级学生的写话现状选择教学策略，设计教学的基本流程，指导学生从事写话的活动过程，这是师生互动，双边交流的过程。

综上所述，本研究认为写话教学就是教师依据教学目标，有目的、有计划地提高学生书面表达能力的过程。

二、小学低段写话教学的理论依据

（一）古代写作启蒙教学理论

写作教学历史悠久，中国早在三千多年前就有了它的踪迹。随着封建社会的发展，取士制度的出现，写作也逐渐发展成为一门主课，影响程度远远超出其他学科，写作教学也形成了一套完整的教学程序与结构。古代的作家、学者留下了大量的关于写作的理论，通过阅读《古代语文教学言论选注》一书中关于写作教学的相关言论，可以看到大量儿童作文教学、儿童作文启蒙方面的优秀经验总结[1]。

对于刚接触写作的学生来说，应该从写"放胆文"开始，然后逐渐向"小心文"过渡。让学生的作文经历一个由粗入细，由俗入雅，由繁入简，由豪放不羁到精纯的过程。写放胆文的目的在于让学生开阔胸襟和抒发志气。让他们觉得写文章并不是一件痛苦和困难的事情，这样培养出来的学生才敢于在文章中大胆放言高论，笔端不窘。只要有话可写便尽管去写，要是无话可说，便自然停笔。简单来说，写放胆文就是让学生大胆表达，鼓励学生想说什么就说什么，想写什么就写什么，把自己想说想写的话统统写下来，兴起则奋笔疾书，兴尽则放下休息。让写作成为学生真情流露的一种途径，成为学生在生活中常见的东西，不再难以捉摸、难以接近。

在学生习作修改方面，古人认为学生习作就算有写得不对、不好的地方，也不用都点出指明，应该留下一些不作更正。这是为了保护学生写作的兴趣和信心，不要挫伤学生创作的热情。等学生作文写得有八九分好了，再一一指出其文章中的不足之处，这时也要注意不要违背学生的创作意图。古

---

[1] 嵊县教育局教研室.古代语文教学言论选注[M].杭州：浙江人民出版社，1983：137.

人认为对于写作来说,讲解、传授的功效是有限的,主要还得靠自己去实践和练习。

古代写作启蒙教学理论带来的启示有:第一,学习写作应该多写多练,在写作中学习写作。第二,应该放开对学生的束缚,少讲写作的道理,让学生大胆地说,大胆地写,说出自己的真情实感,写出自己的真实想法,即使一开始儿童没有写作的意识也不要紧。第三,学生习作评价应该以鼓励为主,不要过多讲评和解析,这是为了培养学生对写作的兴趣,建立学生对写作的信心。

(二)认知发展理论

皮亚杰认为人的认知发展都会经历四个阶段:感知运动阶段、前运算阶段、具体运算阶段和形式运算阶段,而小学低段学生正处于前运算阶段向具体运算阶段过渡的时期。小学生对形象可感的事物比较感兴趣,也容易集中注意力去学习,教师可借助直观形象的图片或实践活动进行写话教学。部编版小学低段的语文教材插图很丰富,教师可以引导孩子先看图说说图意,调动已有的知识积累、词语储备,再学习课文,将新学习的词语和句子运用到写话中去,及时练习和巩固。如部编版一年级上册语文园地七展示一幅图,要求孩子先看图写词语,再说一两句话。本研究先引导孩子从左到右观察图画,说一说图上画了什么,看到什么,就说什么,看谁说得多。因为画面很直观,所以孩子很快就说出了许多词语:草地、奶牛、小羊、孩子们、山坡、树林、蓝天、白云等,孩子们词语基本说完了,然后笔者引导孩子:能不能将这些景物说得具体生动一点?让没看到图片的人,听了你的描述,就像亲眼看到这幅图画一样。笔者举个例子,草地是什么颜色的?看起来像什么?孩子们略作思考,就纷纷举手,有的说:"草地绿油油的。"有的说:"小草碧绿碧绿的,远远望去,像一块绿色的地毯。"下面不用我说,孩子们又描绘了其他景物:蓝蓝的天空飘着朵朵白云,天气好极了!小鸟在天空自由自在地飞着,还不时地叫着,好像在唱歌。孩子们越说越起劲,在说的过程中体会到了表达的快乐,在说中进行思维的碰撞,互相启发,互相补充,在学生说完以后,笔者引导他们把看到的、听到的和想到的梳理一下,按顺序写下来。那一次,孩子们写出来的不是一两句话,而是一两段话。由此可见，只要能抓住孩子的认知特点，加以引导，就能找到写话的切入点，顺利燃起孩子写话的兴趣。

儿童心理从一个水平向另一个水平发展，从本质上讲，就是心理结构由量的积累（同化）而发生质的变化（顺应），它的发展既是分阶段的，又是连续的。教师要针对小学低段学生的心理发展特点，使学生的写话水平螺旋式提升。如一年级上学期要多注重孩子的词语积累，多进行扩词、词语搭配、同义词、近义词、反义词的练习；到了一年级下学期，学生有了一定的词语积累，可以侧重于句子的练习，如用词语造句、连词成句、改写句子、扩句子；二年级上学期，可以练习写句群，从一句到两三句，再到更多的句子；二年级下学期可以慢慢练习写一段话，能够围绕中心，有条理地进行写话，教一些简单的修改方法，渗透修改的意识，这样一来，到三年级进行习作教学时，就会觉得水到渠成，孩子也不会觉得难了。

（三）建构主义学习理论

教师在教学过程中应该营造与教学内容相关的学习氛围，学生是学习的主体，是信息加工的主体，在整个学习过程中，学生主动去建构知识体系，教师要引导学生主动思考，引导学生通过合作、讨论和互相帮助去建构知识体系，通过具体的教学活动，让学生将平时在生活和阅读中积累的词语运用到写话中，建构新的写话学习经验，开拓学生写话的思路。如部编版二年级上册第二单元安排了四首儿歌，分别是《场景歌》《树之歌》《拍手歌》《田家四季歌》，学完四首儿歌，孩子们对儿歌有了一定的感性认识，儿歌朗朗上口、节奏欢快，便于模仿。在熟读成诵以后，笔者问孩子们，最喜欢哪首儿歌？为什么？你能仿照这些儿歌写一写吗？孩子们都跃跃欲试。在学完《场景歌》时，笔者问孩子们，每一个场景中的景物有关联吗？一只海鸥，一片沙滩。一艘军舰，一条帆船。"这一定是大海边的场景。"一个孩子回答。那第二节呢？第二节是鱼塘边的景物。孩子们都能很好地进行概括。当笔者用投影仪展示桃花岛时，孩子们兴奋极了，也纷纷模仿课文中的语言，写出自己看到的景物。有孩子这样写道：一扇大门，一座吊桥。一片桃花，一群孩子。这是从桃花岛东门走看到的景象。还有孩子这样描述：一间桃房，一片粉红。一朵桃花，一张笑脸。在孩子们的描述中，前面两句是面上的描写，后面两句是点的描写，是特写，孩子的语言真是丰富多彩，令人赞叹。在特有的情境中，孩子们运用已有的词语积累，凭借着语感，对已有的知识进行重新建构，开拓了新的写话思路。紧接着，在学习了《树之歌》以后，孩子们根据教师提供的图片，写了《花之歌》《鸟之歌》《笔之歌》等。通过这一单元的练习，孩子们燃起了写儿歌的热情，看到什么景物，都想写几句，家长也反馈说："现在孩子特别乐于读儿歌，积极去积累儿歌，孩子们之间还进行比赛，看谁会背的儿歌多。"笔者趁热打铁，将孩子们的儿歌汇编成集，供大家学习和欣赏。

（四）现代写作心理学理论

写作心理学是利用现代心理学对写作活动与写作教学活动进行研究，对写作时候的心理状态、写作的能力培养、写作对人心理结构的影响等方面进行了阐述。小学语文写话教学应该建立在写作心理学研究的基础上，利用写作能力的发展规律，促使儿童获得发展。

一般写作能力是在口头言语表达能力、书写能力和阅读能力发展的基础上形成的。它既与一般能力紧密联系，是观察、想象、思维等智力的综合训练成果，又与语文能力（特殊能力）存在联系，是识字、说话、听话和阅读能力的综合训练成果。因此，写作能力体现学生的写作知识和心智活动的辩证统一，是内部智力技能和语言文字外部操作技能的最高综合训练成果。写作能力是在口头语言表达能力发展的基础上，凭借个体对生活的独特感受不断学习实践，并通过有针对性的写作教学以及个人内部心理结构加工逐渐成形，并不断发展变化。

小学低年级的学生在刚刚开始学习语文时，写作能力的培养需要在习字、口语交际训练、简单的阅读训练的基础上发展。学生首先要学会如何说，再逐渐地把口头表达的内容记录下来。从能说好、写好一个句子到能用两三个句子表达一个完整的意思，表达的意思也要求直白浅显、简单明了。

通过连续观察单个学生的写作学习历程，可以比较明显地观察到学生写作能力的增长轨迹。学生写作能力增长并非匀速的，往往学生写作能力的发展要经过相当长一段时间的缓慢发展，才会获得较大的突破，写作能力也会得到质的飞跃，然后再次进入下一个缓慢积累的阶段。当教师观察全班学生的写作能力发展时，由于数据繁多可能不容易发觉学生作文能力增长的明显界限，有时候虽然看起来学生的写作水平没有随着写作教学和写作练习得到明显提高，但事实上学生的写作能力在一次次的写作实践中不断发展。教师应该对学生写作能力的发展保有信心，并总结学生写作能力发展变化规律，不失时机地引导他们由一个发展时期进入更高一级的发展时期。同时，教师还要看到同一个班集体中的学生写作能力发展的差异性，从而进行差别化的写作教学指导。

（五）学习迁移理论

学习迁移指的是一种学习对另一种学习所产生的影响。在写话教学中，学习迁移的最佳方法就是仿写，通过这种方法可以将阅读和写作中的相同要素进行联结，再结合自己的实际生活经验进行写话，慢慢提高学生的书面语言表达能力。在部编版的低段语文教材中，很多课文都可以进行写话的迁移练习。如二年级上册第四单元都是写祖国名胜风景的课文，有《黄山奇石》《日月潭》，还有《葡萄沟》，在学习这几篇课文的时候，孩子们就被这些美景所吸引，也很想跟别人分享自己的旅游经历。学完课文以后，教师可以引导孩子试着写写秋游的经历，孩子们会模仿例文按着一定的顺序去写，大部分孩子都写得很好。因此在写话之前，教师要带领孩子先学习例文，然后模仿例文的写法进行迁移练习，再让学生结合秋游的亲身经历练习写话，这样能使学生较快地掌握写话方法，知道写什么，怎么写。在写话教学中，教师要利用便于学生模仿的文章，引导学生多进行迁移练习，积少成多，通过不断练习使学生的写话水平得到提升。

（六）小学儿童发展心理学

在陈威所著的《小学儿童心理学》一书中对小学儿童的心理发展状况进行了细致描绘[1]。总的来说，小学阶段的儿童正处于各方面发展都很迅速的时期，但是还极不完善，是打基础的重要阶段。根据皮亚杰的儿童发展四阶段理论可知，小学低段的儿童处于具体运算阶段，这一时期的儿童符号象征

---

[1] 陈威编著. 小学儿童心理学 [M]. 北京：中国人民大学出版社，2009：22.

机能已经有了较大发展，是儿童言语发展的重大转折期。小学语文教学的主要目的是帮助低段儿童逐步掌握较为抽象的书面符号，促使其形象思维向更高层次的抽象逻辑思维转换。由于思维是语言的内核，促进学生思维能力向更高层次发展就是促进学生语言能力的提高。

因此，小学写话教学应该遵循该阶段儿童的身心发展特点，抓住他们的特殊性进行教学。小学阶段的儿童神经系统发育不完全，自控力较差，容易过度兴奋，注意力也难以长时间集中。观察力、想象力、创造力较弱，处于高速发展的时期。他们单纯、天真、活泼、好奇心强，喜欢冒险和游戏，面对权威更倾向于屈服。

小学写话教学不应该忽视学生的发展状况，无视儿童的心理发展规律和特点，盲目设定教学目标和设计教学活动。而是应该充分考虑和利用学生的发展规律和特点，引导小学低段儿童顺利度过这一发展阶段，达到更高的水平，为未来的发展打好基础。因此，小学写话教学应该正视儿童现有的语言水平，耐心对待他们的写话作品。重视和保护儿童的天性和生活经验，珍视他们的童真童趣。在教学中要营造良好的语言环境，为学生提供充足的锻炼机会，引导他们进行言语活动。用简单直观的方式指导学生掌握语言规律，并激发学生的学习兴趣。

三、小学低段写话教学内容的确立

（一）根据教材，确定写话内容

部编版小学低段的语文教材是有一定逻辑顺序的，内容的编排由易到难，因为书面语言表达是以口语为基础的，所以本研究在梳理小学低段写话教学的内容时，将说话练习也列在了其中。

1. 根据教材单元内容来确定写话内容

部编版小学低段的语文教材是按单元编排的，所以笔者也按单元进行了罗列，然后以表格的形式来展示，梳理内容如下表6-1：

表 6-1　部编版小学低段教材说话、写话内容统计表

年级	学期	单元	说话、写话内容
一年级	上学期	第一单元	我说你做
		第二单元	认识字、词语、句子
		第三单元	秋游
		第四单元	我最喜欢的季节
		第五单元	书包里的文具
		第六单元	你的前后左右都有谁？圈出逗号、句号
		第七单元	根据画面写词语，再写一句话
		第八单元	写一句新年祝福
	下学期	第一单元	听故事、讲故事
		第二单元	1. 以"我多想……"开头，写下自己的愿望
			2. 和同学说说：你有没有和"我"相似的经历
			3. 说说你会为每个季节画什么颜色的太阳
		第三单元	请你帮个忙
		第四单元	端午节或粽子的故事
		第五单元	最喜欢的体育活动
		第六单元	1. 扩句练习
			2. 学习逗号、句号、问号、感叹号的用法
		第七单元	1. 我一分钟能做什么
			2. 一起做游戏
		第八单元	写自己的心情

第六章 小学低段写话教学的探索与实践

续 表

年级	学期	单元	说话、写话内容
二年级	上学期	第一单元	1. 用"披""露""鼓""甩"各说一句话
			2. 说说"我"是什么，会变成什么
			3. 说说课文中的植物是怎么传播种子的。仿照课文，选词语说说你还知道哪些植物传播种子的方法
			4. 用"有时候"说说你的日常生活
		第二单元	选一张你喜欢的照片或图画，仿照课文，说说上面有什么
		第三单元	1. 用"才""到底"各说一句话
			2. 说说"睡梦中的妈妈"是什么样子的
			3. 做手工
			4. 我最喜欢的玩具
		第四单元	1. 用自己的话，说说诗句的画面
			2. 选词语，说说某处的景物
			3. 照样子，仿写句子
			4. 学写留言条
		第五单元	说说像寒号鸟或喜鹊这样的人的小故事
		第六单元	1. 根据提示，讲讲"大禹治水"的故事
			2. 看图讲故事
		第七单元	1. 用自己的话说说《敕勒歌》的画面
			2. 看图写话
		第八单元	帮小熊写卡片

119

续 表

年级	学期	单元	说话、写话内容
二年级	下学期	第一单元	1. 想象画面，说说诗句中春天的美景
			2. 仿照课文，说说你找到的春天是什么样的
			3. 注意说话的语气
			4. 根据课文插图，仿照例句，写句子
		第二单元	1. 借助插图，说说米糕是经过哪些劳动才做成的
			2. 介绍自己的好朋友
		第三单元	1. 说说我国的传统节日
			2. 长大以后做什么
		第四单元	1. 仿照课文，写写自己的梦
			2. 仿照课文，续写句子
			3. 根据开头编故事，试着用书上所提供的词语
			4. 有趣的经历
		第五单元	1. 讲故事：用书上提供的词语，讲《小马过河的故事》
			2. 图书借阅公约
		第六单元	1. 根据诗句说画面
			2. 说说你见过什么样的雨，及当时的情景
			3. 奇妙的大自然
		第七单元	1. 根据示意图讲故事，并展开想象，续编故事
			2. 说说你想养的动物
		第八单元	1. 仿照课文说说：在祖先的摇篮里，人们还会做些什么
			2. 推荐一部动画片

  本研究发现语文教材中能够写话资源比较少，一年级上学期只有一处明确要求写话的，是要求学生写一句新年祝福。一年级下学期有两处明确要求写话的，因此本研究认为，应该通过多种渠道丰富写话的内容。

  很多说话、口语交际的内容，都可以在学生会说的基础上，引导孩子写一写，将说与写结合起来，先说后写，写好再说，说写互促，如：部编版一年级下学期的口语交际一，孩子们对《老鼠嫁女》这个故事很感兴趣。老鼠爸爸很想找一个有本事的女婿。它认为，太阳会发光、发热，万物生长都离不开太阳，于是就想找太阳做它的女婿。太阳说："乌云的本事比我大，它一来就把我遮住了。"鼠爸又去找乌云。乌云连忙摇头说："大风一来，就把我吹跑了。"鼠爸又对大风说："请你做我的女婿吧！"大风摆摆手说："不行，不行，一堵墙就把我挡住了。"鼠爸看到墙，对墙说："大风都怕你，我想把闺女嫁给你，这样就没人敢欺负了。"墙说："虽然我能挡住大风，但是我害怕老鼠，别看老鼠小，他很快就会在我身上钻出一个洞。"那老鼠又怕谁呢？哦，当然是花猫喽！对，花猫最有本事，就把女儿嫁给花猫吧！老鼠一家敲锣打鼓将女儿嫁给了花猫，结果怎样呢？花猫为了保护老鼠姑娘，把它收到肚子里啦。因为这个故事是用连环画的方式展示出来的，通过老师的讲解，孩子们都认识到老鼠爸爸的可笑、糊涂！笔者讲完后，孩子们看着图画加入了自己想象的内容，说得生动有趣，于是，我及时引导孩子们将说的内容写下来，再让他们拿回家给家人看一看。因为有话可说，孩子们很乐意去写。

经过观察发现，部编版的语文教材，插图的设计非常好，色彩鲜艳、明丽，很有趣味性，充满了童话的浪漫气息，小学低段的孩子对图画非常感兴趣，图画具有直观性、形象性的优点，孩子们很容易通过看图获取信息。因此，教师可以考虑恰当运用教材插图进行写话教学。教材中的插图为学生说话、写话创设了相应的情境，可以迅速再现生活场景，勾起孩子们对生活的回忆。看插图写话的过程，实际上是从练习看插图说话开始，说完整的话、说连贯的话，可以将孩子自己说的话与课本的内容进行比较，促使学生规范表达。还可以利用教材插图引导孩子进行想象，补上课文的留白，既可以帮助孩子加深对课文内容的理解，也训练了学生写话的能力，可谓是一举两得。

对于小学低段的孩子来说，古诗学习也是一个难点，理解起来比较困难，有了插图的辅助，孩子就能通过图画理解诗意。左边的图画画的是春天的景色，从右边的图画中可以看到山上有厚厚的积雪，加之诗句中有"雪"字，孩子很容易误以为这首诗描写的是冬天的景色，这时教师要稍作引导：这是透过窗户看到的远处的景色，因为山上气温低，所以山上的积雪常年不融化。课文插图直观形象，用画来表达意思，将古诗的意境展现出来。学生通过观察插图体会古诗所展现的意境，通过说话和写话，先用自己的话表达插图的意境，再用文字的形式写出来。

2. 根据课文类型来确定写话内容

小学低段语文教材中的课文类型有儿歌、古诗、散文、故事等。小孩子对儿歌非常感兴趣，儿歌浅显易懂，朗朗上口，易于模仿，在孩子们学习儿歌时稍作点拨，就很容易使他们产生创作的冲动。如在讲授部编版小学语文一年级上册课文《四季》时，就有孩子做出了如下创作：

西瓜圆圆，他对蜻蜓说："我就是夏天。"棉花白白，他对孩子说："我就是秋天。"雪花飘飘，他对围巾说："我就是冬天。"桃花红红，他对蜜蜂说："我就是春天。"

孩子的视角不同，说的内容也不同，孩子们你一言，我一语地说个不停，充满了童真童趣。

又如，在学习部编版小学语文一年级上册课文《秋天》的第一段时，有小朋友这样写道：

春天来了，一个个芽儿从枝干上探出头来，慢慢地变成叶子，叶子绿了，一大片一大片的，风吹过，他们就合奏出一首首动听的乐曲。

原来孩子的思维这么会迁徙和模仿。因此可以根据不同的课文类型引导孩子进行仿写，孩子的写话内容就有了依托，应该说，很多的课文内容都与孩子的生活是息息相关的，课文提供了句子、段落的模式，教师再一引导，就会迅速激发孩子写话的兴趣。

（二）结合四季八节，确定写话内容

一年四季的景色各不相同，春有百花秋有月，夏有凉风冬有雪，引导学生做生活的有心人，处处留心观察，感受季节交替的千变万化，以及这种变化给人带来的各种体验，再进行写话。学校可以根据季节特点，在每个季节举行两个活动。

1.结合四季特点确定写话内容

春天是万物复苏的季节,从初春到暮春,景物都是不断变化的,可据此设计以下写话内容:

(1)找春天,带领孩子来到校园,仔细观察花草树木的细微变化。

(2)春天来了,引导孩子观察田野、公园的景色变化。

(3)引导学生留心景物的变化以及春风、春雨带给我们的感受。

(4)收集描写春天的词语、句子、文章,进行展示、拼读,并尝试将其运用到自己的写话中去。

夏天,天气慢慢变热了,可以引导孩子观察植物的变化,带领孩子到田野和公园去感受一下生命的勃勃生机。

秋天是收获的季节,果园里、田野里充满了香甜和成熟的气息。教师可以引导孩子收集有关秋天的词语、句子、文章进行展示和品读,并教学生如何将其运用到自己的写话中去。还可以开展一些实践活动,丰富孩子的写话素材,如采摘葡萄,收稻子等等,让孩子亲自参与劳动,感受丰收的喜悦。

冬天,带着孩子赏雪、打雪仗、堆雪人,在快乐的嬉戏中,感受冬季的美好。冬天天气寒冷,可以开展一些体育活动,如跳绳、踢毽子、拔河比赛等,让学生在活动中体验生活,积累素材,从而使学生在写话时能够有话可说,有话可写。

2.结合八节确定写话内容

可以依照四季的特点,分别设定八个节日。

春天举办:踏青节和风筝节;夏天举办:艺术节和粽子节;秋天举办:体育节和收获节;冬天举办:读书节和演讲节,根据每次活动的主题,引导学生参与到各种节日的活动中去,有了亲身体会,学生写起话来就觉得有话可写,写起来也不再是干巴巴的,他们参与了什么活动就写什么活动,完全是我手写我心,孩子们不用老师讲解,就能写出很多内容。比如,在风筝节的系列活动中,有一项活动是亲子做风筝,有个孩子是这样写的:

风筝节快到了,老师让我们亲手制作风筝。我和妈妈一起做风筝,在妈妈的指导下,我一步一步地认真做,终于扎好了风筝,妈妈看到我做的风筝高兴地笑了。然后我开始用图画来装饰风筝,我在广场上看到过各种图案的风筝,有的是画一条大鱼,有的是画可爱的小白兔，我画什么呢？对，我要画神通广大的孙大圣，有他在，我的风筝肯定能飞得最高！于是，我找来水彩笔，先勾勒出大圣的外形，然后涂颜色，不一会儿就涂好了。我的孙悟空风筝大功告成了，就等着在风筝节的开幕式大展风采了！

他的描写，就是再现了和妈妈做风筝时的情景，真实而富有画面感！再如，体育节系列活动中，低段的小朋友举行跳绳比赛，有个小朋友是这样写的：

跳绳比赛的第一个项目是"单摇跳"。参赛的小选手们一个一个快速进入场地，各自走入一个白色粉笔画成的大圆圈中。每个人都先试了试手中的绳子，适应完后纷纷站好等待裁判员的命令，只听"当"的一声响，小选手们就像军人接到命令似的，立即飞快地跳了起来。代表我们11班参加这场比赛的是"大长腿"孙博凡，只见他双手紧紧地握着绳子的两端，两只脚轻快地跳着，我站在旁边默默地为他数着，一个、两个……十个……他越跳越快，仿佛脚下踩着弹簧，看得我眼花缭乱，他的脸也涨得通红，一分钟的时间一到，这一轮的比赛就结束了，孙博凡一共跳了143个，是小组第一名，我们都跳了起来，张老师跑过来，一下子把孙博凡抱起来，转了两圈，孙博凡为班级争得了荣誉，我们为他感到骄傲，孙博凡，你是好样的！

这段写话完全是孩子自己写的，充满了真情实感！因为孩子写的是自己亲眼所见、亲身经历的事，所以写起来毫不费力，而且处处是真情流露！

（三）了解学生的关注点，确定写话内容

兴趣是最好的老师，学生关注什么，就说明他对什么产生了兴趣，写起来也就毫不费力。本研究经常深入到低段小朋友的生活中去，跟他们交流，了解他们的关注点。

1.了解学生学校生活的关注点，确定写话内容

学生白天的大部分时间都是在学校度过的，本研究经常利用课间时间，

去观察孩子们玩的游戏、聊天的内容，以便及时捕捉孩子们关注的焦点。夏天经常下雨，孩子们喜欢在雨地里追逐打闹，或者踩水洼，之前也经常让孩子们练习写夏雨、下雨的情景，因此孩子们对雨已经习以为常了。后来在研究中发现，下雨的时候，一到课间休息时间，教室门前和操场边上的小花坛旁都会围着很多孩子，手里还拿着瓶瓶罐罐，见到老师过来就散开了。有个小朋友坦白了真相：他们在捉蜗牛。原来下雨的时候，很多小蜗牛就会爬出来。蜗牛的触角很好玩，手一碰就一缩，用力大一点，它的整个身体都会缩到壳子里。教师可以抓住这个点，布置几篇关于蜗牛的写话作业，分别是《捉蜗牛》《养蜗牛》《我的朋友蜗牛》《逗蜗牛》，每一个孩子笔下的蜗牛都被描写得活灵活现，孩子们通过观察写话，对蜗有了深入的了解，不光培养了孩子的观察能力、写话能力，也保护了孩子的求知欲，激起了孩子研究小动物的兴趣，真是一举多得。

2.了解学生家庭生活的关注点，确定写话内容

学生家庭生活的关注点可通过和家长、学生交流获得。随着二胎、三胎政策的放开，很多家庭都有了二宝、三宝，班里的孩子就做了姐姐或哥哥，他们很关注弟弟妹妹，聊起这个话题，学生大都很感兴趣，一讲起自己的弟弟妹妹就眉飞色舞、滔滔不绝，没有弟弟妹妹的学生则是一脸羡慕，一脸期待，于是笔者给了学生两个写作主题供他们选择，一个是《我的弟弟或妹妹》，另一个是《假如我有弟弟或妹妹》，有一个学生这样写道：

> 我没有弟弟，也没有妹妹，看着小伙伴不是有妹妹，就是有弟弟，我真羡慕，周浩宇的妈妈生了一对双胞胎弟弟，我看着真喜欢，我好想找他借一个弟弟陪陪我呀！有一天，我鼓起勇气向阿姨借，阿姨说："弟弟很小，还要吃奶，等长大一点再陪你玩！"我回家跟爸爸妈妈要，他们同意了，答应我明年生二宝，我好希望妈妈能生个龙凤胎，这样，我就既有妹妹，又有弟弟了。

孩子的心思和语言真是有意思，教师可以从观察孩子的过程中得到乐趣，同时也能从孩子关注的焦点中挖掘到很多写话内容，这些内容来源于学生的实际生活，学生有话写，能写好，写得富有真情实感，不用说假话、说套话，何乐而不为呢？总之，以教材中的写话内容为主线，结合学校的校情

和学生的学情，合理而明确地安排具体的写话教学内容，使学生在有序的训练中不断提高写话水平。

第二节 以绘本为载体的小学低段写话教学

一、绘本的内涵及特点

（一）绘本的内涵

绘本是 21 世纪非常受欢迎的儿童读物，它的产生与发展经历了漫长的历程，如今，从绘本的创作水平、创作质量到绘本的编排、绘本的设计乃至绘本的印刷技术、发行量等都进入了相对成熟的阶段，这是绘本创作人员与广大读者共同作用的产物。可正如台湾著名学者郝广才所说："绘本是什么？什么是绘本？如果非要下一个明确的定义，说不定如同'瞎子摸象'，徒增困扰，所以只要说个'大概'，反而清楚。"[①] 这说明，当前学术界对于绘本仍没有做出明确的定义，并且在理论与实践领域经常将"绘本"与"图画书"混为一谈，这就容易导致概念模糊不清，甚至产生歧义。

"绘本"作为一个外来词，其英文名为"picture books"" picture story book"或"illustrated books"，因此许多学者依据英文名将其翻译为"图画书"。图画书所包含的图书种类非常复杂且繁多，如字母书、小人书、数字书、漫画书等都可以被称为图画书，因此，将绘本片面地等同于图画书是失之偏颇的。本研究认为，绘本只是图画书的一种形式。从字面上理解，"图画"即为"图画书"的支点，若缺失了图画，图画书的意义也不复存在。那么，图画书与带插图的书又有什么不同呢？日本著名图画书专家松居直接给出了明确的解释："文 + 图 = 有插画的书，文 × 图 = 图画书"[②] 等，通过这一公式我们可以清楚地了解到图画书中的图画与文字之间存在一种特殊的

[①] 郝广才.好绘本如何好[M].南昌：二十一世纪出版社，2009：12.
[②] 松居直，王林选编.我的图画书论[M].郭雯霞，徐小洁，译.乌鲁木齐：新疆青少年出版社，2017：178.

关系，两者结合所产生的作用远远超过它们单纯相加的效果，绘本也是如此，正是图画语言与文字语言的巧妙结合才造就了绘本这一属于图画书又不同于图画书的独特儿童读物。而关于绘本与普通图画书的区别，学者黄若涛指出："绘本作为一种独特的儿童读物类型，与一般插画书最大的不同就在于绘本书中的图片不仅具有叙述性，并且作为主要故事情节的载体而独立存在。"[1] 由此而知，绘本中的图画是绘本的主体部分，扮演绘本中的主要角色，文字则起到揭示和引导的作用。若要将绘本比作一部电影，那么图画则是电影画面，文字则是台词与配乐，连续不断的画面是必不可少的，也是可以脱离台词与配乐而单独存在的。

综上所述，绘本是以连贯、富有叙事性的图画为载体而传达故事的儿童读物，以图画为主、文字为辅，主要阅读对象为儿童，在具体使用时，我们必须密切关注图画与文字巧妙结合的作用。

（二）绘本的特点

1. 图文结合，激发学生阅读兴趣

绘本以其精美巧妙的插图吸引了学生的注意力，教师可以以此为契机培养学生的观察能力。在学生阅读欣赏绘本图画时，教师要给予他们适时引导和点拨，使他们能够发现细节问题，并展开丰富的想象，构建起对故事情节的整体认知。充分利用学生的兴趣点，提高其专注力和观察能力。阅读绘本的过程其实就是运用不同感官认知理解其内容的过程，既需要阅读其文字，还需要观察其图画，更要将两者有机结合，形成基于自身认知和理解的画面，这个过程需要一定的理解力和想象力，通过这种理解和想象，实现文字和图像的有机融合，真正将文字故事、图片故事和融合故事有机统一在一起。融合故事的形成是一个独具匠心的创作过程，难以直观展现，是阅读者对看到的、想到的、感受到的元素进行了有机整合。绘本《十二生肖谁第一》主要讲了十二个小动物参加"渡河比赛"，玉皇大帝让他们按照比赛获奖名次来排序记年份的故事。很多孩子从小就会哼唱《十二生肖》歌，心里肯定会有这样的疑问：为什么按照这样的顺序排序？该绘本故事一开始就对十二生肖与时间

---

[1] 黄若涛. 绘本书的传播功能研究 [D]. 北京：中国传媒大学，2006：28.

的关联进行了巧妙的设计。在主线之外，故事还暗藏了玄机：为什么猫要抓老鼠？他们原来是好朋友吗？会游泳的，不会游泳的动物都是怎么过来的？这些孩子们感兴趣的问题都可以在故事中找到答案。

绘本中的动物造型是可爱的，场景充满了中国风韵，孩子通过对图文的欣赏，在阅读中感受中国传统文化的韵味。由此可见，绘本不仅可以提高学生的文字阅读能力，还能培养他们的观察能力。此外，学生还可以通过阅读和观察对绘本内容进行有机整合，从而丰富学生的想象力。学生通过对绘本的读写，会更加关注绘本故事的细节之处，深刻体会文字所含情感，深度挖掘图画的价值，从而使他们的阅读兴趣和写话欲望被激发出来，使学生更愿意通过写话表达思想情感。

2. 贴近生活，有利于学生培养良好习惯

绘本可以解决两种问题，一种是解决人生问题，另一种是解决生活问题。对于低段的学生来说，他们刚刚进入小学，还处于习惯养成阶段，除了教师、家长的教导外，绘本也是帮助学生培养良好习惯的重要工具。比如，绘本《大卫上学去》讲的是大卫在学校调皮不遵守纪律，通过老师和同学的帮助改正坏习惯的故事；《不一样的上学日》讲述的是一个小男孩像平常一样上学的时候，突然遇到不平常的老师，最后在刻板生活中感知不一样的变化，并由此产生乐趣；《迟到大王》里的主人公经常迟到，总有各种离奇的借口；《妈妈发火了》和《我的牙掉了》则是将学生引入到真实的生活情境中，由此引起儿童的阅读兴趣，更容易使他们产生强烈共鸣。这与教材内容形成鲜明对比，这样的内容可以拉近孩子们与故事主人公之间的距离，使他们产生亲近感，从而更乐于阅读这些与自己亲身经历相似的内容，有利于培养和引导他们形成良好的学习生活习惯。

3. 陶冶情操，帮助学生树立正确观念

对于低段小学生而言，由于他们年龄偏小，认知能力较弱，因此难以理解文字的含义和文字所传递的情感，他们更乐于通过生动有趣的图画去认识事物，绘本提供的插图则可以满足他们的这种需求。同时，儿童绘本分类多样、内容丰富、涵盖广泛，不仅能够丰富他们的知识，还能发挥滋润心灵、陶冶情操、引领精神的重要作用，使他们了解更多常识，理解朋友情、父母爱……绘本通过儿童化视角、思维和言语表现相关内容，能够引发学生强烈的阅读兴趣，并且对内容产生强烈的认同感，从而帮助学生形成正确的认知，树立正确的观念。

《小猪变形记》这个绘本故事通过讲述一只小猪的"变形"经历教育学生要对自己形成正确认知，不要盲目羡慕他人，做好自己才是最幸福的；《大猩猩》表达了主人公对父爱的渴求，这体现了学生希望父母多陪伴自己的心理需求；《和我一起玩》则教育学生如何与同伴交往，要珍惜友情；《我家是动物园》按照家庭成员的特点分别赋予他们相应的动物角色，体现出主人公对家人的热爱；《小绿狼》则讲述了一只想变为灰狼的小绿狼的故事，教育学生做自己才是最开心的；《我爸爸》则展现了父子情深和父爱的伟大；《大脚丫跳芭蕾》的主人公贝琳达虽然有一双大脚，但依然酷爱芭蕾，最终通过坚持练习而取得成功，这个故事告诉孩子们只有不怕困难、持之以恒，才能实现理想；《爷爷没有穿西装》是以死亡为主题的绘本，内容较为沉重，但通过插画形式表现出来，极大地减轻了话题的沉重感，教育学生要正确认识生命和死亡，该绘本也取得了良好的教育效果。

通过绘本教学，不仅能够丰富教师的教学手段，提高教学的主动性和趣味性，还能有效提高学生的参与度和体验度；对于学生而言，不仅有利于知识的拓展和情感的丰富，还有利于他们学会表达自己，提高自身的交际能力。

二、绘本与低段写话教学的关系

绘本作为一种低段学生喜爱的教育材料，它有着精美的图片和简短的文字，可以很好地激发学生的阅读兴趣，培养学生的想象力，提高学生的审美情趣。从而解决学生对写话缺少兴趣、缺乏想象力以及写话语言单一的问题。绘本作为教育资源，能够改善写话教学，所以绘本与写话教学融合的这种模式，在当前深受低幼阶段语文教师的欢迎。

（一）培养学生认读能力

绘本之所以能够有效吸引儿童阅读，除了凭借绘本中生动有趣的插图外，其文字也是一个重要方面。绘本语言文字体现了鲜明的儿童性特点：简单浅显、易于理解、节奏感和口语感较强、朗朗上口、便于阅读和记忆，与儿童的认知特点相契合，能够有效激发学生学习的兴趣。因此，可以充分利用绘本教学的优势，提高学生的阅读兴趣，在阅读过程中认识汉字，同时，在教师的指导下，使学生对文字的含义形成正确的理解，通过阅读使学生的普通话水平不断提高。

（二）培养学生的想象力

绘本主要通过图画展示的方式吸引学生阅读，因此，与文字相比，图画发挥了更为重要的作用，包含的内容更具丰富性和深刻性，需要阅读者花费更多的时间和精力进行认真解读，挖掘隐含于其中的内容，不仅要对整体画面进行全面观察，还要对具体细节问题进行审视和分析，做出合理想象和联想，同时进行概括、归纳、总结等思维活动，从而使画面内容得到高度整合。松居直先生指出，图画书为读者提供了一个观察图画、品读故事、发挥想象的平台，只有具备丰富的想象力，才能洞悉隐含于图画中的内容。由此可以看出，想象力是有效阅读绘本的基础与关键，是从中探知未知世界的"密钥"。但是，想象力是一种在实践中形成和发展而来的能力，因此，阅读者需要做生活的"有心人"，留心观察生活中的点滴，不断探究相关问题和疑惑，同时全面了解作品内容，深入思考、全面联系、大胆想象，打破思维的桎梏，建立基于自身经验和实际需求的绘本故事。通过阅读，可以不断拓展阅读者的思维与想象，从而实现由量变到质变的飞跃。因此，教师要注重对学生阅读行为的引导，不断提高学生绘本阅读的水平。

（三）培养学生的写话能力

看图写话可以有效提升小学生的写作能力，而绘本图画为看图写话提供了丰富而生动的素材。绘本不仅有色彩斑斓、生动形象的插画，还专门设计了留白位置，以方便学生通过观察和想象，写出自己的所观、所感、所想。在此过程中，教师可以帮助学生学习和运用绘本词语或句式，以提高学生的仿写能力，还可以让学生对绘本人物或故事进行续写和改写，进一步提高学生的语文写话能力。通过绘本教学，学生在兴趣的指引下进行阅读和写话，不断提高学生阅读、写话的质量与效率，进一步激发学生阅读、写话的积极性，使学生对于词汇的运用更灵活，句式模仿更合理、有趣，还可以试着让学生编写全新的故事。由此可以看出，对于低段小学生而言，绘本教学不仅能够有力提升他们的看图写话能力，还有利于改善他们的语文写话质量，为他们进行更高层次的文字写作奠定良好基础。

绘本图文并茂、有机融合的特点极大调动了读者的阅读积极性，并使读者展开丰富的想象，通过对思维和情感的综合运用，实现文字和图片的有机融合。

在写话教学中发现，当前的学生存在写话兴趣缺失、语言缺少灵动性、内容缺少真实性等问题。低段小学生在与绘本文字、图画形成"深度沟通"以及进行"高效互动"的过程中，不断构建基于自身认知、理解和想象的自主空间。学生通过理解和感受故事情节，会在脑海中形成契合自身体验的场景，并将绘本内容"移植"到该场景中，从而使学生的表达欲望被激发出来，进而使他们的语言表达能力和写话能力不断提高。绘本因自身的特点能够作为写话教学资源的补充对教师依据教材展开的写话教学活动起到了良好的辅助作用。教师可利用更加丰富的教育资源提高学生的写话能力，增加学生的写话兴趣。

三、绘本在低段写话教学中的意义

（一）绘本可以激发学生的写话兴趣

绘本不仅能够有效提升低段小学生的语言表达能力，还能为他们提供极为丰富的语言表达素材。特别是对于小学一、二年级的学生而言，他们正处于形象思维活跃期，对画面具有很强的感知力，同时也更喜欢通过画面认识事物、理解问题。在他们看来，绘本图画不仅色彩斑斓、构造各异，而且内涵丰富、变幻无穷、魅力无限。在阅读绘本的过程中，学生会不断积累素材，并形成基于自身认知、经验和情感的表达欲望，再通过童真性的语言进一步阐释图画，使写话作品中的文字更为生动有趣，语言更加贴切、生动，从而有力提高学生的写话能力。

（二）绘本可以帮助学生积累字词

词汇是语言的基本内容，句式则是语言表现形式，只有储备较为丰富的语汇量，并能灵活使用这些词语，才能达到良好的语言表达效果。对于低段小学生而言，他们学习时间较短，语汇量非常有限，因此，需要通过大量阅读，不断积累词汇，并学习更多句式，进而实现对词汇和句式的灵活应用。绘本利用其生动活泼、童趣盎然的图画，有力吸引了儿童的注意力，同时又以简单直观的语言加以辅助，实现对图画的有效解释和直观表达，从而得到了集趣味性、丰富性、思想性和情感性于一体的综合体。此外，由于主题的不同，绘本的语言风格也会有较大差异，或清新幽默，或细腻感怀，或直观表达，或含蓄暗指……，体现了绘本故事词汇的丰富性和多样性，这些丰富多样的词语和句式，能够给学生留下深刻的记忆，从而使学生的语汇量不断丰富。

（三）绘本可以帮助学生积累写话素材

有些学生之所以会出现无话可写的情况，有一个重要原因就是他们没有形成良好的观察习惯，不留心观察生活中的事物和现象，对相关事物的特征和细节记忆不深刻，因此在写话时大脑就会出现"一片空白"的情况，所以教师除了要注重学生词汇和句式的积累以外，还要有针对性地为学生提供写话素材，从而使词汇和句式拥有良好"载体"。实践证实了低段小学生更易于接受图片形式的素材。与文字内容相比，他们对图片内容有更高的感知力，因此也更乐于学习这些内容。绘本便是这种以图片形式展现的儿童读物，丰富多彩的图画深深吸引了孩子们的注意力，它不仅有凝练且富有趣味性的语言表达，还拥有广阔的取材范围，形成多元多样的故事题材，为学生写话提供了更为丰富的素材，同时还能有效激发学生的阅读兴趣，使他们产生强烈的求知欲望。

（四）绘本有助于提升学生的表达能力

读写不分家，好的文章是在大量阅读下完成的。教师可以利用绘本通过仿写、补白、续写等方式提高学生的表达能力。

1.仿写

模仿作为一种重要的学习能力，是学生学习知识、熟悉环境、参与交往的重要手段。虽然绘本以图画为主，但也辅以必要文字说明，这些说明通常与图画内容紧密相连，并且文字简单明了、容易理解。因此，在小学语文教学中引入绘本阅读，能够有效提升仿写练习质量。通过仿写，不仅可以实现对词语、句式和修辞手法的迁移，还有利于学生不断拓展语言素材，持续增强其写话能力。例如在绘本《我的爸爸》中有这样一句话："我的爸爸是个伟大的舞蹈家，也是个了不起的歌手。"可以根据这一句话，让学生仿写"我的爸爸是＿＿＿，也是＿＿＿"这样半开放式的句型，有助于学生发挥想象，同时也有助于规范学生的书面语。

2. 补白

留白作为一种常用的文学艺术手法，在作品创作中发挥着重要作用，能够为创作者提供一种意犹未尽、尽情发挥的广阔空间，能够有力地激发学生的想象力。当这种手法运用于绘本教学中时，也能有效激发学生的无限想象。有些绘本并没有向读者详细讲述故事的全部内容，而是留给他们一定的想象空间，让读者通过自己的理解和想象将故事补充完整。绘本图画也会运用这种手法。所以，教师要引导学生认真阅读绘本内容，从图画和文字中发现相关性，深入理解整个故事情节，体会不同角色的心理、言语、行为，然后在此基础上，让学生自行填补空白部分。比如在《猜猜我有多爱你》中小兔子对大兔子说："我好爱你。"而大兔子则说"我更爱你"。无论小兔子怎样表达，大兔子都能轻松胜它一筹。教师就可以让学生大胆想象：小兔子还会怎么说？大兔子又会怎么回应？

3. 续写

有些绘本故事会采取开放性的结束方式，目的是留给读者悬念，使他们对相关人物和情节产生无限遐想，进而产生继续创作的欲望。教师可以充分利用学生的这种创作欲望，不断激发学生的想象力，并鼓励他们大胆续写。由于小学生天生好奇心比较强，所以他们对这种开放式的结尾续写会更感兴趣，教师则可利用小学生的这一心理，让他们根据自己的想象进行续写。在续写时，学生既可以引入自己熟悉的生活场景，也可以表达自己的观点，还可以在原有的基础上进行合理推理，从多维度出发，使续写更具多样性。例如《爷爷一定有办法》这个绘本主要讲的是约瑟的爷爷用旧外套改成了一件小背心，后来，小背心又被改成了小领带；再后来，小领带被弄脏了，爷爷把它改成了小手帕。约瑟用手帕包着好多好玩的小石头，和小手帕度过了一段快乐的时光。但是小手帕也渐渐变得破破烂烂，爷爷又把小手帕做成了小纽扣。约瑟很喜欢小纽扣，可是，有一天，小纽扣不见了，爷爷也没了办法。小约瑟想啊想，还能做什么呢？于是他把这段经历写成了一个有趣的故事——《爷爷一定有办法》。教师可以让同学们想一想，约瑟把这个有趣的故事写下来之后，又发生了什么？

（五）阅读绘本有助于培养学生的创造力

低段小学生通常具有丰富的想象力和奇特的创造力，因此，教师要因势利导，保护和培养他们的想象力和创造力。同时，儿童思维体现了鲜明的年龄特征，即：直观性、形象性和随意性，而绘本则很好地迎合了这些特点。绘本不仅图画丰富多样、文字生动有趣，而且种类繁多、题材多元，可以很好地满足小学生的阅读需求，使他们在现实世界之外拥有一个美好的精神家园，可使学生任意遨游其中、汲取知识、丰富情感、提升能力、不断成长。对此，老师不仅要积极培养、引导其想象力，还要努力拓展他们的思维力，特别是形象思维和多元思维，使学生能够更好地观察、理解绘本内容。

像《会飞的箱子》这本绘本讲述的是爸爸送给瑞奇一个大箱子，其实箱子里面装的是电视机，但瑞奇对装电视的大箱子更感兴趣。当他一个人钻进箱子里后奇怪的事情发生了，箱子竟然飞起来了，带他去了一个个神奇的地方，看到了很多奇特的景象，这让瑞奇很兴奋。本研究认为这本绘本的精彩之处在于作者所选择的事物都是我们日常生活中随处可见的，但是通过大胆想象创设环境，却有了这样一个神奇的故事。因此，在引导学生阅读这类绘本时，教师要学会挖掘绘本背后的教育价值。

总的来说，绘本对于写话教学确实有很大的价值，对于学生的写话兴趣、能力、思维力、创造力等都有着潜移默化的影响。绘本可以解决当前写话出现的问题，为写话教学提供新思路。

四、绘本在低段写话教学中的应用

（一）绘本在低段写话教学中的应用原则

1. 理清主次关系，明确教学基本点

（1）明确绘本与教材的关系。想要绘本在小学语文低段写话课堂上发挥巨大的成效，首要任务就是理清绘本与教材的主次关系。绘本与其他语文教学资源一样，是为语文课堂服务的。因此，教材仍然是教学的主体，绘本是辅助，只有这样才能保证小学语文低段写话教学课堂在正轨上运行。绘本在小学语文写话课堂中的应用有以下三种基本模式：

①利用绘本导入。俗话说，万事开头难，一堂课的教学能否成功，导入环节起到重要作用。精心设计的导入环节有利于调动低段学生的学习兴趣，使他们快速投入语文课堂的学习中。教师可以充分利用绘本图文并茂、语言精简、色彩丰富的优势创设优良的教学情境，吸引学生的注意力，上一堂与往常不一样的语文课。

例如，有的教师在讲授《妈妈睡了》这一课时，设计了仿写的教学环节，为了让学生更好地理解"母爱"这个主题，从而使写话教学效果更好，教师可以选取同样以"母爱"为主题的绘本故事导入新课，《朱家故事》《猜猜我有多爱你》等绘本都是不错的选择。

②利用绘本教学。小学低段学生注意力集中时间短，具体形象思维占据主导地位，这些心理发展特点决定了具有说教性、灌输性的传统小学低段语文写话教学存在很大的问题。绘本趣味十足、色彩鲜艳的优势在众多语文教学资源中脱颖而出，教师在写话教学中可以借用绘本高效完成教学任务。

例如，《我爸爸》是一本充满爱意的绘本，简单的文字配上精美的图画描绘出一个温馨的家庭。绘本中主人公和大部分儿童不同，由于爸爸工作的原因，她不能和爸爸每天见面，于是把对父亲的爱包在了饺子里。这本看似普通的绘本，通过一个故事将亲情之水流进了读者的心田。当学生在写话中有抒发内心情感的需要时，就会想起读过这本动人的绘本，再结合生活实际，把内心的真情实感写下来，一篇高质量的写话就完成了。

③利用绘本延伸。语文课与其他课程不同，语文是一门永远也学不完的课程。因此除了课堂上几十分钟的语文学习时间之外，更多的是需要学生养成良好的阅读习惯，学会从阅读中汲取知识营养。绘本是培养小学低段学生阅读兴趣和阅读习惯的重要资源。在一堂课的尾声，教师可以推荐相关绘本作为本堂课的拓展延伸阅读，这样不仅可以加深学生对本堂课的理解，也有助于培养学生良好的阅读习惯，还可以拓展学生的阅读知识面，简直是一举多得。

例如，《外婆变成了老娃娃》是一本以"爱是反哺"为主题的绘本，患有阿尔兹海默病的外婆经常干傻事令人心疼。教师在写话课堂的尾声可以借助绘本进一步激发学生的阅读兴趣，推荐绘本课外阅读篇目，关于外婆的绘本故事还有很多，例如绘本《爱——外婆和我》《楼上的外婆和楼下的外婆》等都可以推荐学生去阅读。

绘本对于小学低段语文写话教学来说是不错的语文学习资源，值得注意的是，教师将绘本应用于写话课堂的时候要分清与语文教材的主次地位。教材是主体，绘本是辅助，绘本的加入是为语文写话课堂服务的。只有厘清了两者之间的主次关系，才能保证小学语文低段写话教学课堂不偏航。

（2）以提升学生写话能力为基本目标。绘本是很好的语文写话教学素材，越来越多的一线小学低段语文教师将绘本应用于写话课堂。但是查看了众多的相关教学设计后发现，很多教师设计的教学目标出现了不同程度的偏离。有的教师引入绘本是为了丰富写话教学形式，有的教师是为了营造一个更好的写话课堂氛围，并没有以提高学生写话能力为主要目标。对于低段学生而言，写话是个学习难点，常常会遇到不知道怎么写，不知道写什么的问题。借助绘本就能帮助他们解决这些问题，绘本中的精准表现手法、精妙的语言文字对于提高学生的语文表达能力有很好的参考借鉴意义，但是将绘本引入写话课堂要注意应以提升学生的写话能力为基本目标。

例如，在绘本《我永远爱你》中，主人公阿力每次都以相同的句式提问妈妈，"要是____，你还爱我吗？"重复出现的句式，每读一遍就加深一次印象，不断刺激学生的大脑、强化学生的语言表达。教师在写话课堂上可以出示这些句子让学生模仿，使学生在不断仿写的过程中提高自身的书面表达能力。教师在实际课堂教学中会看到很多令人意想不到的句子，例如"要是我尿床了，你还爱我吗？""要是我打翻了你的香水，你还爱我吗？"学生在这样的写话教学中不仅可以感受到母爱的伟大，还学习掌握了规范的表达方式，同时还有助于拓展学生的表达思维，提高学生的写话能力。

2. 合理选择绘本，保证写话质量

（1）选择语言形式规范、富有节奏的绘本。小学低段学生的认知水平和思维能力决定了我们更推荐选择那些语言文字表达具有反复性、精简性的绘本。这些绘本的情节往往具有反复性，在不断反复的情节中呈现相似的语言表达形式，使学生在潜移默化中记住绘本中优秀的表达范式，适合低段学生进行仿写练习。规范的语言表达一次又一次地刺激学生的大脑，使学生的语言敏感度和表达能力不断提高。

例如，在一本非常适合亲子共读的绘本《逃家小兔》中反复出现相同的句式表达"如果……我就……"，教师可以在课堂中鼓励学生大胆模仿，大胆表达。反复的故事情节带来了不断重复的语言表达，使得学生在多次重复中读懂故事，掌握语文规范句式表达，并且在脑海中留下深刻的印象。

教师可以利用说说写写强化学生对规范句式的认知与运用，让学生体会绘本语言文字的精彩绝伦。使学生遨游在无限想象世界里，打开说话思维，提高语言表达能力。

（2）选择故事情节生动、带有留白的绘本。在低段语文课堂教学中想要获得良好的教学效果，提高学生们的注意力是关键。低段学生的年龄决定了他们不能像成人一样保持长时间的注意力。因此，为了提高课堂效率，提升儿童注意力时间，教师可以选择内容情节风趣幽默、画面感十足、想象丰富的绘本进入小学低段写话课堂。

不仅如此，如果一本绘本有留白部分，给阅读者留下一定的思考空间、加工和创造的余地以及想象的隙地，就更适合进入小学低段写话课堂。

例如，日本著名绘本作家宫西达也创作的《今天运气怎么这么好》中就有大量留白，尤其在结尾处，大灰狼乌鲁的一句"啊！想起来啦！"结束了绘本，给学生留下了充分的想象和思考的空间，这只大灰狼究竟想起了什么？接下来，它会怎么做呢？留白与图画之间默契配合，让人产生无限遐想。即使合上绘本，学生仍然觉得意犹未尽，回味无穷！教师可以借机提出续写要求，按照自己的理解，填补绘本的留白部分。

（3）选择符合小学低段学生认知发展水平的绘本。良好的教育一定会根据不同年龄段学生的心理特征和认知发展水平来有序展开，究竟选择哪本绘本应用到小学低段语文课堂上也需要综合考虑低段学生的年龄层次、认知发展水平、智力结构、接受能力、发展规律等因素。表6-2和表6-3是国内著名绘本研究学者闫学老师主编的《绘本课程这样做》推荐的小学低段绘本目录。[1]

---

[1] 闫学.绘本课程这样做[M].北京：中国人民大学出版社，2017：55.

表 6-2　小学低段一年级绘本目录

主题	一（上）教学内容	一（下）教学内容
儿童智慧启迪	《大卫上学去》 《一颗超级顽固的牙》 《是谁嗯嗯在我的头上》 《刷牙小猪奥利》	《一园青菜成了精》 《三只小猪》 《书中书》 《谢谢你，好吃的面包！》 《生气的亚瑟》 《三只小猪的真实故事》
儿童心理疗愈	《生气汤》 《爷爷一定有办法》 《子儿，吐吐》	《生气的亚瑟》 《疯狂星期二》 《三只小猪的真实故事》
儿童哲学启迪	《五只兔子》 《幸福》	《苹果树之歌》 《鱼就是鱼》
儿童美学欣赏	《雪人》 《好饿的小蛇》	《苹果树之歌》 《鱼就是鱼》
儿童国际理解	《出发！我们去环游世界》 《如果地球被我们吃掉了》	《嘿，站住！》 《世界上美丽的村子——我的家乡》
儿童亲情体会	《猜猜我有多爱你》 《你看起来好像很好吃》 《再见》	《我是霸王龙》 《我爸爸》 《云朵面包》
儿童人际交往	《谁能抱抱我》 《鼠小弟的背心》	《和甘伯伯去游河》 《蚯蚓的日记》
儿童品德培养	《小阿力的大学校》 《蚂蚁和西瓜》 《糟糕，身上长条纹了！》	《和甘伯伯去兜风》 《古利和古拉》 《小狐狸买手套》

表 6-3　小学低段二年级绘本目录

主题	二（上）教学内容	二（下）教学内容
儿童智慧启迪	《我的连衣裙》 《雪花人》 《洋葱头的秘密》	《聪明的变色龙》 《神秘的作家》 《飞翔的马克思》
儿童心理疗愈	《大脚丫跳芭蕾》 《短耳兔》	《罗圈腿的小猎狗》 《可爱的小雀斑》

续 表

主题	二（上）教学内容	二（下）教学内容
儿童哲学启迪	《妈妈，为什么会有我？》《100万只猫》	《公主的月亮》《我是一条快乐的鱼》
儿童美学欣赏	《当毕加索遇上马蒂斯》《打瞌睡的房子》	《小黑鱼》《小蓝和小黄》
儿童国际理解	《阴天有时下肉丸》《关于美食的绘本》	《环游世界做苹果派》《三明治快来呀》
儿童亲情体会	《驴小弟变石头》《团圆》《逃家小兔》	《我的爸爸叫焦尼》《爸爸，你为什么会喜欢我？》《妹妹住院了》
儿童人际交往	《第一次上街买东西》《阿文的小毯子》	《是谁送的呢》《只有女巫才会飞》
儿童品德培养	《奥莉薇》《老海盗》《1只小猪和100只狼》	《三只山羊嘎啦嘎啦》《米菲在海边》《坏脾气的格拉夫》

值得注意的是，学生的年龄只是我们在选择绘本时的一个参考因素，班级授课制的教学形式让我们必须综合考虑全班学生的普遍表现及状态。在实际教学中，教师常常会发现有些学生喜欢超出自己年龄阶层的绘本故事书，这和每位阅读者的阅读兴趣以及知识水平不同有关。

（4）优先选择经典绘本。郝广才先生在他的《好绘本如何好》一书中提到："一本好的绘本不只有捕捉真实的场景，更重要的是图像具有深层意义，能让读者的眼睛随图像穿透到绘本故事的内核中去。"[1] 那么究竟要如何挑选所谓的好绘本呢？

有儿童文学诺贝尔奖之称的国际安徒生奖被认为是儿童文学领域最权威的奖项，获得此荣誉的儿童文学作品具有很高的文学艺术价值。获奖绘本有《我爸爸》《我妈妈》《月光男孩》《杜玛尼一家和他们的鸟邻居》《毛鲁斯去旅行》等等。以美国乃至全世界最具权威绘本奖项著称的凯迪克绘本奖所评选出的绘本也是大家关注的焦点，它重点关注绘本是否有"寓教于乐"的

---

[1] 郝广才. 好绘本如何好[M]. 南昌：二十一世纪出版社，2009：25.

功能与价值。引入国内的绘本有：《约瑟夫有件旧外套》《如果你想当总统》《永不妥协》《我的兔子朋友》《熊来了》《小猫咪追月亮》《低音提琴布鲁斯》《海底的秘密》《夜色下的小屋》《和爸爸一起回家》《阿莫的生病日》等。凯特·格林纳威绘本奖是英国最具权威性的绘本奖项，其评选标准很严苛，不仅追求在细节处展现的艺术品质，还追求在整体上能赏心悦目。获奖绘本有：《乘风破浪》《我绝对绝对不吃番茄》《我家宠物是条龙》《大城小传》《消失的词汇》等。

总之，想要将绘本应用于小学语文教学课堂中，使其发挥应有的价值和作用，尽可能帮助小学语文教师改进当前写话课堂，提高学生的写话能力，选择一本合适的绘本是关键。在前期的绘本选择时，需首要考虑学生的因素，如学生的兴趣，学生的认知发展水平等。在此基础之上，从语文教学的角度出发考虑绘本的语言文字、行文规范、文学含义、教育意义等因素。值得注意的是，上述两条应用原则是绘本在小学语文低段写话教学中的基本原则，教师在实际操作过程中还需要考虑更多的因素，例如绘本的主题是否符合本节写话课、绘本的风格是否与写话课堂相一致等等。

（二）绘本在低段写话教学中的应用课例

本研究就部编版教材中的写话内容，选取了绘本与写话教学融合的案例，是二年级上册语文园地四《学写留言条》，《学写留言条》是小学的第二次写话。本研究想通过对这个教学案例的研究，总结相应的教学策略。由于整节课的教学案例篇幅较长，所以本研究选取了与绘本写话相关的教学片段。

1. 绘本选择

绘本《留下一点冬天》由保罗·斯图尔特著，克里斯·里德尔绘。主要讲了在冬天来临的时候，刺猬要冬眠了。因为刺猬从来没有见过冬天是什么样的，所以它想让兔子留下一点冬天给它。可是兔子的记性不太好，刺猬想到一个办法，就是在树上给兔子写下留言。深冬的一天，兔子出来寻找食物的时候，在树上看到刺猬的留言，于是它用树叶把雪球包裹起来存放在地下室。等到春天来了，刺猬醒来了，兔子带刺猬到地下室，刺猬剥开层层树叶，用手抓起雪球，最后刺猬感受到了兔子留给它的一点冬天。

2.教学过程设计

《学写留言条》设计了一个课时。在这节课中，首先让学生通过分角色扮演《动物王国开大会》一课中的不同角色，回顾通知的三要素：时间、地点、事情。其次让学生通过《留下一点冬天》这一绘本故事学写留言条，最后利用绘本中的故事情节，让学生学会写留言条。本研究选取了有关绘本教学的片段如下：

教学片段一：利用绘本故事导入新课

师：今天这节课，咱们再来听一个故事，故事的名字叫？

生：《留下一点冬天》

师：在这个故事中，我们可以看到今天要学会写的"留言条"。（教师利用多媒体播放《留下一点冬天》这本绘本的音频，播放到适合位置停止。）

师：是呀，冬天到了，小刺猬要去冬眠了，可是它多么希望兔子能给它留下一点冬天啊！因为它想知道冬天是什么样儿的，可是这只兔子的记性？

生：不太好。

师：太差了，是吧。怎么办呢？你们猜？聪明的小刺猬想到什么办法了？你说？

生：留言条。

师：说清楚，给……

生：给小兔子写留言条。

师：你比小刺猬还聪明呢，真好。

师：是的，你们看，小刺猬就在一棵大树的树干上，给兔子写下了一张留言条。

留言条是这样写的，孩子们我们一块读一读好吗？

（师生齐读留言条内容）

教学片段二：巧用故事情节总结"留言条"的作用

师：小刺猬为什么要写"留言条"呢？谁知道？这个小朋友说。

生：因为让兔子不要忘记了。

师：那么厉害，留言条最关键的作用让你抓到了。是的，在咱们的生活中，也会遇到特殊的情况需要我们借助留言条来传递信息，你们看，课本中就有一张留言条，咱们一边看，一边听，这张留言条写了什么？

教学片段三：利用故事情节辅助写话教学

师：小朋友们，还记得这个故事吗？

生：记得。

师：知道吗？故事中的小兔子遇到大麻烦了。你们瞧，意外发生了，"留言条"成了这个样子，谁来读一读？

（学生读留言条内容）

师：这下小兔子可要晕了，你们知道为什么吗？

生：因为它不知道那块写的是什么？

师：是的，留下什么东西这可是重要内容啊，丢了它小刺猬的这张留言条就白写了，是不是？

生：是。

师：孩子们，刚才老师走了一圈，发现不少同学在写留言条的时候，也和小兔子一样，把重要的内容给弄丢了，你们看。

（教师展示学生的作品，师生共同纠正写话中出现的问题。）

师：留言条写好之后，最担心的就是对方看不到啊！你们瞧小刺猬把留言条写在了树干上，你们的留言条放在哪里比较好？给老师的留言条放在哪儿？

生：办公室桌子上。

师：那给小芳的留言条放在哪里比较好？

生：小芳家的门口。

师：贴在？

生：贴在她家的门上。

师：是的，孩子们。留言条放的位置是有讲究的。只有让对方看得见，才能发现并阅读留言。

教学片段四：巧设悬念，拓展延伸

师：马上要下课了，还记得这个故事吗？

生：记得。

师：春天到了，小刺猬醒了。你们猜，小兔子还会记得当初的留言吗？

生：我觉得会，因为小刺猬在树上留下了印记，虽然重要的部分丢失了，但它可以找回来。

师：孩子们，你们知道吗？"留言"是朋友间的约定，我相信好伙伴一定会信守承诺的。

师：这套书非常有名，不止一本哦。下课的时候，你们可以把它找来读一读，好吗？

3.课例分析

绘本与写话结合，大大提高了学生写话的积极性。在教师的引导下，学生学会了写留言条。本研究对该优秀课例进行分析，成功原因如下：

（1）教学目标明确，重点突出。留言条是二年级学生首次接触的写话内容，对于学生来说比较陌生，在一节课里既要让学生了解留言条的格式，还要让学生把内容写清楚。对于教师来说时间是比较紧张的，但教师并不着急，通过创设的绘本情境带领小朋友们学会了如何写留言条。

教师在留言条的格式和内容上进行了取舍，主要的教学目标是让学生写清楚留言条的内容。但如果只讲内容而不说格式，也只是空中楼阁。所以教师首先利用学生熟悉的课文《动物王国开大会》让学生进行角色扮演，强调发布通知时注意时间、地点、什么事情这三要素。其次，再利用课本插图强调留言条的格式。在此过程中，教师并没有过多的讲解，而是让学生注意标点。紧接着就写话题目进行分析，帮助学生理解留言条内容。最后教师对于学生写留言过程中出现的问题，进行强调，帮助学生巩固所学。

（2）熟悉绘本资源，合理建构支架。教师选取的绘本是《留下一点冬天》，该绘本故事情节简单易懂。最恰当的地方是，教师利用刺猬给兔子写留言这一情节建立支架，帮助学生了解"留言条"这一陌生的文体，而且教师在整个写话教学中，将绘本贯穿始终，本研究认为这是教师区别于传统写话教学的关键。

首先教师自己对《留下一点冬天》这本书有足够的了解，对这一单元的写话教学重、难点十分明确。其次，教师选择合适的节点建构支架，利用小刺猬在冬天来之前给兔子写留言条的情节，强调"留言条"的作用；利用小兔子发现小刺猬留下来的留言条缺失了这一情节，告诉学生在刚才的训练中他们也存在重要内容缺失的问题；利用小刺猬把留言条写在树干上这一细节，提醒学生要合理安置留言条的位置。老师在教学中选取合适的绘本情节为自己的写话教学所用，在此过程中既能引导学生阅读绘本注意细节，又能帮助学生以绘本为依托，纠正写话教学中出现的问题。最后，通过设置悬念，引导学生阅读绘本，从而使教学更有针对性，有利于提高课堂教学效率。

（3）了解学情，适当拓展。二年级的第二次写话课对于多数学生来说是有难度的。教师要用合理的方法帮助学生理解留言条的作用、格式和内容，以免学生出现畏难情绪。教师选取的绘本要符合学生的心理特征以及当前的能力。将"留言条"这一抽象的概念通过《留下一点冬天》里的故事情节化虚为实，从而更好地帮助学生了解留言条的作用，能够从细节出发，引导学生学会仔细观察。例如展示兔子发现留言条缺失的画面，可以提醒学生"留言条"的内容很重要。多数老师会在课上多次强调留言条内容的重要性，但那是理论知识，只有通过具体的、学生可以接受的方法展示出来时，学生才会学以致用。这就是支架教学优势的体现，可以依据学生现有水平将复杂问题进行分解，以便于学生更好地理解，从而使学生的能力得到提升。在这节课的最后，教师引导学生去阅读这一系列绘本，可以培养学生阅读和独立思考的能力。

（三）绘本在低段写话教学中的应用策略

1. 关注写话兴趣，创设愉悦情境

（1）利用多种形式激发学生的写话兴趣。一般来说，智力活动以非智力活动为内在动力[①]。赫尔巴特（Johann Friedrich Herbart）指出，"没有兴趣，教学无疑是空洞乏味的"[②]。杜威（John Dewey）也注重兴趣在教育中的

---

① 王道俊，郭文安. 教育学[M]. 北京：人民教育出版社，2009：206.
② 赫尔巴特. 普通教育学·教育学讲授纲要[M]. 李其龙，译. 北京：人民教育出版社，1989：67.

作用，他指出，"没有一点兴趣而要引起任何活动，从心理学上说是不可能的"①。写话教学首先要建立在学生感兴趣的基础上，教师要发挥自身的主观能动性调动学生的积极性。绘本深受小学低年级学生的喜爱，学生对绘本中的人物、故事情节和插画都有着浓厚的兴趣，关注学生感兴趣的绘本内容，将其作为写话教学导入的话题，在写话教学中，教师要借助绘本故事引导和启发学生，借助绘本这个兴趣点，设计有趣的教学环节，自然过渡到写话教学中。如在设计写人篇写话教学时，教师可以从学生感兴趣的绘本《我爸爸》入手，先调动学生的积极性让其自由表达，再进行写话教学环节。

（2）呵护好学生阅读绘本的兴趣。绘本在吸引孩子阅读的同时，也激发了他们的表达欲望。儿童的想象力有了施展身手的机会，想象使他们的世界变得广大自由，此时写话成了学生内心的需求，自然就有灵动的语言和真情的流露。长善救失的教学原则启发我们可以利用学生对绘本的喜爱精心设计教学环节，让学生对绘本的喜爱自然过渡到对写话的兴趣上。要让学生对写话有兴趣，写自己想说的话。绘本中的文字表达和人物语言都是学生可能效仿的内容，鲜艳的色彩和有趣的情节也可以激发学生表达的欲望和兴趣，可以此作为切入点，给予学生自由表达和表现的空间，让他们在轻松愉悦的过程中构建语言系统和进行写话实践。

2.挖掘绘本素材，用心选择准备

（1）丰富自身绘本阅读量。绘本选择的适切性是其应用于写话教学能否富有成效的关键，这要求教师平时要多关注绘本、阅读绘本和积累绘本，了解和掌握丰富的绘本素材。首先要通过多种方式获取绘本。实体绘本有图书馆的绘本区、专门的绘本馆、小学的绘本室、班级的绘本角等，非纸质绘本包含专门的绘本阅读软件、有声绘本视频、扫描版电子绘本等。其次，积累不同种类的绘本。绘本种类繁多，主题丰富，除了纯叙事性绘本之外，还有死亡教育绘本、性教育绘本、安全教育绘本、节日习俗绘本等主题鲜明的绘本，不同主题、题材、形式的绘本教师都应该有所积累。正所谓"水之积也不厚，则其负大舟也无力"。只有教师自身绘本的素材库够丰富，才有可能从中取优。如教师在进行绘本教学时，一提到关于人物的绘本，脑海里除了

---

① 杜威.学校与社会·明日之学校[M].赵祥麟，任钟印，吴志宏，译.北京：人民教育出版社，2005：165.

众所周知的几个绘本外，还能搜索到更多的人物绘本篇目，这样才能有更大的选择空间，可以从众多绘本中选择所需要的最适合的素材。

（2）谨慎科学选择绘本。教师在写话教学中可以结合学生认知范畴及教学任务科学地选择绘本。首先，绘本的优势之一就是以图片辅助故事情节的展开，这弥补了小学低年级学生识字量不足的缺陷。这种图画连贯的绘本可以作为看图写话的资源，让学生先说图画上的内容再写下来，这样即使识字不多的孩子也能用插图来读故事、说故事。其次，即使是同一主题的绘本，绘本的水平和层次也良莠不齐，教师应选择与教学内容息息相关的绘本开展教学活动。另外，不应根据绘本的知名度或获奖率来选择绘本，而要选择符合学生年龄特征并能够给学生带来想象空间的绘本。写话教学中选择的绘本最好不是大部分学生读过的绘本，这既能防止学生难以跳出已有固化思维的窠臼，也可保持课堂教学的神秘感，激发学生的学习兴趣。

（3）精心设计绘本教学。绘本写话教学相对于写话教学而言，教学资源更有指向性和集中性，应该在教学中充分利用绘本中的写话素材，体现绘本的写话价值。绘本在使用时可以根据目标有针对性地进行设计。如绘本《我爸爸》可以根据需要多次使用，第一次呈现纯图片的绘本，让学生根据自己的理解写一写；第二次呈现原图原文，让学生体会和学习绘本原本的表达；最后一遍去掉文字让学生发挥想象自由表达。另外，绘本中有新鲜感的词语、句式等也是写话教学的资源，如绘本《艾玛打雪仗》中的"一面……一面……"的句式，可以让学生根据绘本图文理解并积累；写物篇写话教学在讲到绘本《大野狼》生存环境的时候通过图片让学生感受词语"人烟稀少"的意思。另外，在进行绘本写话教学时，也要注意多学科的融会贯通，鼓励学生基于绘本联想其他学科或领域的知识。

3. 耐心引导写话，遵循科学规律

（1）注重观察的有序引导。观察是写作的源泉，要让儿童将现在的观察与过去的观察获得的经验（表象）联系起来，进行加工改造，得到对事物的理性认识，这是写作训练的重要素材。观察的东西越多，思维越深入，基础越扎实，写作内容就越丰富。一、二年级的观察常常是无意和无目的的，教师要引导他们开阔视野，学会对事物进行由浅入深、由简单到复杂、由静到动的观察。通过观察抓住事物的本质特征，抓住事物之间的联系，让学生学会在生活实际中观察和思考。这个观察的过程可以将绘本的插图作为观察对象，主要训练学生观察图画的顺序，并将其延伸运用到生活观察中。观察有顺序，可以促使语言表达更有条理；观察有主次、写话才能有详有略；观察越深入，描述才能越细微。例如，在进行写人绘本写话教学时，引导学生观察绘本《我妈妈》中人物的衣着、动作、手里拿的东西等都是在培养学生细致观察的习惯。

（2）做好说话的基础训练。书面语言源于口头语言。儿童是先学会说话再学会写字的，其口语表达能力对提高自身写作水平有着至关重要的作用。通过说话，让儿童把他的构思和观察中的所见、所闻、所想表达出来，把内部语言变为外部语言，把看不见的构思变为看得见、可操作的话语，这样就可以把儿童的观察过程、构思过程、说话过程相互联系起来。从写话教学实践的经验发现，学生在正式写之前，如果能够将自己想写的内容先说一遍往往比直接写话的效果好。如在开展写物篇写话教学时，教师引导学生先说说自己准备怎么写这个物品，再根据学生的表述有针对性地进行引导，让学生关注物品的形状、大小、颜色等，同时尽量让学生在说的时候就做到句子完整、表达有序、思路清晰，这样将会减少学生直接上手写的困难，从而大大提高学生写话的质量。因此，"说话"作为"写话"的前提，不该被忽视和弱化。

（3）搭建写话范例梯架。支架是起支撑作用的构架，最早应用在建筑中。支架教学可以理解为一种方法或一种策略，其理论基础是最近发展区和建构主义。支架教学具有前瞻性、暂时性、情境性、差异性、合作性、及时性等特征。在写话教学中，"范例"可以作为支架，让学生写有所依，学习优秀写话的内容和格式。在绘本写话中，这个范例主要是指绘本中的相关描写和表述。教师带领学生分析并发现绘本中的写话表达技巧，总结写话的具体步骤，为学生的需求搭建脚手架，这样学生上手更快，更有可操作性。如写人篇绘本写话，观察学习绘本《我爸爸》及《我家是个动物园》，可以借鉴其中的人物出场介绍及最终的情感表达作为人物写话的开头和结尾。这样学生在进行人物写话时除了对人物具体特征进行描写以外，就会关注到开头和结尾，避免作品无头无尾。

第三节　以情境为载体的小学低段写话教学

一、情境写话教学概述

（一）情境、情景式教学

"情境"一词最早见于唐代王昌龄的《诗格》，其中称"诗有三境"。提出了意境、物境、情境"三境"说[1]。《现代汉语词典》对情境的定义是"情景；境地"。《辞海》对情境的定义是："指一个人在进行某种行动时所处的社会环境，是人们社会行为产生的具体条件。"[2] 一般认为，情境是进行某种活动所必需的，由一定物质因素和精神因素构成的外部环境，即活动所需要的氛围。情境对个体行为的变化有直接的刺激作用。而所谓教学，乃是教师教、学生学的统一活动；在这个统一活动中，学生会掌握一定的知识和技能，获得身心的发展，形成一定的思想品德。

情境式教学思想萌芽最早可以追溯到古希腊罗马时期，苏格拉底的弟子柏拉图创办学园，教授学员，形成对话教育模式，主张用对话辩论思考真理，强调情感对人成长的重要影响。现在来看，这些理论都是情境式教学的重要观点。

情境式教学思想在后世的教育家思想中也陆续呈现"星火之势"。捷克教育家夸美纽斯在《大教学论》中指出，一切知识都是从感官开始的。这种主张与情境式教学理论不谋而合。情境式教学正是通过呈现直观具象，使学生身临其境，激发其内在情感，从而获取感性知识并逐渐达到理性顿悟[3]。法国教育家卢梭在著作《爱弥儿》中主张儿童要有目的地利用自然情境，借助生活情境来获取知识，培养"自然人"[4]。

情境式教学理论在教育家杜威那里得到进一步发展。他在《我们怎样思维·经验与教育》的实例中提出"思维起于直接经验的情境"，并提出"五

---

[1] 王昌龄.王昌龄集编年校注[M].胡问涛，罗琴，校注.成都：巴蜀书社，2000：225.
[2] 汉语大字典编纂处.现代汉语词典：双色版[M].成都：四川辞书出版社，2022：209.
[3] 夸美纽斯.大教学论[M].傅任敢，译.北京：教育科学出版社，2014：124.
[4] 卢梭.爱弥儿[M].沈阳：辽宁人民出版社，2019：188.

步教学法":情境—问题—假设—推理—验证。他强调要从实际生活中获取知识和经验,指出"思维始于直接的情境","必须有一个实际的经验情境作为思维的开始"。由此,情境教学终于有了切实的理论"源头"[①]。

20世纪60年代中期,由保加利亚心理学博士乔治·洛扎诺夫首创的"暗示教学法",将情境式教学推向新阶段。他强调教学环境的重要性,主张利用联想、暗示、音乐等各种形式来营造无意识的心理场,激发学生的学习兴趣。暗示法对于情境的重视,在一定程度上推动了情境教学理念的推广。

知识是在某些情况下,借助他人的帮助,如人与人的合作交流,获得自己需要的信息。对于学习者来说,最适合学习的环境应包括情境、合作、交流和意义四个部分。情境是非常重要的,要想让学生达到好的学习效果,就要给他创造一个适合学习者意义构建的情境,这是一个非常重要的条件。

我国情境教学的历史源远流长,古代就有"断机教子"的情境教学案例。著名教学家孔子主张"相机教学","相机"就是要我们抓住时机,运用情境,随时随地,因事因人,对学生进行恰如其分的教学。其著作《论语》中记载了大量情境教学的实例。如"不愤不启,不悱不发"强调教学时需创设一定的问题情境。"性相近也,习相远也"中指出了学习环境对人的成长的重要性。此外,"伯牙学琴"也属情境教学的成功典范。

在近代教育思潮中,情境教学思想雏形初现。陈鹤琴提出"活教育",强调教学中暗示的重要作用,指出"大自然、大社会都是活教材",鼓励"注意环境,利用环境",这些都是情境教学所倡导的理念。

当代情境教学思想得到了不断完善和发展,如今已形成了一定的规模。特级教师李吉林老师的《情境教学实验与研究》是我国进行情境教学理论研究的第一部重要著作[②]。武汉教育学院的韦志成教授对情境教学也情有独钟,他的《语文教学情境论》是关于情境教学的又一部专著,他认为语文教学要想取得最优化的教学效果,实施情境教学是必由之路[③]。

毛红兰在《情境式教学模式初探》中指出:情境式教学是指在教学过程中教师有目的地引入或创设具有一定情绪色彩且以形象为主体的生动具体的

---

① 杜威.我们怎样思维 经验与教育[M].姜文闵,译.北京:人民教育出版社,1991:46.
② 李吉林.情境教学实验与研究[M].北京:人民教育出版社,2006:5.
③ 韦志成.语文教学情境论[M].南宁:广西教育出版社,1996:24.

场景，以引起学生一定的态度体验，从而帮助学生理解教材，并使学生心理机能得到发展的一种教学模式[1]。

叶玉玲在《情境式写作教学模式探讨》中提倡循序渐进地设计写作"阶梯"，创设情境，引导学生在情境中感悟和运用语言，在情境中训练、落实学生的语言能力，使学生掌握熟练的技能[2]。

（二）情景式写话教学

情境式写话教学是我们综合情境式教学和写话教学提出的新概念，是深刻领会新课标精神，紧密结合当代低年级学生实际提出的写话教学新方法，本研究将"情境式写话教学"概念界定为：在小学语文低年级写话教学过程中，教师有目的、有计划地引入、制造或创设具有一定情绪色彩的，以形象为主体的生动具体的场景，以引起学生一定的心理体验，从而帮助学生打开思路，并使学生心理机能得到发展的写话教学方法。其核心在于挖掘学生的情感，打开学生的思路，激发学生的写话创作灵感。

二、情境式写话教学原则

（一）形真：创设情境的基石

儿童往往是先通过形象的事物去了解世界的，这样直观存在的事物也更容易进入儿童的世界。而语言文字本身并不容易被理解，更不容易习得，更何况要运用这些文字去表达。但如果将这些文字转化成形象的事物，或是我们日常生活中经常接触到的事物，抽象的文字一下子就变得生动形象起来，创造情境是生动抽象事物的重要手段。通过创造情境，学生进入情境，获得真实的情感体验，复杂的话语也变得清晰可见。写大自然，同学们便犹如身临其境一般，仿佛听到了涓涓的流水声，看到了碧蓝的天空，走进一个绿色的世界，明媚春光，美不胜收。写动物，学生面前便呈现出可爱的动物形象，它们的形态特征便跃入学生的眼帘。通过情境的创设，使学生即便是坐在教室里也会有一

---

[1] 毛红兰.情境式教学模式初探[J].读与写：教育教学刊，2013（12）：2.
[2] 叶玉玲.情境式写作教学模式探讨[J].教育教学论坛，2010（35）：89—90.

种置身其中的感受，无论是大自然的花草树木，还是院子里可爱的小狗，学生仿佛真的可以看到、听到。情境缩短了学生与语言文字的距离，将文字转化成直观的事物，增强了语言文字的真实感，使文字里的形象更为真实，从而激发孩子们对写话的兴趣，使他们对自己要写的内容感到亲切，语言的表达也更为轻松。

（二）观察：情境写话的门径

语言的表达离不开对事物的留心观察。在进行情境教学时，如果学生不能随着情境的创设进行留心观察的话，学生头脑中没有写话内容素材的积累，那么，情境写话便达不到预期的效果。在写话之初，学生必须理解"写什么"的问题。因此，在学生走入情境时，所观察到的绝对不能只是单纯的事物，学生的观察不是对事物的直观复述。相反，要求学生结合自己的知识，以便学生可以说"我从观察中学到了什么"。这样，学生便能在观察过程中一边观察，一边思考，自动进行语言的组织，从而形成一句句连贯的话。小学生对生活中的一切都很好奇，因此让他们观察事物并不困难。但是，他们的观察往往也只是最直观的，对观察到的对象并没有顺序性和重点性观察的意识。教师在观察过程中要引导学生有序观察，并仔细观察和表达特定对象的特征。这就要求学生在观察时，能够运用积极思维进行配合，要有目的地观察。观察是探索未知世界和积累经验的过程，这将引起学生的注意，激发学生的观察兴趣和观察思维。伴随着直观事物和积极思维的配合，在教师的指导下，学生可以通过观察更加轻松且准确地反馈事物的特征。在观察大自然时，学生会走进大自然，到户外感受真实的情境，然而在这个宽泛的空间里，事物很多，也很杂，学生往往不能有计划、有顺序地观察。这时，教师就要引导学生进行有序观察。如采用从上到下，或由远及近的观察方法。这样学生便能有序地表达他们所观察到的事物。同时，观察的选择性来自观察的目的。教师可以要求学生对某一事物进行重点细致的观察，如在写大自然时，对自己最喜欢的花或是其他植物进行细致观察。这样将有序观察和重点观察结合，就能比较全面、细致地认识大自然，更好地完成写话训练。在情境教学中，不仅要求教师创造情境，也要求学生对情境进行细致有序的观察。教师为写话教学提供丰富的内容素材，学生要充分调动自己的积极思维进行观察实践，积极构建知识，组织表达语言，通过观察提高自身的语言组织能力和语言表达能力。

（三）语言：情境写话的桥梁

语言是人与人沟通的桥梁。语言交流是人与人之间双向的交际活动，教师在教学活动中创造情境离不开语言指导，学生反馈也离不开语言的表达。情境写话教学，就是通过创设与写话相关的情境，将学生带入熟悉的生活情境中，通过语言的引导，对学生进行有针对性的语言培训，以达到提高学生语言技能的目的。语言是在具体的交际环境中产生的，它既是一种运用的行为，同时，它也是行为产生的结果。创造写话教学情境的本质是创造一个环境，促使学生产生写话动机，对学生采取行动。从而使学生产生目的性的思维，自主性的组织写话语言，达到写话训练的目的。在写话教学中，当教师创造情境时，不仅要在学生面前呈现情境，还要让学生自己进入情境中获得写话内容。教师通过语言引导，让学生积极主动地参与到情境中，从而使学生的思维能力得到提升，同时在师生之间的语言交流中使双方产生情感共鸣。

小学生在观察事物时总是容易抓不住事物的重要特征，因此教师要引导学生进入特定的环境中，以使他们更有目的地思考。所谓美能生情，而情能激智，有些教师在课堂上也经常会创设一些情境来辅助教学，如出示图片，视频或是播放音乐来渲染气氛，让学生的学习效果更好，但学生很难适应这种情况。为什么会出现这种情况呢？这就和教师的语言描绘有关，教师在用语言引导学生时，会因为语言过于晦涩，干巴巴的，不能吸引学生的注意力，无法调动学生的想象力思维，学生很难按照教师的语言进入情境中。教师的语言引导是建立在学生已有的认知水平上的，不能过于华丽难懂，这样会阻碍学生进行构建想象，使他们难以进入情境。教师的语言还对学生的思维有支配作用，学生的思维能力还较为薄弱，对于情境，不能把握与写话相关的主要内容，从而难以自主获得有效信息，且容易停留在自己感兴趣的部分，忽视了情境的主体部分。这要求教师引导学生通过语言控制在情感上体验主题。教师要充分发挥语言在课堂上的支配作用，引导学生的认知活动，让学生意识到在写话时应写什么、联想什么、观察的重点是什么、表达什么以及如何表达。情境的创设要对直观事物进行形象性模仿或真切地还原，这就要求教师在连接学生与情境时需要用形象性的语言来描述。描绘山水画，学生便能在教师的语言中感受到重峦叠翠，水声叮咚；描绘可爱的小兔子，学生眼前便浮现出一只可爱的、活蹦乱跳的兔子形象；描绘海滩，学生便像是站在海边，与海浪亲密接触着。教师的语言不仅可以指导学生进入情境，还可以使学生在上下文中产生思维活动，并将他们看到的内容积极地融入他们的认知活动中。在获得语言表达能力的同时，得到思维的发展。

（四）想象：情境创设的关键

想象力是创造性地理解世界的关键因素。想象力是通过思考活动转变、重组原始知识和经验的过程。人对事物的认识总是从感知开始的。而将情境应用于写话教学则是让学生从"感知情境"到"描绘情境"的过程。"感知情境"是感知一个真实的情境，"描绘情境"则是描绘一个虚拟的情境，是学生通过自己的思维活动组织语言加以艺术加工创造出来的，这就和学生的想象是分不开的。想象虽然是虚拟的，但是想象又离不开学生已有的认知经验，想象是建立在学生已有认知基础上进行的。在情境写话教学中，儿童是真正的学习者。有必要考虑学生的学习情况，所创造的情况必须在学生的知识储备之内。这样学生才能根据创设的情境展开合理的想象，并组织语言，进行自我表达。积极的想象思维必然会引起学生对所创设的情境进行思考。在想象的过程中，儿童的内心情感被激起，从而产生表达的欲望，写话也就有了主动性。创设情境这种语言训练，就是将学生的语言和思维活动联系在一起，想象越丰富，学生的思维越活跃，创造性思维的发展促使儿童突破语言的条条框框，在自己的想象世界中遨游，表达出真实的自我。让学生的写话思维有一个大的飞跃，写话的内容更加具有想象性以及孩子特有的灵性。孩子们的想象力是无限的。想象是儿童主动进行学习的过程，是有意想象。在情境写话教学中，学生往往是观察与想象结合，对观察到的情境进行创造性地加工，结合自己已有的知识经验构成写话内容。孩子们在写话过程中展开想象的翅膀，丰富写作内容，深化主题感，从而形成自己的认知。学生是否能产生有意识的想象和教师所创设的情境是否符合学生的心理发展特点有关。教师的情境首先要契合学生的认知特点和心理特征，才能促使学生观察与思维结合，观察与想象结合，从而主动产生思维活动。

（五）体验：情境教学的纽带

人们经常将外部事物和情境引起的"我"的感受和品味称为"体验"。情境写话教学是在情境感知和认知活动中创造情感情境和学生情感体验的过程。积极的情绪体验对认知活动具有强烈的调节作用，是认知活动的驱动力。所谓"情动而辞发"，作为学习的主体，儿童在情境教学中通过观察和想象体验情境，并通过感官和心灵感受情境来获得情感体验。在积极的情感体验下，儿童会产生亲切感，从而积极地投入到语言表达中。在美妙的体验中产生良好的情感，学生的欲望表达就会自然而然地产生。在写《喜爱的小动物》时，通过图片和视频创设情境，带着学生走入某一特定的小动物的世界，通过观察体验，学生可以了解小动物的可爱形象和特征，以及了解它们的喜好和生活习惯，一只活泼可爱的小动物仿佛真的出现在了学生眼前，让学生感受到小动物的可爱。学生自然也会对小动物产生兴趣和喜爱之情，从而达到"情动而辞发"的效果。情境写话教学是在创造情境的过程中激发学生积极健康的情感体验，直接提高学生写话的积极性。与此同时，情境写话教学所创造的情境并不是自然的，而是人为意识的创造，为儿童的特点优化儿童的发展环境。在这个有利的客观环境中，它不仅促进了儿童认知心理的发展，也使儿童的情绪活动积极参与其中，使学生在自我思考中获得情感体验。

三、情景式写话教学策略

（一）自然景观情境式写话教学

1.情境初设

（1）情境启蒙。情境是语言产生的土壤，情境再现课堂必然也离不开语言，尤其是词语。情境课堂中的词语教学是极为重要的。图片呈现是小学语文词语教学的重要方法。部编版语文教材顺应儿童的审美认知规律和心理特点，每一课都配有色彩鲜明、灵动活泼的插图，这也是走进文本情境的重要途径。例如《黄山奇石》一课在描写"猴子观海"时出现"陡峭"一词。对于低年级学生来说，这个词比较陌生。但是教材精心地用图片弥补了文字的不足。这是引导学生走入情境的最佳契机。教师鼓励学生仔细观察图片，创设语表情境："我们一起去爬爬黄山，看看这块'猴子观海'的奇石好不好？"学生齐点头同意。师追问："可是这座山好爬吗？"生摇头。师继续追问："为什么你们觉得不好爬呢？"生："山非常高啊！"/"你看石头一点儿也不平整，看起来真不好爬！"/"山又高又陡，一不小心就会摔下来！"师："那么能不能用课文中的词语来形容一下这座山呢？"生："险峰！"/"不对，应该是'陡峭'！"师："哪个词语更合适？"生："陡峭"！师："所以'陡峭'是指——"生："山又高又陡！"师赞扬。学生也借助图片并不费力地体悟到"陡峭"的含义。在图画中选择词语与表象契合，使用词语与情境相融，这本身就是对学生语言能力的锤炼与发展。

（2）走入情境。看图写话是低年级学生写话的主要形式，在写话起步过程中，直接跳过说话环节链接写话，无异于拔苗助长。可以先引导学生"看图说话"，说好一句话，说好几句话。达到一定的语言积累以后，再由口头语言循序渐进地过渡到书面语言。教材插图作为语文教材的"第二语言"，是重要的切入点。课文插图虽不同于绘本画的语言功能，但以画衬字，给人留有丰富的想象余地，供人品赏咀嚼。比如在《秋天》一文中，文字浮于美丽的秋景图之上。"入境始于亲"，生动的画面触发儿童的视觉审美，吸引学生们不自觉地产生身临其境的感觉，仿佛真实地走进了秋天。在插图教学中，教师指导学生观察天空中大雁南飞的画面。学生很快回归文本找到相关语句"一群大雁往南飞，一会儿排成个'人'字，一会儿排成个'一'字"。接着，教师话锋一转："是啊，天上的大雁南飞，多么壮观的场面啊！地上草丛里一只捧着松果的小松鼠也在偷偷欣赏这幅画面呢！谁能用'一会儿……一会儿……'来形容一下这只可爱的小松鼠？"学生仔细观察起插图，张开想象的翅膀，思维开始活跃起来：

生：小松鼠一会儿啃一口松果，一会儿抬头看南飞的大雁！

生：小松鼠一会儿爬上树枝看大雁，一会儿爬下树枝找松果。

生：小松鼠站上枝头，一会儿看看落下的黄树叶，一会儿看看飞走的大雁，心想：秋天真的来啦！

除了选取课内图画让学生练习说话外，还可以放手让学生发挥想象，根据教材作画说话。鼓励学生读完一篇课文后动手为文本内容配画说话。班内开展"教材绘画比赛",启发学生大胆介绍自己的作品,不为写话而说话,在情境中触动学生的言语神经,实现话语的自然流淌。

2.情境体验

(1)情境浸入,情动始发。写话教学还要注重在情境创设中激发学生的情感,锤炼学生的语感。在生活中、大自然中不乏未经加工却凝聚审美元素的天然情境,但是传统教学思维却往往囿于"传道授业解惑"的认知常态中,使神奇归于平淡,从而难以触动学生的情感之弦,无法使情境与情感共舞。要想以境引情,激发学生的言语冲动,教师主要可从两方面尝试:

①静态描摹法。引导学生在描摹情境的静态中注入学生的真实感受,从而引发他们的情感共鸣。例如教师在执教写话"把自己喜欢的景物写下来"时,要求学生描写春天的柳树,首先借用思维导图引导学生确定观察重点:柳树的树干、柳枝、柳叶。接着,教师请学生贴上"柳树"的剪贴画,师生一起把树请进了课堂。学生头脑中形成直观形象之后,教师设疑:"用什么词语形容这棵柳树呢?"学生开始兴致勃勃地检索脑海中储备的词语,说出心中所想:"翠绿""美丽""清新"……但是大部分答案都如璞玉,未加雕琢。此时教师可以继续设疑追问:"这绿绿的柳树像什么?""像春姑娘的使者""像美丽的天使!"学生回答。"那这春姑娘的使者在干什么?"教师问,"守在校园里""非常安静地站着""也许是在思考问题呢!"教师紧抓细节加量,继续追问:"柳树上的柳枝呢?还有柳叶呢?"由浅入深,柳树的形象随着问题叠加而逐渐明晰生动,学生语言表达由开始的被动渐渐走向主动,对情境的感受由心生发,呈言语爆发状态,这也是一个教师慢慢交出话语权的反向过程。以下为语言表达的渐变过程:

柳树——绿绿的柳树——绿绿的柳树是春姑娘的使者——绿绿的柳树是春姑娘的使者,静静地守在美丽的校园中……

柳枝——长长的柳枝——长长的柳枝是柳树垂下的头发——长长的柳枝是柳树垂下的头发,柔柔的、轻轻的……

柳叶——嫩嫩的柳叶——嫩嫩的柳叶是春天的小耳朵——嫩嫩的柳叶是春天的小耳朵,好奇地倾听美妙的声音……

有的学生甚至情不自禁地吟诵起贺知章的《咏柳》："碧玉妆成一树高，万条垂下绿丝绦"……人在境中，境在情中，情景交融，话语从境中慢慢涌向心中。

②动态描摹法。此法旨在调动学生视觉、听觉、触觉等感官感受，让学生展开想象和联想，抓住事物的动态变化，挖掘动态美感，触发学生内在的感悟。语言锤炼中特别注重比喻、拟人等修辞手法的融入。比如教师在教授《雷雨》时，文本简单描写风中"树枝乱摆""蜘蛛逃走"的情节，教师又加入了一个生活中的小小细节：大风来啦！大风来啦！呼——呼——呼——教室外的几盆蝴蝶花在风中摇摆……教师有意用文本情境链接学生的生活积累，使风中的蝴蝶花在学生的语言锤炼与润色中活起来：

蝴蝶花在风中摆动——

漂亮的蝴蝶花在风中轻轻地摆动——

漂亮的蝴蝶花在风中用力地摆动，娇艳欲滴的花瓣伴着晃动的枝叶颤抖起来——

漂亮的蝴蝶花在风中狂乱地左右摆动，娇艳欲滴的花瓣伴着晃动的枝叶无力地颤抖起来，有几片花瓣恋恋不舍地离开了枝头……

这是语言精细化打磨的过程，是情感注入的渐变痕迹，更是情境教学在学生生命中走过的痕迹。

（2）情境整合，内化生成。在情境创设中，情景剧也具备"催化剂"的特质，从儿童的身心特点出发，紧密连接学生已有生活储备，启发学生思考，鼓励学生自我表达，推动教学共生，从而达到未知领域，实现教学目标。

在传统教学中，教师具有很大的习惯势力指向对课堂及学生思维进行把控，这会对学生的思维发展造成阻碍。因此教师要还话语权于学生，必须转变意识，寻着学生的思路启发和诱导。只有按照学生的思维轨迹进行启发和引导，才是真正的思维启发。比如在课文《日月潭》教学中，教师就设计了"一起去日月潭"的情景剧，教师在课前准备了"小红旗"和"小红帽"，在大屏幕上呈现日月潭的美景图。首先第一轮是"小导游"海选，每个小导游在课前精心创作了自己的演讲稿，比如尹烁同学就写下了一首小诗：

世界那么美，春天有花姐姐，五颜六色。夏天有 chán（蝉）儿叫，叽叽喳喳。秋天有落叶妹妹，迎风起舞。冬天有冰雪娃娃，晶莹可爱。世界那么大，有秀丽神奇的黄山奇石，有出产水果的葡萄沟，还有像童话仙境的日月潭，我想带你们去看看。

被选中的"小导游"非常自豪，高举小红旗，带领大家在教室里转了一圈后，走上讲台。他选取了日月潭的"晨光图"为他人介绍："瞧，清晨的湖面上飘着薄薄的雾，天边的晨星和山上的点点灯光，隐隐约约地倒映在湖水中。"该生直接引用了课文中的句子。借机鼓励其他"游客"大胆发言补充："导游，导游，湖面上飘着'薄薄的雾'好像仙境呢！不知道有没有神仙啊？"/"导游，我觉得天边有晨星，山上有点点灯光，湖水里有隐隐约约的倒影，真的很美啊！"/"导游，晨星和灯光还能分得清啊？"学生们如临其境，畅所欲言！

3. 情境写话

（1）走出情境，课外拓展。大自然的美在于"人化的自然"，具有重要的审美意义。俄国教育家乌申斯基也曾说：意志、自由、自然、美丽的城郊、馥郁的山谷、凹凸起伏的原野、蔷薇色的春天和金黄色的秋天，难道不是我们的老师吗？儿童写话虽尚处于起步阶段，但同样离不开对周围世界的观察和体验，尤其是对大自然的真切感知。若以自然为境，以自然为师，打开自然的取景框，言语之花又何愁不能落地生根呢？春天的花，夏天的海，秋天的落叶和冬天的雪……大自然中蕴藏的天然素材真是取之不尽，用之不竭呢！

教师组织学生走进大自然，可以设计这样的问题：你在哪里发现了大自然的美？你打算怎样形容它？在大自然的美丽景色中，你最想做什么？你最想用什么词语来形容你眼中的大自然？鼓励学生带着这些问题去观察、思考，然后建议进行小组合作，组员可以针对这些问题充分互动、交流。"入境始于亲"，儿童创作的灵感之花在这鲜活美丽的自然中徐徐绽放。如二年级采风活动"寻找夏天"，活动之后，佳作频出，同学 P 在《夏天你好》中写道：

同学们下了车一看，啊！没想到家乡有这么美丽的地方，有花、有草，还有树，小鸟在树上叽叽喳喳地唱歌……

第六章 小学低段写话教学的探索与实践

不远处有一条小河，里面的水不多了，河里有许多漂亮的鹅 luǎn（卵）石，同学们脱下鞋，wǎn（挽）起裤腿，高兴地捡了起来，有长的，有圆的，还有许多光滑滑的，我们捡了好多，玩得可真高兴啊！

同学 W 也写下《寻找夏天》的美文：

夏天来啦！夏天来啦！老师带我们去野外寻找夏天。一路上，花儿点着头，小草招着手，太阳公公也露出大大的微笑，好像在祝我们玩得开心。经过"màn（漫）长的等待"，我们终于来到了一片田野，哇！这真是一片希望的田野，前面还有一条小河呢，我真高兴，我招呼好朋友一起捉蝴蝶，抓蜻蜓，打水漂！

（2）复入情境，语言升华。在教学中，情境的创设不仅吸引学生注意，激发兴趣，使儿童的语言在想象、情感与思维碰撞下愈加细腻、敏锐。而且，更为重要的是，情境为儿童展现了客观世界美好的一面，使儿童学会真正热爱自然，保护自然，热爱生活！如有一次笔者在上课时，一只美丽的花蝴蝶飞进了教室，吸引了小朋友的兴趣，他们开始转过头，聚精会神地观察花蝴蝶，这不就是活生生的现实情境吗？笔者走下讲台，融入了观察蝴蝶的队伍中，顺势引导学生："今天有一位可爱的朋友远道而来，我们欢迎她吗？"小朋友们非常兴奋，连忙点头。有学生情不自禁地说："哇，这只蝴蝶好美啊！"其他学生见老师没有制止，也不禁跟着感叹："是啊！是啊！我也觉得它真美！"笔者顺势问他们："你们认为蝴蝶美在哪里啊？"这一问瞬间点燃了学生的兴趣，学生七嘴八舌地议论起来："老师，蝴蝶的花纹特别美，你看，它的翅膀上画着几颗黑色的点，衬得紫色花纹更加鲜艳了呢！"另一个学生索性站起来告诉我："老师，老师，从远处看，这只蝴蝶是不是像一朵绽开的花啊？"我点点头，学生继续说："老师，我觉得它飞翔的样子也很美，像花仙子翩翩起舞！它肯定是迷路啦！"我继续启发："那我们应该怎样帮助它回家呢？"小朋友们纷纷出主意："快点把教室门打开吧！把另一扇窗子也打开！"……就这样，学生们将这一经历写了下来，笔者选取了其中两名学生的作品：

159

其一：

　　上课时，我们班来了一位特殊的客人——一只美丽的花蝴蝶，她像一位迷人的公主，给我们跳起了 wǔ dǎo（舞蹈）。我深深地被它吸引住了。不一会儿，花蝴蝶飞走了。唉，小蝴蝶，你怎么不能多停留一下呢？

其二：

　　语文课，一只美丽的花蝴蝶调皮地从窗口飞了过来。我们看得出神，悄悄回头看看老师，她 jìng（竟）没有一点批评的意思，还启发我们帮助花蝴蝶找到回家的路，我们可高兴啦！有的打开门，有的打开窗，李小虎还试着给蝴蝶指路呢，真好笑！

（二）植物童话情境式写话教学

1. 情境初设

（1）情境启蒙。写作的本质是个体运用文字符号反映思维秩序的创造活动。童话最大的仰仗应该是节录童年话语，镌刻儿童时代的点滴。但实际的童话教学却丢失了童味，童年印记淡漠，千篇一律，本应表现最为生动鲜活的个体"自我"印记模糊。教学之下，情境写作输出中"自我"印记为何缺失？为何会泯灭为"群像"？这是值得大家深究的，但不可置疑的是，走进童话情境，首先要引导儿童走进内心，寻找迷失的"自我"。

语文名师干国祥在《写个童话给自己》中曾郑重指出童话与神话、寓言的差异，并这样评价童话的可爱之处："表达我们希望到哪里去，希望改变什么或者获得什么。童话是作者的梦想，蕴含着创作者的全部希望。""即使是在批判现实主义的童话里，也依然蕴含着我们美好的祝愿，依然用人类美好的愿望，去淡化现实中的血与火。"呼吁每一个人"为独一无二的自己写一个独一无二的童话"。把童年写进童话，用童话记录童年。基于童话极强的角色代入感，在语文课堂创设童话情境时更应该紧抓各种契机帮助学生唤醒写话"自我"并融入课堂。

（2）走入情境。在植物童话情境的创设中，童话角色的设定同样重要。

相对于动物，儿童对静态的植物较为陌生，所以在设定植物角色前，更要侧重对植物的细致观察。引导学生在观察的过程中，充分调动一切感官，细腻感受，触动情思，激发写话热情。将饱满的情感倾注于植物，才能实现"情动而辞发"。如在执教《笋芽儿》时，由于地域局限，学生对于"笋芽儿"并不了解，教师在教学中，实物呈现了一棵笋芽儿，领着学生摸一摸、闻一闻，成功地激发起学生的好奇心。教师让学生谈谈这位"不速之客"，学生很兴奋，有的说："笋芽儿闻起来特别清香。"有的说："笋芽儿长得又白又嫩，好想亲一口。"还有的说："笋芽儿好像个刚出生的嫩娃娃呀！"接着，教师出示成年竹子的图片，并告诉大家，这就是笋芽儿长成的。大家一阵惊讶："哇！好厉害啊！"强烈的视觉冲击激发了学生深层的探究欲望，纷纷表示："我们不能小看这小小的嫩娃娃呀！它究竟如何长成那么高的竹子的呢？一定有神奇的魔力！"教师借此契机顺理成章导入课文《笋芽儿》。

2. 情境体验

（1）情境浸入，激发思维。文章中的每一个文字都是作者独特思维的折射。每一篇文章都是作者独属内部语言的升华。课堂对话是引导学生与作者情感沟通的极佳途径，但若只停留于干巴巴的对话，很难触动学生的情感，引起学生的共鸣，更何谈写话！因此，灵动的对话设计犹如好的船桨能推动情境式教学之船缓缓向前行驶。

如在《棉花姑娘》一课的教学活动中，教师摒弃了单纯提问模式，设计出"采访棉花姑娘"的环节。请一名学生上台扮演"棉花姑娘"，让其余学生提出问题。有的学生问："棉花姑娘，你的病好了。下次你不会再找错医生了吧？""棉花姑娘"害羞地说："是啊，我特别想告诉大家，学习科学知识多么重要！如果早点知道七星瓢虫医生，我也就不会闹这么多笑话了！"有的学生问："棉花姑娘，当第一个医生燕子拒绝你的请求时，你当时有什么感想？""棉花姑娘"沉默片刻，说："我当时觉得自己特别惭愧！'书到用时方恨少'，平时不好好学习，生病的时候，连医生都找错了。"还有的同学问"棉花姑娘"："你想对七星瓢虫医生说点什么吗？""棉花姑娘"双手合十，说："感谢医生治好了我的病！您的医术真的特别好！我知道以后若长蚜虫找您就对了，不会再找错人了！"学生灵动活跃的思维伴随开放式对话慢慢深入文本情境，挖掘"语文味"，泛起阵阵情感涟漪。

（2）情境整合，内化生成。好的故事总是给人留有余地，意犹未尽，除了出色的角色设计之外，窥探其秘诀，还会发现故事本身总是自带一个沸点、一种高潮，形成足够激烈的冲击力，推动故事情节跌宕起伏、曲折多变。推及植物童话情境式教学中，引导学生沿着故事矛盾这条核心线索介入情境中，锻炼学生的思维，更是一条佳径。

故事矛盾的表现形式是多元化的，但对于低年级学生来说，过于曲折复杂，过度烦琐庞大都不利于他们接受和吸收。这就需要在教学中紧抓契机引动他们的情感波澜。如在《小柳树和小枣树》中，小柳树与小枣树之间自然形成的性格冲突助推故事情节向前发展，成为文本中的精彩亮点，教师在执教时将全班同学分为柳树组与枣树组，进行"小柳树 VS 小枣树"主题选美大赛。在比赛刚开始的时候，教师要细心引导，请两组分别在纸上记录下自己最美的地方。柳树组：绿绿的枝叶。枣树组：又大又红的枣子。教师引导两组各用一句话来形容自己最美的地方。学生在纸上涂写半晌，思维慢慢打开了："我们腰细细的，枝叶又细又长，随风跳着舞，可不就是最美的？"枣树组不乐意了："你们只是长得美，但我们结枣子更美！而且我们很谦虚。"选美大赛进入白热化状态：

——我们长得美，可以供人观赏，诗人贺知章还为我们写诗呢！

——我们结枣子，可以吃，造福人类，这更是一种美！

——我们是植物界的美女！你看我的枝叶细细的，像穿着一身浅绿色衣服，还会跳舞呢！你们光秃秃的，枝干弯弯曲曲的，完败！

——我们结那么多红枣，像一颗颗红玛瑙，你说谁不喜欢看？谁不喜欢吃？

……

教师抓住矛盾节点，顺利导入主题。已无需再争谁更美，儿童言语迸发的语文课堂，最美！

3. 情景写话

（1）走出情境，课外拓展。情境式教学最终要落实到儿童的情感培育

第六章 小学低段写话教学的探索与实践

中。儿童的认知活动要伴随着情感的融入，才会更加丰富而生动。越来越多的儿童困囿于人工的包围中，行色匆匆，远离自然的怀抱。植物童话情境在引导言语共生之余，更要注重润养儿童的心田，引导他们细腻地感受自然，悦纳自然，进而爱护自然。观赏一朵花的绽放，闻闻花的清香。俯下身去倾听一株草的心语……

让儿童复归自然，释放天性，让他们在自然的怀抱中滋长言语生命。本研究曾组织学生秋季到枫树林采风。来到枫树林，师生心情愉悦，但也很快注意到一点点不和谐的音符——在树林中发现了几个零食袋、塑料袋。我问学生："有这些'不速之客'，大家还有美丽的心情吗？"学生们都纷纷摇头，我又问："那我们应该怎样做呢？"一名学生答道："爱护自然，人人有责！"于是，师生一起动手，将"破坏者"们捡起扔进了垃圾箱。干净的枫树林一片诗情画意，教师引导学生采集枫叶，并建议学生发挥想象绘出"枫叶画"，写出"枫叶"的心声。活动之后，学生佳作频出，"画中有话，话中有画"：

我是一枚小小的枫叶，生长在一片美丽的枫树林中。但是，有一天我的家被一些可恶的"不速之客"占领了，有零食袋、纸屑、sù liào（塑料）袋，我们伤心极了。幸好，有一天碰到了一群"红领巾"，他们热心地帮助我们，将我们的家打扫得干干净净，我的家又像以前一样美丽啦！

我是小枫，生活在一片美丽的枫叶林中。以前我的家非常干净整洁，就像一片"仙境"，许多人都喜欢到这来旅行观光，我们也很欢迎他们到来！但是我渐渐发现，树林里垃圾越来越多，原来旅行客时常在这里 yě cān（野餐），吃完就随手把垃圾袋、塑料袋给扔了，还在这随地小便，我在此向旅行客发出 jǐng（警）告：请你们不要再破坏我们美丽的家！保护环境，人人有责！

（2）复入情境，语言升华。语文课程在发展学生语言能力的同时，还要发展他们的思维能力，激发他们的想象力和创造力，情境式教学的魅力在于打开学生思维，激发学生的想象，引导学生想好话、说好话，进而写好话。但是，儿童学习成长的进程不是一蹴而就的，总有几个儿童特别敏锐地捕捉到情境所传达的信息，从而做到迅速融合。但也总有那么几个小小的缩在墙角的身影，钝钝地伸出自己的小手，试图与整个教学情境握手言和。所以，在情境式写话教学中，可以再慢一点，粗糙一点，不必急于粉饰课堂的圆融。比如在一次创写童话情境课中，一名学生写道：从前山上住着蒲公英一家，家里有十口人，有蒲公英爸爸、蒲公英妈妈、蒲公英奶奶、蒲公英爷爷、蒲公英姑姑、蒲公英叔叔……就再也写不下去了。教师抓了一把蒲公英送到他面前，告诉他："蒲公英把家都搬到你手上啦！"小朋友新奇地看着手里小小的植物，抬头问教师："老师，它们真可爱啊！"教师借着他的话继续引导："是啊，你也很可爱，所以它们一家才特地来找你玩啊！"学生笑起来，话一下子多了："我马上快过生日了，可以让它们来参加我的生日会呀！"教师竖起大拇指夸道："好想法啊！哦，蒲公英一家来为你庆祝生日，一定是个特别有趣的场面！蒲公英爷爷奶奶、爸爸妈妈、叔叔阿姨到你家一定非常热闹吧！"他兴奋地点点头，说："我知道！我知道！很热闹的！"就这样他写下了下面一段童话：

  山上住着蒲公英一家，都是我的好朋友。我马上要过生日啦！蒲公英一家早早准备好降落伞，乘着春风，飞行了整整5个小时，终于来到我家。妈妈做了好多菜，还准备了生日 dàn gāo（蛋糕）招待它们，蒲公英一家高兴极了，为我唱起了生日歌。对了，我们还一起拍了照片，纪念这美好时光呢！

（三）现代儿童诗歌情境式写话教学

1. 情境初设

（1）情境启蒙。现代儿童诗歌极富时代感，语言更为浅白易懂，更富有活泼灵动感。因而现代儿童诗歌情境课堂在教学过程中也更具多元性。

现代诗歌要向儿童呈现青山秀水、花草虫鱼、风土人情等大千世界，向儿童传递关于美与丑的评价，往往是借助优美的语言完成的。而打通词语命脉，理解词语依然是情境创设的首位。

刚入学的小朋友在语文课堂中犹如蹒跚学步的婴儿，知识量不够充足，还不够帮助他们在知识的海洋里遨游，借助上下文，回归文本语境学习词语应该成为他们必备的能力。如在《雷锋叔叔，你在哪里》第二小节，出现了"泥泞"一词，较难理解。教师首先借用多媒体呈现蒙蒙细雨，问大家："下雨了，大家愿不愿意出门？"学生们噘起小嘴，齐摇头。教师追问，学生说:"下雨天出门,衣服容易湿。"/"下雨天,裤腿要挽起来,还要带雨伞、穿雨鞋。"/"下雨天,有时候会有雷电,很危险的!"/"下雨天出门,路不好走,我上次还摔了一跤,满脸泥,妈妈把我骂了一顿。"老师接过话题,采访起摔跤的学生:"你怎么摔了一跤?是不是调皮呢?"学生一脸委屈:"不是!雨天小路上太难走了。满满的湿泥巴,踩进去软乎乎的,抬脚可就难了,跟进了陷阱似的。我一不留神就摔了个'狗啃泥'。"全班哄堂大笑,教师趁热打铁告诫学生:"下雨天,可不要走这样的小路哦!因为这样的小路非常怎么样"学生赶紧补充:"难走"/"湿滑"/"泥泞"。教师及时肯定,并指出"泥泞"就是兼有难走、湿滑的意思。接着,引导学生用"泥泞"一词来为"摔跤"同学造句,学生们兴奋异常:"因为小路很泥泞,所以李小虎摔倒了。"/"因为下雨了,所以路上很泥泞,李小虎就摔了个'狗啃泥'。"/"李小虎,以后下雨天可要当心。路上很泥泞,你就不要出门了"……教师话锋一转,说:"是啊,泥泞的路上,连我们身边的同学都摔倒了,可是雷锋叔叔还抱着一个迷路的孩子呢,他又怎样了呢?"启发学生从生活回归到诗歌情境中。

(2)走入情境。好的诗歌是作者心血的结晶,诗歌中饱含丰富的情境,深邃意蕴,皆寄托着作者深刻的情感体验。诗歌教学的重要职责之一就是为学生指路,驱动学生走进诗歌描述的情境中,入境生情,自然而然地与作者的情感产生共鸣和相融,促发诗歌生命的新生长。而朗读恰恰能够挖掘诗歌直达人心的力量,传达诗歌微妙的韵致,将诗歌的魅力直观呈现,因而成为诗歌教学的重要手段。

人的情感是在特定情境之中产生的,单纯反复熟读必然有失诗歌的美感,使学生的情感得不到释放。此时教师用启发性的语言调动学生的生活经验,使学生于情境中驰骋想象,效果必然不同。如在《小小的船》中,教师用一张蓝纸做背景,将一轮圆月挂在"蓝天"上。然后问学生:"喜不喜欢看月亮啊?"学生异口同声地回答:"喜欢。"教师继续问:"为什么呢?"学生思路大开:"因为月亮长得像月饼,圆圆的,好想吃一口。"/"月亮又大又圆,很漂亮。"/"因为月亮上有嫦娥,有小白兔,还有桂花树。"/"我和月亮奶奶约好了,长大要飞到天上去。"接着,教师把圆月换成弯月,说:"今天,我们也要飞到天上,那为什么月亮变成弯弯的小船了?"学生:"因为我们要坐着小船,在天上看星星。"/"因为弯弯的月亮，我才能'坐'上去不掉下来。"/"这就是'月亮船'吧！"教师问："这弯弯的像小船似的月亮，你们想不想'坐'？"学生的情绪被调动起来。教师趁机出示"弯弯的月儿小小的船"一句，引导学生借着升腾的朦胧抒情的情绪状态，大声美读，徐徐进入诗境。

2. 情境体验

（1）情境浸入，情动始发。诗歌是以意境取胜的艺术形式。"意境"是指诗歌所呈现出的主观情思和审美对象相互交融、虚实结合的艺术境界。优美的诗歌，其意境必定是美妙动人的。而情境式教学所负载的重要使命就是助力儿童的生命成长。它旨在为儿童寻找挖掘客观世界的一切真、善、美。使儿童在美的熏陶和润养中，获得美的感悟，拥有美的情怀。因此在写话教学中，利用诗歌意境的审美熏陶与解读，触动学生语言表达的情思，不失为一种别致的写话路径。

①真——天真无邪的童趣之美。部编版语文教材着眼于儿童的发展，尤其"致力于学生语文素养的形成与发展"，所选童诗多短小精致、质朴简约，闪现着天真无邪的童趣之美。例如林焕彰先生的《影子》中，以孩童的俏皮角度写对影子的观察，字里行间洋溢着纯真童趣。在注入理趣之余平添温情，读来柔软温馨。在文本解读中，教师巧妙地加入了"手影戏"的游戏，激发学生对影子的探究兴趣。借投影仪用双手在屏幕上投射：走路一顿一顿，小嘴巴一张一合。让学生猜，学生片刻便猜出："这是小鸡崽啊！"教师追问，学生："这一顿一顿走路的样子，还有这一张一合的小嘴，可不就是小鸡崽嘛！"/"我觉得还应该加入翅膀'扑棱'，就更像了！"接着教师请学生上来模仿小兔，学生沸腾起来："哇！这只小兔可真活泼，看那大耳朵，小短尾巴。"/"这小白兔一蹦一跳，是看到胡萝卜了吧？"/"这小兔影子也太有意思啦！"/"这只小兔子真可爱！就像真的一样呢！"/"这是只小白兔，我想上去扮演一只小灰兔。"教师相机解读这变化多端的影子时，学生已趣味盎然了。

②善——真诚质朴的生命之美。教材童诗中很多作品洋溢着人性良善之美，传递出生命醇厚的温度，是启迪学生灵感，释放正能量的写话"指南针"。如柯岩的《夜色》，文字中溢满爸爸妈妈对孩子的爱，孩子对家庭的爱。语言表达的虽是寻常生活细节，但是见微知著，由一个孩童来讲述，温

情脉脉，生命中最动容人心的温暖唾手可得。在指导学生解读时还编排了一场小小的情景剧：晚上，胆小的孩子缩在灯下。教师问孩子："你为什么害怕呢？"孩子说："我害怕有大灰狼来敲门，我还害怕有黑乎乎的影子，那可真吓人！""妈妈"走过来，给孩子讲关于勇敢的故事。此时我鼓励其他学生出谋划策，帮"妈妈"想想讲哪些勇敢的故事呢？学生讨论起来："一定是《小山羊丁丁》的故事吧？因为丁丁最后学会勇敢，也学会跳山谷，最后成为一只勇敢的山羊了。"/"我认为是《丑小鸭》的故事，丑小鸭一直受人欺负，但是它一直都很勇敢，最后终于变成了一只美丽的白天鹅。"/"应该是'司马光砸缸'，我妈妈经常给我讲这个故事，鼓励我勇敢一些。"启发学生在自然中述说话语，于细微中传递真情，在平实质朴中寻找细节，细腻又细心地表达自我，足可以打动人心了。

（2）情境整合，内化生成。诗歌和绘画是人类文明历史长河的两岸，遥遥相望，却惺惺相惜。而意境作为诗歌和绘画中最重要的美学范畴，则是架筑于两岸的桥梁，连接彼此，令它们心意相通。难怪人们常说"诗中有画""画中有诗""诗画同源"。

低年级教学中的诗歌，大多浅显易懂，学生在阅读之余对于诗歌中饱含的情感和意境拥有自己独特的见解，所谓"一千个读者心目中有一千个哈姆雷特"，教师可以引导学生将自己的理解用绘画的方式描绘出来，用线条勾勒意象，把情思注入颜色中，用感受描绘图景，用画面直观呈现诗歌意境。比如执教《彩色的梦》时，诗句用"草坪""野花""森林"等意象组成了一幅清新灵动、赏心悦目的童话梦境图。如何引导学生入境成为教学设计的重点。

在学生整体感知和反复诵读之后，结合课后习题要求，教师设计问题情境，问学生们从诗中能"看到"哪些画面，要求圈出相关词语。学生很快找到答案：草坪、野花、天空、森林、雪松……，接着教师出示词语，引导学生加入自己的形容词：＿＿的草坪／＿＿的野花／＿＿的天空／＿＿的森林……

学生用词从开始囿于课本，到最后自由地展开了想象的翅膀："翠绿的草坪""红灿灿的野花""胖胖的白云"……教师紧抓契机，引导学生描述自己通过诗想象到的画面："从诗中，我好像看到大片蓝蓝的天空、大块绿油油的草坪，我还看到大朵红红的野花。"/"蓝天白云一眼望不到边，绿绿的草坪上开着许许多多红灿灿的花朵。"/"在葱郁的森林里,小鸟站在雪松上唱歌。小屋的烟囱上还结着一个苹果般的太阳呢!美丽极了!"/"我听到小鸟清脆的歌声,它站在雪松上,快乐地为大森林歌唱"……教师及时肯定,继续引导:"同学们,你们的语言真美!其实,每个人的话语都是从自己思想里流淌出的小溪流,那我们能不能把这些话语、这些溪流汇聚成大海,变成一首首更美的诗歌呢?"学生们兴奋不已,纷纷以小组为单位进行诗歌创作。

最后教师鼓励每个学生为诗歌配画,在画中,学生个人体悟与诗歌中倾注的情思产生碰撞、交融,借助绘画引导学生大胆解说自己眼中的诗歌世界,写下来,就是话。这思维与思维碰撞的过程本身就是一幅徐徐展开的别具一格的画。

3. 情境写话

(1)走出情境,课外拓展。指导儿童在诗歌情境中写话并不是一件一蹴而就的事情,相反这更是一种反反复复的过程。除了在语文课堂中优化诗意情境,导引写话,更可以于课外组织各种各样的语言活动,承接课内教学成果的外溢,从另一个角度切入,观照学生的写话创作。

如在清明节快到的时候,教师可结合《雷锋叔叔,你在哪里》一文,指导学生写几句话来纪念革命先烈,鼓励学生参加学校组织的"缅怀先烈"诗歌朗诵活动。教师可以选择欧震先生的《不朽》,让学生们穿上八路军服,戴上军帽,打上绑腿,站立军姿,飒爽英姿,从外形看活脱脱就是八路军小战士。学生们兴奋地喊道:"我是一名八路军战士,我要保护我的祖国。"指导学生反复朗读咀嚼诗句,融入情感。如在读到那些无名英雄"有的已经跨过了万水千山,却最终没能淌过死亡的河流,有的刚刚加入抗战的队伍,却被无情的战火,折断了生命的翅膀……"时,给学生播放诗歌朗诵的背景音乐,启发学生:八路军战士们,我们随时要准备战斗,随时要准备扛起那把枪,为每一场战斗流血牺牲!在我们的队伍中,有太多的人参加过无数战役,却最终还是没有淌过死亡的河流——狼牙山五壮士、炸毁敌人碉堡的董存瑞、抗日女英雄赵一曼……而有的人甚至还没有成年,像王二小,刚刚参加共青儿童团,因为要保护村民,掩护党组织,被敌人无情地杀害了……他们不怕牺牲,用钢铁意志迎来了新中国的成立……学生非常动容:"我们的英雄先烈,真让人佩服!"/"我为自己'成为'一名八路军战士而感到骄傲！"/"长大后我要参军，成为一名真正的军人！"/"英雄先烈是最帅的八路军战士！"诗意层层递进，使得学生的情绪被极大地调动起来。由最初的拘谨到最后敢于大胆地释放激情，在抑扬顿挫的诗歌语言中、在逼真的道具化服饰修饰下，在舞台特定的诗意氛围里，越过漫漫历史长河，重新走回那个硝烟弥漫的时代，切实感受着战火中八路军战士浴血奋战的英勇无畏。人在诗中，诗在境中。

（2）复入情境，语言升华。"读"和"写"是语文的两项基本功。近年来，随着教育专家及一线语文教师的倡导和呼吁，"读写结合"的理念越来越为人所重视，"写"也成为了阅读成果的有力承接。是语文学科中实践性最强的语言训练活动。在诗歌教学中，运用"动手"这种最实用的语言训练方式学习诗歌，其学习时效比说一说、议一议要高得多。因此借用"写"进一步"读"不失为一种学习诗歌的好方法。

写的方式有很多：改写、续写、补写、扩写，也可以写读后感、评价诗歌，但要有所创新，融入新的思考，找准角度，这样才能有所突破。如《一株紫丁香》一课，可以启发学生从多个角度，转换多重身份来融入语言创作中：

假如你就是那株紫丁香，请你写一下自己的感受。

你作为一名老师，看到这株紫丁香，你想对学生说点什么？

假如你是老师的女儿，请你描述一下自己眼中的妈妈。

假如你只是个旁观者，你有怎样的感受？

你作为一名学生，能不能也写一首小诗，记录一下身边的人或事

……

这是一种角度转换的"创境"，也是融入思维、阅读、写作三位一体的语言训练。在这种角度的转换中，也不断拓宽了学生的视域，积累出写话的多重素材，能多方位地审视和理解诗歌中的意境之美。

第四节　以童诗诗画为载体的小学低段写话教学

一、小学低段童诗诗画习作教学的概念

小学低段童诗诗画习作教学指的是为了激发学生的童诗学习兴趣，彰显童诗情趣，凸显童诗内容，在小学低段以诗画结合的方式开展童诗习作教学，并以画为辅、以诗为主，以画烘托诗，而不是喧宾夺主。

小学低段即小学一、二年级。小学低段的学生既童真，又富有奇思妙想，与童诗契合。而在小学中、高段才开始实施童诗教学未免太迟。通过童诗激扬学生的童心，引导学生以新的视角观察周围的人物、事物，获得全新的愉悦体验，并拓宽学生的视野及提高习作能力，能更好地引领学生在语文艺术的道路上越走越远。

因儿歌与儿童诗有相同之处，更为了不限制学生的创作，学生习作童诗既可以是儿歌，也可以是儿童诗。采取诗画结合的形式，而不是从仿写、改编、修辞等角度入手，是因为虽然仿写、改编、修辞等童诗习作形式会有立竿见影的效果，但童趣性大大降低，学生会把童诗习作当成一个作业、一项任务。而尝试以小学生喜闻乐见的"画"来辅助童诗教学及习作，学生会将其视为一种娱乐，一类游戏，更能寓教于乐。童诗与诗画的结合可以是为画题诗、依诗作画、绘本入诗等多种形式，重在透过画的相得益彰体验童诗之妙，并习作童诗。

小学低段童诗诗画习作教学将给小学低段学生呈现诗画相映成趣的课堂，并鼓励学生以诗配画的形式进行童诗习作。同时，为了增加感染力，丰富活动形式，画可以是绘画、卡通画、手抄报、黑板报等艺术形式，但排除照片、影像等具体细微的画面形式。一旦画面太过具体，反而会剥夺其诗意美，应留给学生想象、审美的空间。

二、小学低段童诗诗画习作教学的方法

（一）环境熏陶

作为语文教师，首先要积极创造条件，营造诗画教学氛围。班级是教育

人的地方，因此很有必要营造出浓郁的文化、教育和艺术氛围。教师不妨在班级文化建设方面花一番心思，着力打造班级文化，倾心构建诗意人生，在诗情画意中健康成长。

首先，教师要动一番脑筋，别出心裁，让童诗成为墙面文化的亮点，让每一面墙壁、每一幅字画都能给学生启迪，引领孩子思想，使之成为环境教育的典范。在班级环境的布置上，应坚持"让班级处处有诗"的原则，力求班级的每一个角落都洋溢出浓浓的童诗诵读、欣赏氛围，让教室的环境充满诗情画意，让诗画墙成为教室的亮点。其次，定期举办诗画专栏和诗画墙报创作活动。老师鼓励和带领学生选用精美的童诗配图，并制作成精美的版面，贴在教室的内墙上。或者让学生围绕童诗自由地在墙面上设计和作画，并定期更换墙报内容。出黑板报时，可以让学生围绕每一期的童诗主题，选用同学们的童诗习作，以图文并茂的形式呈现，全班共赏，自我激励。再次，在教室靠近走廊的外墙上，张贴或悬挂每周学生设计的诗文小报、童诗图文作品等，让学生在教室内外都能感受到浓浓的诗情画意。当然，也鼓励学生把自己喜欢或制作的诗画贴在家里，在家里营造浓郁的诗画氛围。

如果条件成熟，教师也可以在学校组建诗画社团，进行校级诗画创作评选等活动，积极拓展童诗诗画对学生的影响范围。通过展示和评选，加上老师、家长和同学的正面、积极的评价，让处于小学低段的学生建立起良好的自我形象意识，使他们的独立感、自信心得到强化。

（二）诗画教学

在童诗教学时，营造诗画一体的教学情境，让学生在诗画中感受诗情画意，可以有效地激发学生学习童诗的兴趣。

1. 观插图，入诗境

此插图包括课文中童诗的插图，也可以是童诗集中的配图。一般而言，童诗作品的配套插图都具有色彩艳丽的特点。以画引诗，激趣促探，以生动直观的画面为孩子们展现一方思维、创造、想象的天地，不仅能激发学生学习的兴趣，更加有助于他们去观察和发现，更进一步拉近学生与童诗的距离，引领他们在探究的过程中自主地将诗画相结合。

在童诗教学过程中，可引导学生观察图画，伴之以吟诵，使他们带着浓浓的情感和丰富的想象欣欣然走进诗歌的意境，引导学生解读诗歌中的人文精神。以图解诗，以诗悟图，感受作者打造的美好愿景，培养学生关注环境、关爱他人的美德。这是最为简单、最为直观的情境设置法，满足了学生的视觉享受，可以让学生真切地感受到诗与画的美妙融合，从而喜欢上这种诗情画意的意境，爱上童诗，爱上童诗创作。

2. 赏画面，悟诗境

在学习童诗《欢庆》时，教师在屏幕上展示一幅优美的风景画，画面中有金秋的累累硕果、霜叶红于二月花的枫林、洁白的和平鸽翱翔蓝天、欢乐的乐曲奏响大海，以及十三亿人民欢庆祖国母亲生日热闹而盛大的景象。学生兴奋地轻声惊呼，很快被带入美的诗境中。让学生把自己想象成文中的田野、枫林、蓝天、大海、孩子等来欢庆祖国妈妈的生日。最后，以角色的身份和情感深情地倾诉对祖国妈妈的爱。以画导读，声情并茂。童诗注重诵读，如果让学生看着图画来背诵，韵味更浓，不仅更易背诵，而且能更深地带入童诗情感。

（三）以画配诗

在童诗教学中，教师可充分发挥学生的想象力，把所学或原创的童诗按照自己的理解进行自主建构，根据语言文字的描述创作一幅优美或有趣的画，即用绘画来描绘童诗中的意境或物象。既可以使学生加深对童诗的理解与感悟，获得美的情感，又可以锻炼学生的创造思维。

在诗配画的教学实践中，可以通过"用画配诗"的方法，即依据"诗中有画，画中有诗"，"诗是无形画，画是有形诗"等诗画论原理，组织学生开展合作探究，通过让学生寻找与童诗诗境相符的图片、照片帮助学生解读诗歌，理解诗歌意境。有一首题为《四季的脚步》的童诗。教师可以在教学的前期准备工作中，让学生以四人小组的形式找到与童诗相符的春夏秋冬的四幅图片，并在课堂上展示。用富有童真童趣的配画来表达孩子对诗的感悟，既保护了他们表达的主动性与积极性，又提升了他们阅读的兴趣和能力，也为儿童诗的阅读增添了诸多乐趣。

还可以采用"借诗作画"的方式，即根据诗境和诗意，引导小学生创作儿童画、蜡笔画、简笔画、拼贴画或开展摄影活动等等。学生根据自己的理解对所学的童诗或自己的童诗习作进行自主建构，最后以绘画的形式展现出来。教师在教授《雪地里的小画家》时采用了用画配诗的教学策略。在学生完成绘画之后，邀请美术老师与语文老师一起有针对性地对学生的作品进行批阅和批改，并及时给予学生反馈信息。使诗中的画面在学生脑海中"活"起来，进而唤醒学生的生活体验，激发其情感，开启其心智，这样教学往往会收到事半功倍的效果。这样不仅能够实现不同学科的有效关联，深化学生对所学知识的理解和记忆，更重要的是能充分发挥学生的学习主动性和积极性，在创作中激发学生的创造性思维和发散性思维，彰显学生的个性和聪明才智。

总之，画意可以帮助学生理解诗意、感悟诗情。教师用课文插图、媒体图片、自己的涂鸦、学生的绘画，或欣赏或勾画或创作，让学生置身于诗歌的情景中，不仅可以激发学生的兴趣，还可以引导学生更好地感受童诗的童趣，品味童诗的意境。而且，画意对于学生诵读还有一定的促进作用。画意是记忆的辅助手段之一，有助于帮助学生更好地识记童诗内容。

（四）以诗入画

在画配诗的教学实践中，引领学生给自己的画作题诗，尽可能借此充分表达画面意境和创作思路，以达到画龙点睛之功效，让学生体会到诗情画意的美妙，感受能诗会画的喜悦。如教授《荷叶圆圆》时，教师可以在黑板上作画，画出荷叶、蜻蜓、青蛙、鱼儿等物体，突出夏天的美景，进而引导学生作画，并逐一对他们的画作加以指导，然后让学生针对自己的画作配诗。画配诗要求学生不仅要有想象力、绘画能力，还要具备高度的概括能力与语言表达能力。既能增强画面的感染力，同时也有助于学生文学素养的提高。

可以说，为画题诗，能较大程度地提高学生的审美能力。通过画面静止的瞬间动态，鼓励学生抓住画面内容或画意，充分调动学生的知识经验，并鼓励学生走出画面，展开丰富的想象，形成鲜活灵动的诗歌形象，来为画题诗，使画面因诗句而变得更富有情感，情趣盎然，才能引人遐想，使人回味无穷。

三、小学低段童诗诗画习作教学的实践

（一）绘本入童诗

绘本往往有温暖、打动人心或活泼、清新或优美、有哲思的文字，又有明丽简洁或色彩浓丽或淡雅精致的图画，一般而言文字并不繁多，是非常适合小学低段学生阅读的文本。如果将绘本化为童诗，是大有裨益的。

首先，降低了童诗习作的门槛。在童诗习作的初期，不需要学生绞尽脑汁地选取题咏对象和角度，构思内容、组织统筹语言，而是要让学生在确定的对象、主题、内容与语言上进行增删变换，难度大大降低。哪怕是没有特别接受过系统童诗指点的小学低段学生也能写出饱含自己心血的童诗，哪怕只是改编的。而且，老师选取的绘本往往具有语言优美或基调明朗或富有童心的特点，学生在绘本或活泼或优美的语言基础上，以增删变换的方式将之改编成童诗，不仅习作所费时间较短，而且成效颇大。这犹如独立习作童诗为辅助习作童诗在童诗习作上架起了一个小梯子，让学生顺着绘本这个台阶往上攀爬，慢慢登上童诗独立习作之殿堂。

其次，学生会慢慢爱上童诗习作。做任何事情都应循序渐进，还要符合小学低段学生的认知心理。学生会认为童诗不再是书本上的童诗，不再是网络上的童诗，而是自己能变换出来、习作出来的童诗。先从改编绘本入童诗入手，再通过引导和指点，放手让学生独立创作童诗。这种由扶到放的学习方式和习作模式让学生从心底不会明显地产生畏难情绪，而是带着一份探索、一份好奇走进童诗习作，如果学生改编成的童诗还受到了老师的表扬，自然更能激发他们的童诗习作兴趣，增强他们童诗习作的信心，从而使他们逐渐爱上童诗习作。

在绘本入童诗教学环节，可采用化文为诗和看图赋诗两种教学策略。在化文为诗环节，可直接出示绘本的图片与文字，在美的熏陶下进行童诗改造；在看图赋诗环节，隐去绘本中的文字，以情节性强或活泼稚趣的图片作为依据，让学生通过想象、联想、填白等方式，把画面转化为童诗。

（二）写景类的童诗

在写景的童诗教学中，分为时令节气之景与星空山水之景两个教学板块。时令节气之景以季节划分，可分为春景、夏景、秋景和冬景。星空山水之景有日月星空之景、江河湖海之景和山林乡野之景。

教师可以秋景为例，带领孩子们走进秋天，感受大自然的美丽、神奇。然后让学生以"秋叶"为切入点来学习秋天的童诗，在此过程中，教师要引导学生品味童诗所蕴含的诗意，并鼓励学生发挥想象力，欣赏秋叶的美丽与奇特。将教学分为叩问秋叶、秋叶风采和惜秋之情三个环节。在"叩问秋叶"时，问问枫叶，你的小手掌为什么这样红？秋天里满天地飞，这是哪儿来的这些蝴蝶？大树大树，你的宝宝怎么变少了？在"秋叶风采"环节，有"美丽的叶"，落叶是美丽的黄蝴蝶，在秋季的空中飞舞；有"可爱的叶"，银杏宝宝，真是好玩，从早到晚，摇着蒲扇；有"无奈的叶"，秋天要给大家写信，用叶子当信纸，请风当邮差，邮差想偷懒，到一个地方，就把信一抛；有"热心的叶"，树叶好像电报一份份，催着燕子回南方，好像小船一只只，送给蚂蚁运冬粮。在"惜秋之情"环节，用小小的一枚树叶，长久保持秋的森林在心里。还可以捡起一片树叶，夹到书里头，一个秋也不能丢！

将调皮的秋叶、美丽的秋叶、无奈的秋叶、可爱的秋叶、热心的秋叶展现在孩子们面前，有着对秋叶的赞美、对秋叶的好奇、对秋叶的珍惜以及对秋叶的打趣。在课堂上即兴创作简短的秋叶童诗，在课后有诗意地进行秋叶童诗习作，并制作秋叶贴画，感受浓浓的秋意美。

（三）童话入童诗

教师尝试进行了"写进童诗的童话"的童诗教学，并用情境法导入童诗教学：大家爱看童话吗？童话里有一个公主，想让大家陪她参观童诗王国，你们愿意吗？为了表达对童话公主的热情欢迎，童诗国王特意举办了有关童话的童诗展。我们也一起去看看吧。

第一环节为"好奇心，探一探"。通过"有个小朋友真奇怪，老是藏起一样东西，还不说为什么"的疑问引出安徒生爷爷笔下卖火柴的小女孩。教师询问学生，你们会把哪些童话中的人物写进童诗？并且希望哪些奇迹发生在他们身上？学生各抒己见。

第二环节为"反着来，真奇妙"，将童话中的传统角色定位反转，发展学生的反向思维能力。教师问学生："你们喜欢狐狸和老鼠吗？大家都说狐狸狡猾，骗乌鸦的肉吃，却偏偏有人赞美它，老鼠偷吃东西，爱做坏事，偏偏有人喜欢它。"然后引出《我喜欢你，狐狸》和《致老鼠》。再随机采访学生："在你们看过的童话故事中，你们喜欢哪些人物？不喜欢的又有哪些？"以突破学生的常规思维。

第三环节为"续一续，也精彩"。教师找学生讲一讲《皇帝的新装》这个故事，引导学生思考，再让学生为这个故事续编一个结局，以圣野先生的《竹林奇遇》为范例，请学生为自己看过的其他童话续一续。

在实践中，学生以童诗为主体，以绘画作为点缀，使童诗多了一抹亮丽的色彩。

第七章　小学中段习作教学的探索与实践

第一节　体验式习作教学融入小学中段的探索与实践

一、体验式习作教学的概念和特点

（一）体验式教学

体验一词指的是通过亲身经历或感知来获取知识、理解或感受某种事物或情境的过程。关于体验式教学，我国从古至今有许多学者提出过相关的理念或对体验式教学进行了概念界定。

《礼记·中庸》中提道："好学近乎知，力行近乎仁，知耻近乎勇。"当中还强调最佳的学习过程应该是"博学之，审问之，慎思之，明辨之，笃行之"[1]。身体力行地去做一件事，亲身实践与体验，如此才能够达到仁义的境界。陶行知先生在他的"生活教育论"中也提出了"行是知之始，知是行之成"的学习要求。[2] 无论《礼记·中庸》还是陶行知先生的教育理念，都强调"做"是学习知识的重要来源，也是最终的目的。

关于体验式教学的教育内涵还有许多专家和学者进行了相关归纳。朱小蔓老师以瓦西留克对体验一词的概念界定为基础，以体验式教学的活动理

---

[1] 戴圣.礼记[M].张博,译.沈阳：万卷出版有限责任公司,2019：292.
[2] 陶行知.生活即教育[M].武汉：长江文艺出版社,2019：114.

论为依托，认为体验是人的生存方式，也是人追求生命意义的方式。[①] 陈佑清教授认为体验生成的心理过程分为四步：感受产生情感，情感促进理解和联想，在理解和联想中生成领悟和意义，领悟和意义深化情感反应。也就是说，体验是一种充分调动并深化个体情感的心理活动，是个体在接触外界后内化产生自己情感的过程。[②] 学者李英则将体验式教学定义如下："体验，既是一种活动，也是活动的结果。作为一种活动，即主体亲历某件事并获得相应的认识和情感；作为活动的结果，即主体从其亲历中获得的认识和情感。"[③]

（二）体验式习作教学

体验式习作教学就是在学习写作的基础阶段，为了激发学生兴趣，丰富学生写作素材和个人经验而进行的，由教师主导营造具有真实情境的教学活动，学生主体自主参与体验的教学模式。体验式习作教学重视学生亲身经历和实践，引导学生自主思考，帮助学生由经历催生情感，通过外部行为推动学生产生个性化的内部心理活动，最终内化为个人的认知和经验。

（三）体验式习作教学的特点

1. 亲历性

体验式习作教学是以每个学生的亲身参与为基础的。在体验式习作教学中，学生不仅是教学活动的参与者，也是活动的推动者，亲历是他们直接经验的获得途径。从经历活动的时间长短上可以将亲历划分为"短时直接亲历"和"长时间接亲历"。"短时直接亲历"即让学生当下身体力行，通过参与外部活动直接获得经验感受。这是最直接的体验。"长时间接亲历"则划分为两种情况：一类是学生距离活动提出的自我个人经历已经过去了一段时间，但是仍然经历过，亲历主要起"唤起"的作用；另一类是学生触景生情，通过他人的经历产生情感共鸣，这里亲历主要起"感染"的作用。但无论哪一

[①] 朱小蔓.情感教育论纲[M].南京：南京出版社，1993：104
[②] 陈佑清.体验及其生成[J].教育研究与实验，2002（2）：11—16.
[③] 李英.体验：一种教育学的话语：初探教育学的体验范畴[J].教育理论与实践，2001（12）：1—5.

种,亲历性都代表学生在生理和心理两方面经历过的事实。

2. 灵活性

体验式教学摒弃了传统的忠实取向教学方式,鼓励积极的课程创生取向教学方式。预定的教学目标、教学重难点和计划不是一成不变的,而是动态生成的。在体验式习作教学中,学生不是被动接受课堂教学的客体,而是主动积极参与教学活动的主体,教师也不是固定课程模式的执行者,而是多元课题的创造者。在师生双方联合创生的动态情境下,体验式教学的课堂必然是灵活可变通的。除了看得见的课堂形式的灵活多变,更重要的是引起学生内心情绪情感和认知策略的灵活多变,促进学生在多样化、轻松的环境中自主活动,自由成长,充分放飞思维和想象。

3. 独特性

由于每个学生在生长环境、知识经验、思维方式和情感体验方面存在差异,所以即使在相同的活动中,学生获得的体验感受也会有所不同,这就是学生个体差异的体现,也是体验式教学的独特性所在。在以往的模式化教学中,学生很难展现个人特点。但在体验式习作课堂中,相对开放的课堂氛围更有利于学生自由展现个人倾向。因材施教的差异教学就是要寻找每个学生的独特性,维护其积极因素继续发展,促进消极因素向积极因素转化,让独特性成为每个学生身上的闪光点。同时,老师作为媒介,应将每个学生的特点展现出来,放大化,促进全部学生在各个方面进行交流、创造与分享。

二、小学中段融入体验式习作教学的必要性

(一)丰富中段学生的生活体验符合习作教学原则

从习作教学的概念来看,习作教学要求秉持"真实""真诚"的原则。如果小学中段学生的生活体验不够丰富,那么写出来的内容就会苍白无力,缺乏真实的色彩和意境,就连感悟也缺乏真实的依据,这样学生不但写作水平不会提高,还会谎话连篇,失去"真实"的写作意义。

在教学过程中,教师应当积极引导学生参加课外活动,丰富学生的生活体验,并通过在习作课堂上组织开展灵活多样的教学活动,向学生提供多种学习的方法与策略,让学生有事可写、有话可说、有情可发,并将学生的创

造能力激发出来，使学生能够通过体验式习作教学解决习作难的问题。体验式习作教学有助于小学中段学生积极表达自己内心的真实想法，通过笔尖记录对社会、人生以及自我的感悟与体会，提升习作水平，还能促进习作训练的过程与小学生成长经历相融合，促进其习作能力的发展。语文体验式习作教学应从小学生的视角出发，对习作内容与评价标准进行改善。这就要求教师在讲求小学生习作题材新颖的前提下，注重对小学生选材的角度引导，引导学生多方位地了解事物，省去烦琐的写作逻辑、写作术语，突出"真"这一特色，同时要求学生擦亮双眼，防止被虚伪的习作逻辑蒙蔽。一方面，习作教学承担培养学生语言文字表达能力与认识能力的重担，强调习作的真实性，有利于增强学生观察周边事物的能力，使学生能够运用恰当的语言来描述周边的事物或人。纪实作文的习作训练能够帮助学生积累素材，培养其独立写作的意识和能力。另一方面，作文教学具有育人的功能，强调真实性，能够培养学生实事求是，踏实写作的习惯，对培养学生表里如一的特质具有重要意义。由此来看，丰富中段学生的生活体验是符合习作教学真实性原则的。

（二）体验式习作教学有助于激发与培养学生写作兴趣

在写作的开始阶段，教师要注重对学生写作兴趣的激发。浓厚的兴趣可以调动并且维持学生对学习的积极性和持久度，会对学生面对艰难学习任务时的意志力产生重要的影响。根据性质的不同，兴趣可划分为个体兴趣和情境兴趣、直接兴趣和间接兴趣。在体验式教学中，情境的营造和人物的设定通常都是为了培养学生的情境兴趣，这与学生的个体兴趣分不开，二者是相互作用的。教师只有通过营造适宜的情景唤起学生的情境情绪，才能进一步挖掘学生的个体兴趣，使情境兴趣与个体兴趣之间产生联系，从而在最大限度激发学生对学习的热情。在直接兴趣和间接兴趣之间，教师可通过开发学生的间接兴趣，如写作学习等辅助写作教学更好地开展。《义务教育语文课程标准（2022年版）》也强调本阶段的重点在于培养学生的写作兴趣和自信心。因兴趣而喜欢写作，并坚持学习，以顽强的意志力来克服学习中遇到的困难，最终通过自身的进步获得成就感，这是兴趣效能感的体现。因此，在开展体验式习作前，教师应先找到学生的兴趣所在，开发和利用学生的间接兴趣,再基于多样化与个性化的融合,促进学生兴趣的迁移。例如,学生对绘画感兴趣,教师就可以以绘画这一兴趣为出发点,培养学生在写作方面的间接兴趣。并不是只有写作课才可以要求学生写作,也不是每次写作就必须写一篇完整的文章,教师要善于抓住学生的兴趣和兴奋点,引导他们写一些随笔,记录情绪最波动、最有表达欲望的瞬间,将其当作日后写作的素材。

(三)同课异构创造多样课堂

体验式习作教学的一大特色就是它打破了传统模式化的写作教学模式,充分尊重教师作为课程开发者和研究者的地位。根据不同的形式,课型可分为个人的同课异构和多名老师的同课异构。就个人的同课异构来说,教师可以通过课程之间的对比发现每节课的不同设计中学生最喜欢的兴趣点和最难以理解的地方,对这些细节进行放大和研究能够为其日后的教学设计提供指导。个人的同课异构是教师自我教育与学习的体现,是对教师专业发展潜力的最大开发。其大致的方向是教师对同一节课的内容进行不同的活动组织设计与资源开发,设计出不同课型,对比不同设计的优劣之处。而另一种多名老师的同课异构就更能凸显体验式习作教学的多样化特色。活动的设计开发可以有很多种,只要言之有理,能够引起学生的积极反应,达到教学的目的,就是一节好的体验习作课。教师对同一课例不同课型进行学习观摩后,相互交流,扬长避短,积累了丰富的活动素材和经验,便能在下一次的课程设计时做到更好。在体验式习作教学的基础上开展的同课异构课堂,转变了教师的教学方式,开发了教师间研课的新方式,促进了教师专业素质的成长,增加了多样化课程模式在班与班之间、师与师之间、生与生之间的流动性。

三、体验式习作教学资源开发与实施策略

(一)校园活动资源的开发与实施策略

1.校园活动资源的开发

校园里可开发的活动资源众多,学校及教师可着重从以下几个方面入手进行资源开发。

（1）组织举办各种比赛活动。校园生活丰富多彩，学生在校园中就能获得各种各样的体验。例如，书法、绘画、歌唱等方面的比赛。在比赛过程中，学生间既有激烈竞争，又有团结协作，他们竭尽全力，展现自我的实力。激烈的竞争场面、紧张刺激的心理活动，都会给学生留下深刻的印象。学生可以通过场面描写、心理描写等积累足够的素材。

（2）开展节假日庆祝活动。学校应重视节日教育，每逢节假日学校都应组织相应的活动，如：假日小队活动、六一文艺汇演等等。这些活动极大地增强了学生体验校园生活的趣味性，也为学生的体验式习作积累了丰富的素材。

（3）举办校园特色活动。现在是彰显个性的时代，不仅是个人，学校也要打造自己的特色，每个学校都有自己的特色活动，如读书节、外出研学活动等。研学活动是让孩子在老师的带领下走出校园，在大自然的课堂中体验和学习的活动。再如去故宫，了解中国的宫廷建筑，感受帝王文化；去地质博物馆，看恐龙化石，了解久远的恐龙世界等。活动结束后，学生应及时记录参与活动的感受，为以后的体验式习作积累更多真实而有意义的素材。

2.校园活动资源的实施策略

（1）有效组织体验活动。学校组织的各类活动能否调动学生积极性，活动组织的好与坏都会直接影响学生的体验式习作。体验活动的有效组织可以从以下两个方面进行：一方面，活动以调动学生兴趣为前提。体验意识的形成以兴趣为前提，同时兴趣也是吸引学生参与体验活动的内驱力。因此，学校在组织开展各类活动时，除了要考虑学生的年龄特点外还要充分考虑学生的兴趣。学生积极地参与和被动地接受会产生截然不同的结果，势必也会影响到习作的质量。另一方面，组织好体验活动。学校每举办一次活动都必须经过前期周密的计划与安排，保证整个活动的顺利开展，要让体验过程落到实处，而不是浮在表面。

例如，读书节是深受学生喜爱的活动之一，届时会有热闹非凡的书市活动，在活动中学生既可以把家中闲置的书籍出售给他人，又能买到廉价且心仪的图书。在校园活动中，学生通过知识问答及体育项目闯关的形式赚取校园货币。这些校园活动寓教于乐，形式新颖、独特，每个学生都可以充分地参与并体验其中的乐趣。

（2）培养学生的观察能力与感悟能力。一方面，培养学生的观察能力，能增强其体验的有效性。对学生观察能力的培养应注意以下几点：首先，观察的视角要独特。人们在观察某件事时，每个人的视角都不尽相同，同样的事情在不同的人的眼中是不同的。同样是赞美荷花，杨万里在《晓出净慈寺送林子方》中说出的是"接天莲叶无穷碧，映日荷花别样红"，李白在《别储邕之剡中》中所说出的是"竹色溪下绿，荷花镜里香"。教师应引导学生用自己的眼睛观察别人看不到的东西，获得独特的情感体验。

其次，观察应该多角度进行。每一种事物都有多面性，观察事物从多角度、多方面进行才能完整的认识事物、理解事物。苏轼在《题西林壁》中说的"横看成岭侧成峰，远近高低各不同"正是此涵义。任何只从单一角度、单一方面的认识必然是片面的，这样的写作涵义也必然是狭义的，只有多角度的观察才会获得全面的体验。

最后，具体、有序地观察。体验式写作要求对事物的观察应该是具体、详细，并且有步骤的，包括事物的每一点，每一面，从部分到整体，从粗到细。老师在课堂上给每个学生发一片枫叶，为学生进行直观的介绍。只有确立了观察对象，学生才可以用具体、有序的方式观察。如果只有描述和想象，没有视觉感官的直接刺激，是不可能有全面的观察体验的。

另外，培养学生思考、感悟的能力，能使其体验更深刻。优秀的文章必须要有自己的情感，否则将空乏无味。有了对生活独特的思考、感悟，写出来的文章才会有感情和活力。写作是人类感官、情感和精神的整合，它要求学生有自己的思考和感悟能力，能把各种体验都视为有意义的，并且通过积累形成自己的写作素材库。感受能力的强与弱对学生的写作有直接影响。感受能力较强的学生，往往能积累比较丰富和较高层次的写作材料，这是因为真切而深刻的感受与浓烈的思想情感相融合，使这些材料在他们的脑海里留下了极其深刻的印象，并且在很大程度上激发了他们的写作热情。

（二）课堂情境资源的开发和实施策略

1.课堂情境资源的开发

有些写作素材是学生在生活中经常能够体验到的，但是并没能引起他们的注意，这些素材完全可以成为习作的内容。课堂情境资源就是在课堂上教师创设的一种通过引导学生体验，激发学生写作欲望的环境或氛围。这种情境能引发学生对某些人或事的感触，激发他们的内心情感。

（1）实物观察展现情境。当老师指导学生写状物作文时，可以用实物展现情境，使学生获得更为直观的体验。实物包含众多类型，如动物、植物、物体、人物、环境等。笔者曾经上过一节描写猫的习作课，带一只活生生的动物进课堂显然有些不合常理，但课上笔者播放了一段猫玩耍的视频，学生个个看得十分入神，播放两遍后，学生用了二十分钟便都完成了创作。

（2）角色扮演表现情境。角色扮演可以让学生更加直接地参与和体验写作需要的情境，还可以激活课堂氛围，提高作文教学的乐趣。

（3）游戏体验表现情境。学生大多喜欢进行游戏，对此，教师应该加以利用，所谓娱教一体正是如此，将游戏中获得的体验转换成写作的过程是一个愉快的过程。例如：《我做你猜》中学生们根据提示会做出不同的动作、表情，引导其余学生描述其动作和表情等等。通过游戏体验习作教学，学生真正获得体验，一边快乐地玩耍，一边在教师的引导下习作，写得同样生动有趣。

（4）创造想象的体验情境。在创造体验情境时，当代学校应该充分利用技术发展带来的便利，通过视频、图像、声音等刺激学生进行想象，加强他们的内心体验，为学生写作提供丰富的主题和资源。

2.课堂情境资源的实施策略

（1）以真实为基础的情境创设方法。正所谓百闻不如一见，视觉的直接刺激是更加有效的情境教学策略，这个视觉刺激便是实物的运用。教师可以直接把研究对象带进教室，让学生仔细观察，获得真实情况的体验。例如描写打鸡蛋的课程。教师携带一个透明的玻璃碗与几枚鸡蛋到课堂，进行以下安排。

导入：听说大家在家都特别勤劳，今天谁上来给大家展示一下打鸡蛋？

活动一：一名学生走上讲台打鸡蛋，其他学生观看

一、学生在台上打鸡蛋时，讲台下面的学生在这个过程中要学会观察什么？

动作、顺序、表情等。（引导学生学会观察。）

二、打鸡蛋过程中推敲描写打鸡蛋的动词。

观察、磕、掰。（主要和看、敲、捏等区分，通过带领学生做动作，体会用哪个动词最合适。）

三、使用表示顺序的词语。

首先、接着、然后、最后；第一步、第二步、第三步、第四步。（表示时间顺序的词语，学生在运用中还是有欠缺的，所以通过给出个别的材料来引出。）

对PPT给出材料进行对比：

1.早晨，我来到学校，坐在座位上，拿出书来，放下书包并整理书，开始早读。

2.早晨，我来到学校，首先坐在座位上，然后拿出书来，接着放下书包并整理书，最后开始早读。

PPT展示：

表示顺序的词语：

首先、接着、然后、最后；

首先、其次、再次、接着、最后；

第一、第二、第三、第四。

四、具体描写打鸡蛋的过程。

把打鸡蛋的过程写具体：仔细地观察、轻轻地磕、小心翼翼地掰等。（要求学生能连贯地、有条理地把打鸡蛋的过程叙述出来。）

活动二：学生小组内打鸡蛋

学生边打鸡蛋边有条理地说打鸡蛋的过程。一个人边打边说，其他人听。

学生A：大家好！今天我要给大家展示打鸡蛋的过程。首先，我准备好了一个鸡蛋和一个碗。我会用一只手拿着鸡蛋，另一只手拿勺子。（动作：拿起鸡蛋和勺子）接下来，我用勺子小心地敲打鸡蛋壳的顶部，确保轻轻地碰触到它。（动作：轻轻敲打鸡蛋壳）

然后，我将鸡蛋壳的顶部轻轻撕开，确保蛋清和蛋黄完好无损。接着，我倾斜鸡蛋，让蛋清慢慢流出来，留住蛋黄在壳内。（动作：撕开鸡蛋壳，倾斜鸡蛋，蛋清流出）

　　现在，我需要把蛋黄转移到另一个碗里，我会让蛋黄轻轻地从壳中滑落，确保不把蛋黄弄破。（动作：将蛋黄滑落到另一个碗里）

　　接下来是关键的一步！我会仔细地检查蛋清，确保没有蛋壳碎片掉进去。如果有的话，我会用勺子将它们取出来。（动作：检查蛋清，用勺子取出蛋壳碎片）

　　最后，我要确认蛋清和蛋黄在不同的碗里，没有混在一起。这样，我们就成功地打好了这个鸡蛋，可以用它来煎或者煮了。（动作：确认蛋清和蛋黄在不同碗里）

活动三：请用表示时间顺序的词语有条理地把打鸡蛋的过程写出来

板书：
表示顺序的词语：首先，观察、看
接着，磕、敲、碰
然后，掰、分、挤
最后，落、扔

　　实物展示的教学使学生沉浸其中，亲自接触，全面理解事物，真正掌握事物的特征，并全面、细致地描述它们。

　　（2）以兴趣为导向的情境创设方法。课堂情境要符合中段学生活泼好动的天性，可以在课堂上组织开展游戏活动，调动他们的学习兴趣。游戏是孩子的天性，在快乐的游戏中，孩子可以释放心灵。在课堂上开展科学、有趣的展示活动，有助于提高学生的积极性，引导他们在此过程中加强观察，认真体验，用文字记录下来，然后再综合到一起写成文章，这是一种让学生有效掌握和完成从思维到文字转化的重要方法。

　　利用游戏创造情境，符合学生们喜欢玩耍的天性，能提高学生的兴趣和热情，活跃的课堂气氛，在学生的笑声中，穿插习作知识的关键点，可以达到良好的教学效果。

第二节　开放式习作教学融入小学中段的探索与实践

一、开放式习作教学内涵及特征

开放式习作教学是相对传统封闭式习作教学而言的，它既是一种教育理念，也是一种新的教学形式。开放式习作教学以学生为主体，从学生的心理、需要出发，以学生的兴趣和情感为切入点，以学生的实践活动为主线，立足于现实生活，注重教学与学校、各学科、家庭、社会等各个方面的联系，通过全方位、多角度、多层次，包括观念、时间、空间、内容、形式、过程等方面的开放，将课内延伸到课外，因地制宜地开发多渠道习作素材的源泉，从而拓宽习作教学区域，不拘泥于语文学科，更不局限于每周两节习作课，营造课内外、校内外、时时处处皆习作的条件，形成多向、积极、互动的"真、新、活、实"的开放性教学体系。开放式习作教学的基本特征如下。

（一）"真、新、活、实"

"真"是指开放式习作教学强调学生真我的表现，"我手写我心"表达学生的真情实感，抒写学生富有创意的"奇思异想"，使习作富有个性、生气、童真和童趣、更具人文特性；"新"是指开放式习作教学在形式、内容、选材、立意等方面的新颖性、开放性，提倡创新思维，回归清新自然的习作习惯；"活"是指开放式习作教学淡化文体意识，提倡无拘无束、随机随时、大胆尽兴地表达，"想写什么就写什么"，"想怎么写就怎么写"，最大限度地鼓励引导学生真情写作；"实"是指开放式习作教学过程踏实可靠，注重在开放的习作环境中，扎实地培养学生的习作兴趣和习惯，加强思维和表达的训练，注重培养学生的创新精神和创新思维，在大量的语文实践中掌握运用语言的规律，培养学生良好的语感和整体把握的能力，使学生学会运用母语准确和鲜明地表达自己的所见、所闻、所想、所感，切实提高学生的习作水平。

（二）形开放而神不散

开放式习作教学以马克思主义关于"人的全面发展"学说、"普遍联系"观点和素质教育的开放性原理为指导，借鉴国内外已有的研究成果，在理论与实践两个维度上深入探索，通过实施习作教学开放性指标策略，落实开放心灵、开放资源、开放时空、开放形式等系统开放的教学思路。通过形的开放，开发习作的源头，获得习作"活水"，此乃形；由生活、阅读、体验而来的"活水"，经加工积累丰富感悟，逐步形成正确、准确、精彩的表达，此乃神。开放式习作教学不是标新立异的形式主义，更不是教师懒散"放羊式"的自由主义，它强调教师的素质和指导作用，强调师生之间、生生之间在精神生命层面的积极互动式发展，是一种内驱式、互动式习作教学。

（三）"一中心、两支柱、三联系"

"一中心"以"学生主动、健康、和谐发展"为中心，为学生的全面发展服务。"两支柱"即在广阔的阅读和生活中感悟、积累语言；在自由、多元而开放的时空中发展思维、形成表达，将表达建立在丰富多元感悟的基础上。"三联系"，就是加强习作教学与各学科、家庭、社会间的广泛联系，使习作生活化、随机化、个性化、生命化，最终，使习作成为学生的习惯，成为生命的一部分。在实践中，运用习作教学全程开放的策略，以学生为主体，加强其与学校各学科、家庭、社会的联系，引导学生在广阔的阅读和生活空间里积累素材，通过阅读观察和语言、思维的训练，引导学生想象，激发学生的习作兴趣，充分发挥学生的主观能动性，张扬学生的个性，使学生的习作富有生命的张力，充满勃勃生机，实现学生个性发展与习作水平同步化提高。

二、小学中段开放式习作教学的实践案例

（一）张云鹰的开放式习作教学

张云鹰是广东省的语文特级教师，主要从事小学语文习作教学和小学语文活动课程研究。经过多年的研究与经验积累，她抓住新课改的契机，带领

教师团队潜心研讨与实验，以"开放"的视角，分别从阅读、习作、活动课程三个维度构建了小学语文开放式教学的新体系。张云鹰老师倡导的开放式习作教学，其宗旨是让学生自由表达生命的美好，她从"思维开放""情感开放""内容开放""表达开放""文体开放""范式开放""评价开放"七大领域进行实践，最终促进学生习作能力的提高和个性的解放。本研究主要借鉴张云鹰老师的小学中年级开放习作范式进行实践探索。

第一，日记式习作。张云鹰老师的日记式习作不是传统单一式的日记作业，即为完成作业而日记，而是指教师引导学生仔细观察周围的人、事、景、物等，把所见所闻、所思所想，通过记叙、描写、说明、议论、抒情等方式在日记中加以表达，并逐步养成细观察、勤思考、多练笔的好习惯的教学模式。根据这一含义，日记式习作训练的优势可以概括为三点。首先，帮助学生积累大量真实的习作素材，打破学生"言之无物"的习作障碍。其次，通过日记不断地练笔，有利于有效提升学生的观察能力、思考能力、语言运用能力和习作技巧。最后，培养学生写日记的习惯，能帮助学生形成自我反思的习惯与顽强的毅力，有利于完善学生的人格。此外，张云鹰老师列举了大量日记类型，包括有助于积累的观察日记、摘录日记，提升兴趣的剪贴日记和活动、实验日记，提高反思的评论日记等。

第二，话题式习作。这种写作范式是由教师提供一段提示语或者题目说明写作的范围，启发学生思考，激活想象的一种命题式习作。这类习作主要是锻炼思维和鼓励创新，是一种既开放，又有限制的习作形式，它主要分为两大类，其一是"无材料式"，是一种直接给出话题，不作任何提示的写作形式，如"以'成长'为话题，写一篇不少于400字的文章"。"无材料式"习作的话题可以是一个词语或是一段话，这一点和语言式命题很相似，但话题并不一定作为习作的题目，这就使习作有了相当大的自由度。其二是"有材料式"，这种写作形式又分为提示语和图画提示。给话题提供提示语的出题方式，与材料命题很相似，但小学中段学生的思维处于过渡期，引言不是为了严格限制学生思维，而是只作为一个引子，提供学生一点启发，它在其中起支架的作用。此类习作与中高考作文题目类似，可以看出张云鹰老师的习作教学既能顾及小学中段学生兴趣、身心特点，又能为以后中学里更高难度的写作教学服务，做好过渡衔接作用。

第三，读写结合式习作。这一类习作范式，可以分为两方面。一方面是以读促写。阅读是习作的基础，阅读课本、阅读课外书、阅读生活，能够帮助学生吸收语言材料和思维材料，还能够扩展学生的文化视野。例如阅读生活，教师应先让学生学会观察生活，体验生活，感受生活，做生活中的有心人，让学生随时随地注意生活感悟的积累并将其以文字的形式记录下来，养成勤于记录，乐于表达的好习惯，尽量做到"说真话，表真情"。另一方面是以写促读。写是表达内心的一种手段，当学生想要构思一篇习作时，需要先进行语言和素材的收集，进行有针对性的阅读，寻求借鉴和启发，再自己进行梳理和创新，以便更好地创作。这种以写促读的写作形式，发展了学生收集信息、处理信息以及创造思维的能力。再如读教材，在学习文质兼美的范文之前，教师先布置一些类似主题的习作，让学生以自己现有水平去表达。之后，教师再根据学生练笔的情况，结合范文的读写训练点，在阅读教学中有针对性地引导学生研读语言文字，切身感受作者语言的表达，构思的精妙，结构的层次等。这样既能够合理有效地进行阅读教学，又联系学生的实际习作需求，能更科学地做到读写结合。

（二）管建刚作文教学革命

管建刚是江苏省的一位语文特级教师，长期致力于作文教学的研究，他将自己对于作文教学的思考付诸教学实践之中，创造了一次"作文革命"，通过实践颠覆了传统作文教学的形态和模式。管建刚老师主张"兴趣重于技能，生活重于生成，发现重于观察，评讲重于指导，多改重于多写，真实重于虚构，文心重于文字，课外重于课内，写作重于阅读"。[1] 通过这九大主张，可以看出管建刚老师在作文主体、作文内容、作文指导、作文价值等方面的"革命性"。在管建刚老师的语文教学中，作文教学处于重中之重的地位，他认为会读不一定会写，但是会写肯定要读，这一观点颠覆了以往学者倡导的"读写结合"以及语文教学界的"阅读万能论"两大理念。虽然《义务教育课程方案和课程标准（2022年版）》将小学中高年级的"写作"更名为"习作"，这一做法在一定限度上降低了小学生的写作难度，但是这与管

---

[1] 管建刚.我的作文教学主张[J].小学教学：语文版，2010（6）：2.

建刚老师强调的作文教学革命并不冲突,因为他已经将"习作"提升到学生作品的高度,这体现了他对学生劳动的尊重以及对作文价值的正视。这种"作文教学革命",所体现的就是一种开放的作文意识,他的新理念促进了学生作文能力的大大提升,促成了一种高效且开放的作文教学模式。下面阐述管建刚老师作文教学改革的开放、创新之处。

第一,创办《班级作文周报》。学生写稿、投稿、修改、发表,其间赵老师既作为作文指导老师,也作为报刊的编辑。将学生的作文转变成一个有价值的作品,将学生的写作意识转变为发表意识,使学生渴望传达自己内心的声音,习作的动机意识自然而然就产生了。当内部动机引发的兴趣经久不衰,"兴趣"转变成了"意志"时,作文也就不再是语文学习路途中的"拦路虎",反而成为语文学习兴趣的"招财猫"了。

第二,取消传统写作上的"大小作文",以"评价周记"代之,即让学生每周写一篇文章。除此之外,学生周一至周五要写"每日简评"。"简评"就是每天写三五句话,简要地记录当天的人物、事情。一方面,"简评"有助于培养学生一双观察生活的眼睛,解决作文的素材问题;另一方面,"简评"能帮助学生养成写作的习惯,将写作意志作为一种能力来培养。

第三,策划激发写作动力的活动。管建刚老师将写作教学与能够刺激学生习作动力的活动相结合,创设了"等级评奖""积分活动""稿费活动""幸运卡""优先卡"……活动,有些老师将此视为一种花哨的噱头,忽视了管建刚老师作文教学中的生本意识。但实际上,这些活动贴合学生"玩"的心理特性,针对不同学习程度的学生设计不同的奖项,符合教学的因材施教原则,促进了每一个学生写作能力和水平的提升。

第四,倡导教师"下水文"。管建刚老师认为写后讲评重于写前指导,一些不贴合学生实际情况的写前指导,反而剥夺了学生的话语权,指导出的作文是老师想要的作文,或者说是"考试作文"。写后讲评才是最好的指导,它是有针对性的,能对学生写作上的"症"下"药"。最值得一提的是,管建刚老师十分富有童心地给这些写作过程中的弊病取名字,让学生印象深刻,避免重复再犯,这有利于对学生语感的培养。有些老师会以自己缺乏系统的作文知识为借口,推脱自己讲评不具体,其实是自己也忽视了写作是一个需要训练的项目这一问题。只有教师经常写"下水文",才能够切身体会学生的写作之难，了解学生在写作上的困难，形成写作同理心，从而自觉地对写作教学进行"改良"。

（三）张化万开放式作文教学

张化万是全国著名的小学语文特级教师，长期致力于小学作文教学探索和实践，出版了多部作文教学专著，取得了一系列有助于语文习作教学发展的科研成果，成为众多语文教师争相学习的榜样。张化万老师的开放式作文教学理念是针对传统作文教学"课堂中心、书本中心、教师中心"的封闭性弊端提出的。他追求开放的作文教学观念，多维、立体的作文教学目标，生活化的作文教学内容，灵活多样的作文教学方法和以兴趣为主的作文教学策略，主张动态的作文教学评改。张化万老师的开放式作文教学凭借其开放性和个性化等特征深受学生的喜爱，重视培养学生的创新意识和创造能力，既贴合教学实际，又促进了学生的个性发展。张化万开放式作文教学是张老师多年一线教学经验的结晶，其实践指导意义总结为以下三点。

第一，从"要我写作文"变成"我要写作文"。玩是儿童的天性，张老师紧紧把握学生这一心理特点，以兴趣为切入点，激发学生强烈的写作兴趣，提出"把玩进行到底"的写作教学思想和策略。"把玩进行到底"指利用游戏、活动等形式，让学生主动积极地参与教学活动，去认识世界，表达内心真实想法，一边快乐学习，一边大胆尝试的教学方式。例如，张化万老师在《吃西瓜》的作文课中，设计了盼瓜、看瓜、说瓜、吃瓜、写瓜几个环节，让学生轻轻松松地边玩边学习，在开开心心地玩中得到了领悟，并顺利地表达出来。这样的教学方式是成功的，充分体现了"以人为本"的教学思想，尊重了学生的主体地位，有助于培养学生的个性。

第二，可操作性的创作训练。小学作文的训练应当多样化，既需要能够夯实习作基础的纪实性习作，也需要培养学生创新意识的想象创作类习作。张化万老师的开放式作文教学，为其他教师提供了一些有代表性的且易操作的作文教学方法，如游戏表演式训练，其中的"尝尝说说写写""听听说说写写""画画说说写写"等环节，将游戏与习作巧妙地结合起来，让学生在"玩"的过程中进行了习作，获得了愉快的习作体验，这样学生又如何不喜欢习作呢？再如专题作文训练，指让学生在一段时间内围绕一个主题作为习作训练点，采用记叙、说明、抒情和实际应用等多种习作表达形式进行的习作训练，这种教学方法要求学生将各种表达方式搞清楚、理明白。交际应用类的作文训练，除了抓好课本规定的应用文知识点，还要让应用文真正融入学生的生活交际中。又如研究式作文训练，它作为自主合作探究活动与习作教学的结合体，指在教师的参与和引导下，学生根据自身的兴趣爱好和学习需要，自主确定研究专题，组织合作小组，利用家庭、学校、图书馆、网络等信息资源，在课内外进行自主合作探究活动，并将探究的成果用语言表达（或是习作表达）出来的写作教学模式。研究式作文训练有利于培养学生的综合运用语言能力、实践能力和创新精神。

第三，培养良好的作文习惯。张化万老师在进行作文教学时，充分认识到作文教学的长期性，因此从作文教学伊始阶段就特别重视培养学生良好的作文习惯，如留心观察的习惯等，并且教授给学生多种作文写作方法，如顺序法、比较法、全息法（多感官地观察）等；培养学生自觉积累的习惯，如积累语言、积累知识（包括直接经验和间接经验）、积累思想（自我认识和思考）；培养学生构思提炼的习惯，主动修改的习惯。良好作文习惯的培养，已经超越对习作知识和能力的教学要求，体现了习作教学中的情感教育和人格教育，体现了张化万老师开放式作文教学工具性和人文性的结合，更体现了开放式作文教学传授知识、技能和育人的完美结合。

三、小学中段开放式习作教学的策略

（一）习作主体情趣化

小学中段开放式习作教学实施的基础，就是习作主体的情趣化。小学中段开放式习作的理论基础之一是建构主义学习理论，《义务教育课程方案和课程标准（2022年版）》以及苏教版习作训练教材都重点强调学生为习作的主体，习作教学也应重视学生的主体性，这是习作主体情趣化的首要前提。实现学生主体的情趣化，能够帮助教师在习作教学时事半功倍，因而教师要做到"磨刀不误砍柴工"。针对小学中年段这一习作初始段的特殊性，本研究认为教师在开展习作教学时应重视习作主体的情趣化。情趣化主要分为两个方面，"情"即学生习作的情感，"趣"即学生习作的兴趣。

一方面，应培养学生对习作的情感。本研究发现小学中段学生大部分不喜欢习作，"不喜欢"就是习作情感的一种表现。中段学生明明刚接触习作，为何如此抵触？究其根源，是教师在小学低段就过早进行习作教学，并且大大提高了习作的难度，部分教师将低段的写话练习"误解"成习作。学生的能力是不断发展的，对低段学生"揠苗助长"确实能让其写出超乎他年龄段应有水平的文章，但是打消了他对习作的激情与喜爱，分数这一外部动机随着学生年龄的增长反而转变为一种负担。因而，教师在进行低段的写话教学时就应该着重关注、培养学生写话的兴趣，中段时则结合学生的身心特点，将习作与游戏、活动相结合，通过体验让学生拥有习作的好心情。

另一方面，应培养学生习作的兴趣。大部分学生认为"习作能得高分"，充分证明习作对学生而言就是一种工具，又何谈兴趣。感情是初次接触就能产生的，兴趣却需要教师慢慢培养。教师可以针对不同学生分层设置习作要求和难度，开展游戏式习作、活动式习作、体验式习作等丰富多彩的习作教学活动，并在习作评价时多采取鼓励的方式，在整个习作过程中都重视对学生习作兴趣的培养与调动。

（二）习作目标动态化

习作目标动态化是小学中段开放式习作教学实施的要求，也是小学中段开放式习作教学有效实施的重要保证。《义务教育课程方案和课程标准（2022年版）》明确指出了小学中段习作教学的目标和内容，其中涵盖习作教学的知识和技能、过程和方法、情感态度价值观等。习作目标动态化是指以《义务教育课程方案和课程标准（2022年版）》为总目标，结合教材中的习作训练进行适当细化，制定的一种动态化、具体化的目标，它不是千篇一律的以"题目、内容要求、字数"为主的目标。例如，教师在开展教育部组织编写的语文三年级上册习作教学课文《这儿真美》时，设置的目标就应为"一、观察插图，补充图画，有选择地描写景物，注意详略得当；二、仔细读习作例文，描写景物时学会使用积累的好词好句，会用'有时……有时……'的句式以及简单的修辞手法；三、同桌之间互相修改，展示自己的习作与图画"。每一次习作课的习作目标都应该体现本节课的习作训练重点，让学生学有所得。这就要求教师对《义务教育课程方案和课程标准（2022年版）》

了如指掌，能够将其与具体的习作训练相结合，这对教师的习作教学能力提出了较高要求，因而教师应不断提升自身习作教学的知识和能力，并结合本班教学实际进行教学反思和相关研究。

（三）习作内容本我化

习作内容本我化是小学中段开放式习作的不竭动力。《义务教育课程方案和课程标准（2022年版）》在写作教学的具体实施建议中要求学生说真话、实话、心里话，不说假话、空话、套话，并且抵制抄袭行为。这一建议明确表明习作内容必须真实，杜绝"假、大、空、套"的习作内容。中段学生在习作时，表现亲情就是"生病"，表现友情就是"教我做题"，表现美好品质就是"扶老太太过马路或者拾金不昧"，一个班级雷同事件层出不穷。本研究认为这一现象主要是教师或家长的隐性宣传作用导致的，此类小故事具有明显的年代性，不是中段学生的视角所关注的。根据本研究与学生的交谈得知，现阶段的中段学生关注的热点话题，主要有学习、校园生活、家庭生活、外出游玩以及游戏等。然而，学生在习作时只保留了学习、校园生活等具有"正能量"的素材，这种素材的删减很明显是由家长和教师在指导和批改时，帮助他进行删除的结果，因为他们觉得不够典型，难以登上习作本，这本身就是一种选材的偏见。本我化要求习作内容必须是由学生自我生成的，否则就是"假话"。中段的学生对外在世界充满好奇，面对同一事物，他们往往能够"语出惊人""脑洞大开"。教师在教授习作时，要教会学生如何去观察，同时教师应当亲自带着学生去观察，身教胜于言传，尽量避免学生因为语言理解问题而进行错误观察。教师还应指导学生关注自己的生活和周围的社会环境，时刻向学生传递社会热点话题，帮助学生找到适合自己的习作内容。学生结合个人的兴趣、爱好、特长以及语文能力等，把观察的事物转化为书面语言文字的这一过程，就是习作过程，也可作为习作内容积累过程，教师应不定期地举办班级内的习作素材展示，或者选取几周在语文课前三分钟组织学生自我展示本我化的习作素材。

（四）习作评价发展化

习作评价发展化是小学中段开放式习作教学的重要组成部分，它既体现了习作教学重视学生的主体地位，又体现了习作教学关注学生的差异性。根据加德纳的多元智能理论，学生的习作能力是各有差异的，教师应该在小学中段（习作教学伊始阶段）就认清这一事实，端正习作教学的态度，避免教师在习作评价时，只以班级中习作最好的同学作为习作标准，甚至以自己的习作水平作为标准来评价学生的习作水平，从而影响学生习作水平的提高。

俗话说"初生牛犊不怕虎"，处于习作伊始阶段的中段学生，在习作时常常充满信心。教师需要通过评价强化学生的习作动机，让学生与自己比赛，为自身习作进步而高兴，强化自身习作的不足。鉴于教师的教学精力有限，而习作教学的整个过程耗时耗力，教师在评价时可以采取抽查的方式，精批、面批某一组或者个别同学，其他的由同桌或是组长批改。这一做法要求学生具备一定批改习作的能力，教师可以选取一两本习作当堂教授如何批改，让全班学生掌握如何批改、修改习作，这不但能够避免学生在下一次习作时发生错误，还有利于学生之间相互学习好词好句。最后，学生批改完毕要署名，以提升学生做事的责任感。这既是一种习作能力——修改能力的习得，也是一次同学之间习作交流，是一种有助于学生提升和发展的评价方式。

第三节　教育戏剧融入小学中段习作教学的探索与实践

一、教育戏剧相关理论基础

（一）教育戏剧学理的支撑

教育戏剧是运用戏剧元素与技巧从事教育活动的教学活动。它通过教师引导和学生合作共同完成教学活动，达到启迪心灵、塑造健全人格的目的。教育戏剧的内核依旧是"戏剧"，它是一种综合的艺术形式。与语文学科相同，它具备工具性与人文性相统一的特质。在表现形式上，二者都注重表达，不拘于形式，强调通过个性化的语言符号传递情绪与感受。在目标指向上，它们的目的都是表达情绪，启迪心灵，塑造健全人格。教育戏剧能够为小学中段习作教学提供新思路。教育戏剧不仅能够帮助学生深入理解教材文本，掌握习作素材，而且能作为纽带结合语文的人文性与学生本身的情感，使学生更好地表达真实的情感体验，促进学生各方面能力的发展，也为小学中段习作教学提供了有力支撑。

（二）教育戏剧运用于小学中段习作教学的原则

1.戏剧性教学原则

戏剧集中展现了生活中可能发生的各种矛盾冲突，夸大事件中的人际关系与事件发展，再经由表演者的肢体语言与台词表现角色内心活动。它是一种对现实生活的夸大映射，这种映射反映于教学活动中，呈现出游戏的特质。小学中段学生心理年龄决定了他们热衷于游戏的特质，而戏剧赋予了教学游戏意义，学生可以在戏剧性教学活动中获得快乐，收获知识。

戏剧性是指在假定情境中人物心理的直观外现。教育戏剧则以戏剧作为教育的手段之一，突出教育功能。在教学中采取戏剧化的方法，让学生在表演中感受人生百态，使表演者与观众都能通过教育戏剧活动获得教育。这种以戏剧活动为依托的教育活动通过一种情景体验式的组织架构，借助表演者的想象力与表现力，使学生进入角色心理，获得情感共鸣，领悟教育内容，达到教育目的。

除此之外，戏剧性教学原则还鼓励学生关注具体的人，从全方位各视角进行观察、创造，通过体验性学习，获得知识。通过戏剧性的教学活动，学习过程的重心从教师提问—学生回答转移到学生提问—学生回答，学生成为"舞台"的中心人物。戏剧性教学原则与小学中段习作教学的联系非常紧密，通过戏剧性教学原则学生可以身临其境地体验不同的角色和情境，帮助学生从不同的角度思考问题，为习作提供新的视角和灵感。戏剧性教学鼓励学生通过创建自己的角色，编写自己的剧本，来锻炼和提升创新思维和想象力，这对于提高学生的写作技巧和能力至关重要。

2.过程性教学原则

教育戏剧是通过戏剧过程发挥教育功能，在戏剧过程中培养对人、事、物的理解与认知，从而习得知识、获取感悟。教育戏剧通过戏剧活动过程发挥教育功能，教师在教学过程中处于主导地位，引导学生即兴构建教学情境，给予学生开放的环境，让学生在戏剧性活动中通过已有的知识解决问题、创造故事发展，将情感体验吸收并内化为新的经验，同时使学生主动思考、主动学习，获得过程性体验，以此锻炼学生的沟通表达能力、人际交往能力等多维度能力。

在新课程理念的指导下，小学中段习作教学，重视学生学习的过程性。在教育戏剧的教学过程中，师生之间有一个共识，即"我们只是在扮演他人"。这个共识意味着"环境是虚拟的""人物角色是假设的"，整个过程都建立在教育戏剧的基础之上，这意味着他人对教育戏剧活动中的问答、行为等的评论也都是建立在虚拟的基础上的，建立在角色基础上的一切行为都不会使表演者遭受恶评，学生沉浸在一个完整的教学情境之中，在参演活动的过程中习得相关知识，从角色行为与他人评论中习得经验，这符合过程性教学原则。

3. 全人教学原则

全人教育强调教育在发展学生认知方面的能力时，也要培养学生在创造与情感方面的能力，其目的在于培养"全人"。教育戏剧运用戏剧化方法，通过戏剧元素将戏剧与教育相结合，在教学内容的基础上，与学生生活经验相结合，采用戏剧化的教学策略，帮助学生在教育戏剧活动中习得相关知识。通过教育戏剧，可以培养学生团队合作的能力、人际交往能力、表达自我的能力与自主性学习的能力，实现学生的全面发展。

（三）教育戏剧运用于小学中段习作教学的特征

1. 渐进式阶段特征

教育戏剧是依据人的成长过程，结合心理发展，逐步联结环境、生理与心理等条件的学习模式。教育戏剧是在实作中培养对人、事、物的理解与认知，教学内容需要参考学生的身心发展确定。人发展的第一阶段是由内而外开始的，它经历了从对自我认识，再到挖掘自我的过程；第二阶段是通过认知周边环境与人，反映到自身；第三阶段是结合认知环境与自我认知达到成长目的；第四阶段是遵循自我的需要开始追求外在的发展。可以看出，教育戏剧的学习是结合人的身心发展条件，遵循自发性、成长性的开放渐进式的学习，其目的是培养真正的人。

2.情境性实作特征

教育要考虑成人的归成人，儿童的归儿童，提出通过戏剧性的实作来学习。教育戏剧秉持着同样的教育理念，在教学过程中，让学生置身于某一情境，经历"人"的世界，并在教师的引导下，采用活泼的教育方式，实现在做中学的教育过程。

教育戏剧的初步阶段是观察、塑造角色、练习等，使学生具有放松、信任他人、专心注意的能力。教师在塑造情境时，塑造的是学生能够主动深入问题并解决的教学情境，以此激发学生的学习动机，让他们在不同的环境中，通过互动、沟通、协调与探索，理解已有生活经验的意义与价值，再通过师生或生生之间的即兴创作、编排等形成故事或戏剧，在观众面前展示出来。

在教育戏剧的教学过程中，展示不是最终目的，体验戏剧真正的意义才是最终目的。在这个过程中，学生在教师创设的"真实"情境中，以反映学生生活经验的动作、扮演、对话等形式，学习相关知识与智能、肢体、情绪的适宜表达。小学中段学生尚处于思维过渡期，他们的思维正处于直观思维到抽象思维的转变阶段，因此这一阶段的教师既要注意具体事物的展现，又要关注抽象逻辑能力的培养，在贴近现实的虚拟情境中采取"做中学"的教学方式，这无疑是符合学生心理发展的。

3.建构性程序特征

教育戏剧是以学生为中心的，通过戏剧化方法达到教育目的的建构式教学理念。教育戏剧在皮亚杰认知发展观的基础上，提出建构一个遵循学生认知发展规律，尊重个性化认知体系，并通过社会语言沟通的教学结构。在该教学结构中，学习表演技能与演出最终展现并不是最终目的，通过表演展现教学内容才是，因此，教育戏剧中教师教学策略与课程上执行的教学程序才是学生学习的中心。

基于此，教师需要通过多样化的角色引导、构建课程的学习情况，与学生共同讨论、构建并遵循课堂规则，发展主题直至完成学习过程。学生则在教师的引导下，基于自身原有经验，模仿角色动作，发展对各种事件的认知，并反馈于现实生活。可见，教育戏剧虽然是在教师的引导下进行的，但实际上是以学习为主的建构式、程序性学习，契合新课程的教学理念。

小学中段学生的心理发展让他们难以保持长时间的专注力，难以完成时间需求长、完成难度高的任务，因此需要教师将任务拆解成数个小任务，鼓励学生完成，提高学生自我成就感，提升习作学习动机。在小学中段习作教学中，遵循建构性程序特征进行教学是教师必须关注的一点。

二、教育戏剧运用于小学中段习作教学的可行性

（一）教育戏剧有利于激发学生的习作兴趣

教育戏剧寓教于乐的游戏化特点，符合小学生的身心发展，有利于激发小学生的习作兴趣。青少年儿童最自然的学习方式就是游戏。游戏是儿童的本能，是其自然本质学习的方式。充满未知、探索、挑战的游戏活动，可以集情境性、趣味性为一体，为参与其中的学生带来探索的快乐，情绪释放的快乐，获得分析问题、解决问题的成就感，以及在角色扮演中体会创造和想象的快乐。整个游戏活动过程中学生始终处于主体创作地位，精神上是自由的、无拘无束的，这有利于激发学生的创作热情。在游戏过程中，教育戏剧将"教知识"转变为"教发展"，每个活动环节都能够调动学生的各种感官参与和体验，有利于激发学生的学习兴趣和思维活力，使其主动分享自己的快乐体验。

因此，以游戏活动为载体的教育戏剧，可以使学生由被动接受变为主动探索，充分发挥学生在活动中的主体地位，不仅增强了学生的情感体验，而且能让学生体验到被需要的价值，使他们更乐于表达、分享自己的成功经验，激发他们在"做中学""玩中学"的习作兴趣。

（二）教育戏剧有利于丰富学生的习作素材

教学戏剧的实践性、体验性、过程性特点有利于丰富学生的习作素材。教育戏剧是在"做中学"理论指导下逐步发展起来的一种教育方法。"做中学"理论反对以教材为中心、脱离生活的教学方式，主张学生从实践中获取知识。就此而言，教学戏剧比那些风格化的和自我反思的剧场形式更加真实，更能提供和生活相像的学习经验。这种情境化、体验式的教学活动使学生身临其境，形成强烈的代入感和参与活动的热情，促使他们探索事情的来

龙去脉。通过这种教育活动，学生主动积累了丰富的情感体验和丰富的表象，丰富的表象就是对事物的感知，有助于形成形象、生动、具体的习作素材。这些情感体验和丰富的表象构成了学生习作的直接经验。学生又可以通过教育戏剧活动，举一反三地类推到其他的生活事件或情境中，对已感知的表象素材进行加工和扩展，达到照见和学习的目的，这不仅丰富了学生的习作素材积累，并且或直接或间接地提升了学生的习作选材水平。

（三）教育戏剧有利于提升学生的习作表达

首先，教育戏剧有利于提升学生的思维表达。教育戏剧活动将知识与实践紧密地结合起来，让学生在实践中灵活运用知识，加深学生的理解，提升学生的认知水平，促进学生的思维发展。语言与思维密切相关，语言说得好反映了思维的正确。因此，锻炼思维至关重要。语言是思维的外化，思维决定语言，决定了学生习作表达水平的高低。在参与教育戏剧活动的过程中，学生可以自己设定事件的起因，分析事件的发展，归纳事件的结果；在此过程中，学生对关键的问题、话题以及主题可以有不同的表达方式和看法，从而形成对事件发展脉络的清晰认识，为习作的整体逻辑框架打好坚实的基础。因此，在教育戏剧活动中，学生的思维力得到了锻炼和提升，其语言表达能力也必然会得到提升。

其次，教育戏剧有利于培养学生的语言表达能力。教育戏剧活动中需要用到大量语言进行表达和沟通，学生在戏剧活动中不断面对人物角色与自我的冲突和各种问题，这就需要他们使用语言表达自身所处境遇、自己的想法以及解决冲突的办法，这能有效增强小学生的语言表达能力。

再次，教育戏剧活动有利于学生真实的表达情感。教育戏剧活动的进行以尊重每个人为前提，具有开放性、包容性的特点，民主的讨论和协同沟通贯穿整个活动过程。在此过程中学生们可以大胆的想象，放松的表达，"说错了也没关系"。这种宽松的氛围，为学生营造了自由自在的环境，让学生产生安全感，身心放松又愉悦。在这种情况下参与具体的活动，学生比较容易进行沟通和交流，在活动探索中，学生的情绪和情感都得到满足和释放，愉悦的情绪有利于智力的发展，也有利于学生习作时"有感而发"，不仅情感表达真实，而且通常都具有感染力。

根据《义务教育课程方案和课程标准（2022年版）》要求，小学第二学段的习作重点在于培养学生的习作表达，不但要乐于表达、大胆表达，还要真实生动的表达。通过教育戏剧活动，可以使平面化的知识与多维度的实践活动很好地结合起来，把书本知识、文字经验与实践活动进行有效衔接。学生通过参与教育戏剧活动不仅觉得有趣，而且能获得丰富、立体的知识和体验，获得学习的成就感，获得丰富的习作素材和真实的感受，同时，这些经历还会让学生变得有话可说，乐于沟通，乐于表达。

综上所述，将教育戏剧运用于小学习作教学，有利于发挥小学生习作的主体意识，激发小学生的习作兴趣，丰富小学生的习作素材，锻炼小学生的思维力、语言表达能力，释放小学生的情绪，进而提升学生在习作中的表达能力。因此，将教育戏剧应用于小学习作教学具备可行性。

三、基于教育戏剧的小学中段习作教学实践

（一）抓住戏剧内核，选择教学策略

习作的类型是十分丰富的，涵盖看图写话、情境习作、想象类、描叙纪实类……这些习作类型都可以通过教育戏剧策略来实现。教师可依据学生学情、教学风格、教学内容等因素，选择合适的策略进行教学。因此了解这些教育戏剧策略，对习作教学是十分重要的。本研究从写作语境创设、写作内容和人物塑造三个方面对教育戏剧策略进行举例介绍，说明其具体运用的方式，以及如何达到支持学生写作的目的。

1. 写作语境创设的策略

（1）坐针毡。坐针毡是指选择一个具有争议性的角色，请学生扮演接受全体师生的提问与质疑的角色。由于被选中的学生不仅要扮演的身份"尴尬"，总会产生"如坐针毡"的感觉，而且其所处的位置也在众人视线的集中之处，因此被称为坐针毡。在学生向角色提问的过程中，角色扮演者会反复经历角色的行为或态度。在这种探究式的学习中，学生学习到提问的复杂性，并与坐针毡者共同思考角色行为态度的发生原因，这一活动不仅能训练学生对文本的敏感性，而且能帮助学生更深入了解角色和理解角色的心理活动变化过程，提高学生的同理心。

（2）定格。定格是指电视电影等活动画面突然暂停，固定在了某一个画面上，由动态转变成了静态。而在戏剧教学活动中，定格则是指将字面的描述，通过学生动作和神态上的表演展现在班级同学的面前，相比于文字陈述，这种表达方式更形象、更直观，表演的学生可以在表演中思考神态动作产生的心理活动是怎样的，而身为观众的学生则能细致地观察到他们的神态动作，对原本是二维的画面描述形成一个直观的感受。教师也可以在学生表演时，突然喊停，将学生的表演暂停在一个定格画面中，使学生保持表演时的神态与动作。教师有目的地中途暂停活动，有助于全体学生跟随表演，深入故事发展，探讨人物角色心理。

（3）入戏。教师入戏指由教师作为角色之一，参与表演，这种方法虽然对教师的表演能力要求不高，但可以增强情境的真实性，让学生快速感知创设的情境。教师在表演中扮演角色，从人物角色或故事情节出发，支持和引导学生做出思考，成为戏剧表演中的参与者与指导者，起着推动性的作用，教师也可调节故事的进度与发展。在此过程中教师所要做到的就是明确自身在表演中的目的。为了做到这一点，新手教师在表演中可以选择高权威性的角色，起到指引作用，通过向其他角色传递信息、提供线索、发布任务等，控制戏剧活动的发生。在师生关系中，教师处于权威地位时，易对学生的表演产生负面影响，因此教师可以通过扮演从属角色消除教师身份带来的权威性，通过寻求帮助等方式发布任务，对学生的思考做出指导。通过现实中的权威角色、戏剧中的次等级人物，使学生在潜意识中感知自己的地位在教学活动中的提升，让他们自由地发挥。对于教师来说，中间人角色的作用更为灵活，它在表演中既可以承担推动故事发展的功能，也可以向观众或角色提供相关信息。教师入戏使学生与教师的地位趋于平等，在拉近师生距离的同时，能够更好地补充相关细节，引导故事发展。

在写作教学中，教师入戏首先能够创设一个真实的环境，在真实情境中激发学生的情感反应，提高学生的共情程度，以此帮助学生进行习作；其次，在这样的情境之中，教师将教育戏剧活动与习作相连接，有利于在真实情境中引导学生接受习作任务、感知习作内容、明确习作目的、得到习作指导。而教师在这样的环境里，扮演合适的角色，不仅起着教学指导的作用，而且成为学生的观众与读者，在潜意识中塑造学生习作的"读者意识"，帮助学生完成从"口头语言"到"书面语言"的转变，推动学生的习作学习进程，为学生的习作提供习作素材，丰富故事情节与内容。

（4）专家外衣。专家外衣指在教育戏剧活动中扮演某一领域的专家，通过"专业性十足"的专家角色对一些事物作出专业性的介绍评价等。在这个活动中，学生可能扮演任意领域的专家，如考古学者、发明家、动物学家等等。作为"专家"，学生需要具备充足的专业知识，这考验了学生课外搜集信息与整理归纳信息的能力，为了维持"专家"角色，学生需要一些基础知识和信息，如：如何完成一次考古并了解相关时代的内容、发明一件物品需要经历哪些步骤、了解一种生物需要明晰哪些方面的内容……在这场"专家外衣"表演中，每个人的角色都是虚拟的，因此在这类教学活动中，学生获得的相关性知识即便出现差错也不会受到嘲笑。

同时，这个活动对身体展示的要求并不高，实现的主要路径是角色代入，如何成为一个专家，如何通过专业的语言表达自身观点与要点都是学生要考虑的问题。在报告中，学生要注意不能照搬自己获得的信息，而是要对它们做二次加工，归纳总结文本内容，使材料更容易被理解，这是一个语言加工的过程，它完完全全赋予了学生权力，让学生感受到自己是课堂的主人，是教学的中心，有助于提升学生习作学习的内驱力，使其了解自己的重要性与价值。同时利用任务驱动的方式，提升学生在完成任务上的专注力。为了成为"专家"，学生会在课前仔细查阅课内外的资料，这既锻炼了学生信息搜集与归纳能力，又能增强学生在完成书面表达方面的能力。

2. 选择戏剧场景构思策略

（1）即兴表演。在教育戏剧的场景构想策略中，最接近真实戏剧表演的就是即兴表演，它是指学生未排练、自发形成的表演。这种表演既包括言语性的，也包括非言语性的；表演内容既可以是学生即兴创作出的表演片段，又可以是学生在演出中随性表演出的语言动作；表演主体既可以是个人，又可以是团体；表演素材来源既可以是教材文本，又可以是社会母题。即兴表演的自由度非常大，它不是为了复现某一片段，加深观众或表演者印象，而是为了在表演中创生出新事物、新观点，通过即兴表演，学生可以对某一角色、某一事件深入关注，并进行深层思考，从而发展出新观点，推动戏剧的发展。为了达到这些目标，教师在即兴表演活动中需要引导学生关注角色、情境、情节三个维度的内容，帮助学生搭建观察的支架，引导学生观察细节，观察情节变化与人物神态动作语气变化的关联，更好地实现即兴表演的功能。即兴表演包含的方面很广，但它的出发点与落脚点始终都是教学目标。因此，教师在教学过程中，必须与学生商讨课堂规则，明确教学目标，并在教学中严格执行，这是为了即兴表演活动能够有序开展。中段学生所处的心理发展阶段会使他们注意力难以保持长时间的集中，因此未明确秩序与目标，就有可能导致教学活动的失败。

即兴表演的主要功能有：帮助教师了解和评估学生的能力，如学生说话和倾听的能力、与他人合作的能力、想象的能力等；找准语言点（字、词、句或者情节）让学生演出来，可以帮助学生理解；给学生自由表现自我的机会；将学生的注意力集中在某一个场景，可为随后的写作提供内容素材；从不同角度探索戏剧中某个动作或情节可能产生的结果或影响，帮助学生厘清故事结构，打开写作思路。

（2）讲故事。自教育戏剧教学活动中，教师或学生可以适当地插入讲故事的环节，由讲述者快速地构建起一个故事的背景与情境，营造出故事应有的氛围，激发倾听者的好奇心，而倾听者则迅速接收信息，对故事作出相应的反应。故事结束后，倾听者可以适当地对讲述者做出点评，点评不仅仅针对故事发展的完成度与合理性，也可以针对讲述者的情感表达、用词方式、肢体语言等方面。在点评中，讲述者对自己的表述做出反思，并在下一次的讲述中做出优化，使学生有意识地学会通过肢体、语音语调、停顿等方式增强传递信息。

讲故事在写作教学中具有特殊的价值。通常情况下，教师在讲故事时，需要提醒学生结合实际，与生活经验相联系，既利于学生代入故事，又利于提高学生课堂注意力。学生在讲述时，可以使用第一人称进行，这样能提高学生的亲身代入感，使其更好地感受人物心理活动。教师在成为讲故事的人时，应使用合理的语言与故事架构讲述故事，在此过程中，教师的语言成为学生后续习作过程中的结构支架，不仅能帮助学生完成习作任务，而且对学生的表达能力起强化作用。首先，讲的过程就是语言组织的过程；其次，教师叙事为学生写作提供故事结构；最后，老师可以先讲故事，学生听完后通过复述或其他表演形式再次重现故事，在此过程中修正不合理、不符合逻辑的部分。当学生用他们的身体来表演故事时，可深化对故事的理解，提升习作逻辑与深度。

3. 选择人物塑造策略

（1）墙上角色。墙上角色是一种简单且直观的教学戏剧人物塑造策略，教师将某一角色的人物形象置于白板中间，在周围写上人物信息，让学生自由围绕人物进行讨论。值得注意的是，学生可以直接触碰该人物形象卡片，方便讨论与补充信息。这一策略使或许不会成为文章主角的人物置于关注中心，被详细讨论，同时引导学生通过其他视角看待事件的发生与人物行动的合理性，发展学生的同理心。在习作中，这样的教学方法，有利于加深学生对人物角色的理解，对描写人物的心理活动有促进作用。通常来说，人物的描写，可通过两个维度进行，第一个维度是人物的外在，包括人物的长相、特征和衣着等，学生在对这一方面进行讨论时，可以将内容扩展至人物背景，如果在学生小组活动时讨论，则应达到小组全部成员满意的程度。第二个维度是角色的情感，学生通过对人物在某一时刻某一情境中的行为神态，描述人物性格与心理活动，这样的活动有利于学生领会对人物形象的描述，使学生对人物的描写更为饱满。

（2）身体雕塑。身体雕塑适用于小学中低年级学生，它指表演者用身体做出某一目标动作后静止呈现，再由观察者们上台通过各种角度对表演者进行观察、讨论和评价。其中，可作为雕塑对象的不只是人物，还可以是植物、词语等等。

总之，教育戏剧策略丰富多样，针对不同情况可灵活使用，使之相互配合，也可独立使用。有的教育戏剧策略侧重于让学生通过口头表述，将心理活动表达出来；有的侧重于通过身体语言表达学生内化后的感知；有的侧重于学生的想象力与创造力培养，因此教师可根据不同习作教学目标，实施不同的教育戏剧策略。

（二）建构戏剧框架，引导习作过程

1. 搭建戏剧框架，回忆戏剧活动

教师可以在两个环节引导学生进行回忆，即在课时结尾处或在刚刚结束完活动的环节引领学生们回想教育戏剧的活动。根据教师的引导，学生可以有意识，有目的地将其在习作教学中所体验感受到的东西，有重点地转化为属于自身的习作素材。

其一，在课时结尾时进行回忆。此时回忆的对象是活动本身。学生在教师的引导下，对习作思路与习作素材进行整理，产出具有个人特色的观点，这是形成习作的重要环节。学生在整理的过程中，二次加工活动记忆，形成深层感知，使习作更具意义。其二，在戏剧活动结束时进行回忆。教师在活动结束后，直接引导学生对刚刚结束的活动进行相关内容的会议与争议，教师要为学生提供戏剧活动中的重要情境、内容，简而言之就是提供相应的戏剧框架，让学生借助该框架，对戏剧活动中产生的想法与感悟进行复现。学生借助戏剧框架，完成复现与感悟分享，就是对整个故事又进行了一次整理与复述，学生的思路就在这样的复述中变得清晰具体，从而明确掌握故事发展的逻辑，由此，文从字顺的要求得以在习作中被充分展示出来。教师在戏剧活动结束后直接引导学生进行回忆，就可以及时关注学生的学习进度，从而更好地实现习作教学的目的。

2.依据戏剧框架，指导习作过程

在基于教育戏剧的小学中段习作教学中，教育戏剧活动的开展是为了让学生经历充分感受的过程，这是一个积累习作素材的过程。学生在刚接触戏剧的时候，难免会因为新鲜感而感到好奇，也会因不了解而手足无措。因此教师需要清晰地分割教学活动中的小任务，便于引导学生完成并达到最终目标——完成写作任务。例如在《讲历史人物故事》这节课中，在学生写历史故事之前，教师需要逐步开展以下任务：①回想以前自己看过的历史小故事；②翻阅本单元的历史故事，查看其中有关语言、动作、心理等方面的描写；③仔细想一想自己要说的历史故事，想一想它给自己带来了什么收获，自己有什么感想；④小组合作，互相润色其他人的历史故事；⑤组内扮演，并派代表表演；⑥将故事写下来。先将一个完整任务进行分解，形成多个看似琐碎但实际所需时间不多的步骤，再让学生在这些步骤中明确习作任务，更高质量地完成习作任务，这样的教学方式能更好地增进学生习作自信。

（三）围绕戏剧中心，发展习作能力

1. 引导学生观察戏剧中心，抓住习作重点

在习作教学中，教师需要重视对学生观察能力的培养。这需要教师在教学中注意引导学生进行"真正的"观察活动，而不仅仅滞留于表面。观察滞留于表面，习作时就会缺少细节的描写，使习作成为干涩的流水账文章。

小学中段的学生正处于发展转变的关键期，教师在进行习作教学时，要注意创设情境，发挥学生想象力，使学生思维得到发展。教师应在活动中利用任务探究式的教育戏剧活动，调动学生积极性，使他们全方面沉浸式的进入教师所创设的情境中。此时的教师一定要把握好时机，引导学生观察，并通过口头或书面语言的方式将观察到的内容表述出来。

教师要注意以下几点：第一，说清楚观察的方法和技巧，并有意识传授给学生；第二，要遵循一定的顺序进行观察，不仅是为了防止对细节的遗漏，而且是为了让学生习惯有逻辑顺序的表达方式；第三，抓住被观察者的重点与"特殊点"，明确被观察者的特征，才能将一样东西有重点，有详略地描写出来。要鼓励学生在观察中进行表达。教师在教学过程中引导学生做出及时的表达，这种表达可以是学生对戏剧活动做出的反应，也可以是对其他戏剧活动参与者做出的点评，这都表明学生在观察中是进行内在思考的，因此教师在学生做出观察时必须给予适当的引导与启发，鼓励学生表达和思考。由于小学中段的学生刚接触"习作"这一概念，从一开始就让他们有逻辑有重点地做出表述是有难度的，久而久之学生便会对习作丧失信心。在这一阶段，教师可以从口头开始，对学生的表述进行梳理，帮助学生抓住观察的重点，整理思路，使学生的习作更为有效。同时，在教师鼓励表达的引导下，学生的想象力能得到更有序地发展，观察得越多，想象力的基础就越扎实，学生的习作内容也就更丰富。

2. 注意引导学生联系生活，表达真情实感

习作的一个要素就是作者最真实的内心表达，习作者自身经验就是习作的基础，已有经验越丰富，写作素材也就越丰富，这在《义务教育课程方案和课程标准（2022年版）》对习作的要求中也被反复提及，根据《义务教育课程方案和课程标准（2022年版）》以学生为主体，教师为主导的主张，教师要在教学活动中，把生活引入课堂，让学生形成主观感受并表达自己的情

绪或情感。教师创设出的戏剧性情境也多是基于生活的，学生在教师的引导下进行体验就会得到感悟，从而写出真情实感的习作作品。因此，教师在创设戏剧性情境之外，也要让学生深刻感受生活。在教育戏剧活动中，教师要积极引导学生进行探究，给予学生自由开放表达的机会，尊重学生的个性化表达，让学生在团队互动中交流感受，在交流互动中学会思考，学会使用恰当语言表达真情实感。

（四）分享戏剧成果，坚持多元评价

分享是习作与教育戏剧中不可或缺的一部分。习作作为表达自我的一种方式，学生习作并分享展示作品，可以得到同辈评价，同时也能脱离教师权威性的主观评价，融入平等的沟通氛围，脱离面对权威的紧张感。"分享"起到了教育戏剧的"戏剧停顿"作用，能予以参与者思考、复盘的时间，在这一过程中，参与者与观察者可以通过多元角度讨论进行分析，师生双方都可以分享自己的看法与感受，使双方都对习作内容有更深的了解，这样有助于学生养成善于发现问题，并进行思考或反思的习惯。因此，坚持多元评价，鼓励分享戏剧成果是非常重要的。

1. 学生自评：勇于自我分析

学生自评是学生针对自己的表现作出的评价。学生习作完成后，教师首先应当引导学生阅读自己的习作。在此过程中，学生需要对自己的习作再一次进行审阅，对一些显而易见的问题进行修改，并再一次梳理思路，明确习作内容。学生自我评价的过程同样可以被视作"分享"的过程。在自我评价中，学生可以将自己习作的优点展示出来，将是如何思考、如何写作的方法分享出来，也可以和他人一起探讨习作过程中出现问题的解决办法，这对于自评的学生来说，是一次提高自己表达能力的机会，其习作积极性与参与度也会由此得到提升。

2. 学生互评：敢于交流看法

学生互评是指班级上其他同学对发言者的言论或表演者的表演进行评价，小组互评、同桌互评都属于学生互评方式。学生互评的过程能够激发课堂的活力。学生通过阅读他人习作，表达自己的看法，实现沟通交流的过程。在这个过程中，学生可以看到其他同学作品中的闪光点，学习到可取的

地方；或者发现他人的缺点，在指出他人习作不足时，也完成了自我审视，这种互评，并不仅仅是书面或者口头的，而且是一种思维的碰撞交流，学生在互相评价的过程中，交换所思所想，互相学习。在这种交流表达的良好氛围中，学生能够进行更深层次的思考，提升学习的内驱力与习作主动性。当然，学生互评同样需要教师的参与，教师需要在学生之间产生意见冲突或寻求帮助时，及时给予指导。

3. 教师评价：总结与指导

小学中段学生的认知发展与心理发展都是不够成熟的，学生在这一阶段提出的自评或互评都是较为片面的，所以需要教师对学生习作作出明确的指导性评价，这要求教师综合学生此前的自评与互评，在对学生学情有充足了解的基础上，作出阶段性评价。除此之外，还需要注意评价语言的独特性，尊重学生的个体差异。小学是学生身心发展的关键阶段，受教师评价语言的影响，学生对教师评价的接纳程度是不一样的。因此在评价时，教师应当注意避免空洞的"真棒""很好"一类描述性的正面词语，应结合学生学情与习作情况，给予学生实际且有价值的指导性评价，在肯定学生优点的基础上，针对学生的具体表现给出有操作性的指导，促进学生向更好的方面发展。

总之，基于教育戏剧的小学中段习作教学是符合新课程要求、符合小学生身心发展的，并且它有利于提升教师习作教学水平和学生习作积极性与习作能力。

第四节 手抄报漂流习作教学融入小学中段的探索与实践

一、手抄报漂流式习作教学的概念

（一）手抄报

手抄报是一种可传阅、可观赏，也可张贴的报纸的另一种形式。手抄报是模仿报纸用钢笔书写的，可传阅，也可张贴的小报。在学校，手抄报是一种很好的第二课堂活动形式，和黑板报一样，手抄报也是一种群众性的宣传工具。

（二）漂流

"漂流"一词，在这里并非指在水中进行的一种活动，而是作为一个动词，指在学习过程中，将书本、作文、作品等各种信息载体在小组内、班级内进行接力式的传递，并由受传递者进行评价，再由传递者进行修改的一种协作学习活动。近年来，"阅读漂流""日记漂流"等实践研究非常多，此次研究的内容就是将手抄报进行漂流的作文教学。

（三）手抄报漂流式习作教学

手抄报漂流式习作教学即指导学生搜集手抄报素材，制作手抄报，在班级中交流互评的一种作文教学的循环模式。习作之前，学生被要求收集积累素材，整理相关的体验感悟；习作之时，学生需要借助先前准备的各种素材运用文字完成习作，将已有素材灵活运用到手抄报中；习作之后，习作和手抄报中的各种元素，需要进行生生之间、师生之间、亲子之间的批改、讲评、分享等等。手抄报漂流式习作教学就通过这样一个完整的循环，让学生去发现生活中的美，收集生活中的习作素材；让学生去创造美，完成习作结合素材，制作独一无二的手抄报；让学生去感受美，通过欣赏他人的手抄报，评价他人的手抄报，与同学共同进步。手抄报漂流式习作教学的最终目的是使学生的习作兴趣得到最大限度的激发，学生的遣词用句能力得到提高，学生的审美能力也得到相应的提高。

二、手抄报漂流式习作教学的做法

（一）组建小组，轮流创作互评

学生的习作水平是有差异的。具有较好阅读习惯与能力的孩子笔下的习作语句通顺，能够运用自己在阅读中积累的好词好句和修辞手法进行习作，而阅读习惯较差，基础欠佳的学生写的句子很多时候不够通顺，文章中错别字和病句频频出现。在传统的周记效果不好，班级整体的写作氛围不浓，写作兴致不高的情况下，本研究将班级的39人编为6个小组，每组6或7人。每一组中有1或2名写作水平较好的同学，1名写作水平比较低的同学，其余几位则是写作水平一般的同学。之所以这样分组，是希望在习作和手抄报制作的过程中，让一部分擅长写作或爱好写作的同学率先感受到被认可的喜悦，然后通过不断的组内交流与学习，带动组内全员喜爱写作，喜爱手抄报，喜爱交流和分享手抄报。同时，这样的分组方式有利于小组成员间相互监督、相互评价、相互影响，真正地做到写作活动人人参与。

（二）调动家长，学校带动家庭

教师可以利用学期初的家长会，向家长们说明制作手抄报漂流的意义和操作方法，得到家长们的大力支持。对此，家长们纷纷表示，如果能够激发学生的创作热情，提高学生的写作能力，他们非常愿意全程参与到手抄报漂流式习作活动中来。在手抄报漂流式习作教学中，教师必须全程参与，认真欣赏学生们的手抄报作品，阅读学生们的作文，记录批阅手抄报的感受，在交流时真实地与孩子们分享。在课后，教师把手抄报作品连同同伴、教师的评价一同"漂流"到学生家中，参与学生手抄报评价的家长就会越来越多，写出的评语也会越来越富有激励性，个别水平较高的家长，写出的评语具有专业性和指导性，会让学生们获益良多。

（三）鼓励动笔，完善奖励机制

教师要意识到激发学生兴趣的重要性，为了让学生认真创作手抄报、认真交流评改手抄报，教师、学生和家长们应共同制定出一系列科学的评价机制，如对手抄报中文章写得好、手抄报制作得有创意、评改他人文章积极有效的同学给予班币奖励。每一期手抄报漂流式习作教学循环完成后，就累计个人、小组的班币数量。小组排名前三的不仅可以在教室门口的温馨提示栏中点名表扬，还可以全组同学奖励游戏时间或是减免机械的抄写作业。个人排名前五的学生不仅可以在班级QQ群里得到点名表扬，而且可以获得小文具、小零食等物质奖励。此外，为了让手抄报漂流活动真正地做到全员参与，为了家长们也能够积极参与到手抄报漂流活动的评改分享中来，教师还特别为家长准备了小小奖励。家长参与评改的，孩子可以获得一元班币，家长评改得较为积极或建议有效的，教师可酌情再奖励孩子一元班币。

三、手抄报漂流式习作教学的特点

（一）真实性

写作就是作者借助语言文字表达出自己对生活的体验与感悟。然而在作文教学中，一线教师常常会发现孩子们的文章摘抄自一些作文辅导书，根本就不是他的真实经历，更不可能有真情实感。手抄报漂流习作教学要求内容是真实的，要求孩子们在搜集素材的过程中，联系自己的过往经验，他们创作手抄报所使用的一枚票据、一幅插图、一张照片等，都应是真实素材，自然而然学生的文章也应该是真实的。学生以自身的过往经验为题材，从真实的生活实际中提取出写作的素材，将现实生活中令他快乐的、难过的、伤心的、激动的、难忘的、不舍的等不同的真情实感记录下来，有感而发，完成"真实的"创作。当然，这并不是说，作文一定是完完全全真实的，它可以在原有生活的基础上进行艺术的再创造。好的作文应该来源于生活，又高于生活。

（二）启发性

手抄报漂流习作教学具有启发性，主要体现在作者和读者、评议者之间通过手抄报，既进行了文字交流，又进行了材料共享，更基于此发生了思想碰撞、思维沟通，最后相互了解、相互启发。在传统的作文教学中，通常只有单一的一个读者，也就是教师，即使是在进行作文讲评和交流时，教师通常也只是选择几篇具有代表性与典型性的文章进行分享。事实上，对学生作文的评价通常是由教师独自完成的。而手抄报漂流习作教学打破了这一传统，将学生作品的读者由教师扩展至全班学生、家长，读者的多样化为作者带来了多样的启发。不光是作文部分，学生在手抄报上开辟的"名言堂""创作花絮""小作者简介""资料库"等板块也呈现出百花齐放的局面，同一写作主题创作出的不同手抄报也使各位作者、读者都获得了极大的启发。

（三）延续性

手抄报漂流习作教学还具有延续性。主要体现在：小作者的手抄报完成之后，先由小组同伴进行交流评价，写上几句评语；再由作者回收手抄报后并根据同伴的建议进行修改；之后，手抄报漂流到别的小组、家长、教师手中，由他们附注一些评语，手抄报的作者可以再次进行修改，使每一份手抄报在漂流中常读常新，常改常新。这种延续性的习作教学可以使学生养成良好的习作习惯，使学生经常翻阅和修改自己的文章，对文章中的遣词用句更为严谨。

四、手抄报漂流式习作教学的实践

（一）积累手抄报素材

作文的素材不光来源于课堂，来源于文本，更为重要的是来源于学生们的日常生活。生活是一股汩汩不息的清泉，其中流淌的每一颗晶莹的水滴，徜徉的每一条小鱼，都是孩子们写作的好素材。一线语文老师时常强调，要想写好作文，必须引导孩子们做个有心人，用心观察生活、体验生活、记录生活，手抄报的制作更应当从生活的点滴中积累丰富的素材。

1. 留住最美一刻

大自然在孩子们的眼里，是神秘有趣、美丽多彩的。日月星辰的变换，一年四季的更替，大好河山的壮美，值得人们好好探索一番呀！怎样才能让学生笔下的大自然如同他们所看到的一样灵动鲜活，如何引导孩子们将所见、所闻、所感、所想，都转化为通顺优美的字句表达出来，是一线语文教师尤其是中段写作入门阶段的语文教师的重要任务。手抄报使孩子们的写作不仅有文字，而且可以配上照片与绘画，大大丰富了孩子们的写作素材。学生为了制作出精美的手抄报，往往会用心查找资料，拍摄照片，临摹手绘，也会细心观察自己配上的图片和照片的细节。这样一来，学生对所见所闻的印象不断加深，下笔自然也不同于以往了。

例如，在"秋天的图画"习作教学时，教师可指导学生拍摄或者画出秋天中的景物，然后完成习作手抄报。这样的作业对孩子们来说无疑比"周记一则"温暖得多,有趣得多。他们有的在手抄报上贴上自己收集的各种落叶,介绍秋天里叶子的变化;有的在手抄报四周画满自己爱吃的水果,描绘果园里鲜果飘香的景象;还有的贴上搜集到的田野资料图片,赞美田野里那一片丰收的金黄……孩子们手抄报中的秋天真实、丰满,他们笔下的文章也自然充满生趣。

2. 捕捉感动瞬间

在学生的生活中,每天都上演着不同的故事。可以说,他们的世界五彩斑斓,无比精彩;他们的感受独一无二,细腻丰富。不管是在学校生活中,还是在家庭生活中,每天都有各种高兴的、难过的、感动的事件发生。可是,当教师要求学生写周记、记日记时,孩子们通常会非常苦闷,搜索枯肠也写不出那些真实的高兴、难过和感动。这究竟是为什么呢?原来那些平凡又美好的瞬间被孩子们选择"遗忘"了。这里的"遗忘"并非真正的不记得了,而是指他们没有刻意去回想当时的情景。因此,教师应鼓励并指导孩子们学会捕捉身边的每个感动瞬间。在开展手抄报漂流活动时,教师可以把孩子们在校的活动片段拍下来,用作写作的素材。当把这些素材展示在大屏幕上,并要求学生制作一份手抄报时,学生就能记起当时的情境,从而能借助由相机捕捉的一个个瞬间,写下令人感动的同学之情。

3. 关注周围世界

在当今这个日新月异的世界中,学生需要拥有广阔的视野和丰富的信息量,以适应社会的变化和挑战。为此,鼓励学生通过多种方式积累素材,扩大视野,关注周围的世界。鼓励学生关注时事,时事新闻是学生了解国内外大事、社会热点的重要途径,学生可以通过阅读和剪报,提高自己的新闻敏感度,丰富自己的知识体系,同时培养自己关注社会,积极参与社会的热点讨论的习惯;指导学生注重积累,如名人生平、格言警句等,名人生平可以启发学生思考人生价值和意义,格言警句可以锻炼学生的语言感知能力和思维敏锐度;鼓励学生大胆创作,将纽扣画、树叶贴画、手绘涂鸦等艺术形式作为写作素材,鼓励学生发挥想象力,表现自我,让他们在创作中发现和欣赏生活中的美,从而丰富他们笔下的世界。通过关注周围世界,学生不仅可以积累丰富的素材,提升写作能力,更可以养成关注社会、热爱生活的态度。

（二）营造手抄报漂流习作教学的氛围

1. 习作前，分享素材，互吐心声

教学是教师的教和学生的学所组成的一种人类特有的人才培养活动。在教学的过程中，必然会发生教学交往与师生互动。在每次作文教学之前，由教师引出主题，学生结合生活体验，先说后写。但是自从有了手抄报来承载学生的写作与感受之后，习作前又增添了一个活动：孩子们分享自己收集到的素材，上台来简单介绍一下。比如：在教育部统编的四年级下册习作教材中的第六单元习作课程《我学会了××》中，孩子们带来的素材很多，有初学拉丁舞，姿势不太标准的照片；有折纸小手工；有各种格言警句，如坚持就能成功……这些素材能让他们回想起当时的真实片段，也让他们的手抄报有了丰富的元素。

此时，教师只要组织好分享交流的活动即可。在分享素材，互吐心声的环节中，教师应尽量营造出宽松、民主、和谐的分享氛围，让学生充分地回忆并讲述有关素材的小故事，帮助学生理清行文的思路。通常教师在请了几名思维较为活跃、表达较为清晰的同学在班级中分享完之后，为了让所有同学都参与到分享交流的活动中来，会以小组为单位，组织学生轮流讲述并倾听自己与同伴的故事或经历。小组交流活动既让每位同学都能分享自己带来的素材故事，又能帮助学生在讲述中理清自己的陈述顺序，更能使其与同伴的思维相互碰撞，火花四溅，从而将自己的故事或经历生动地描写出来。

为了创设一个民主和谐的交流环境，教师的适时参与交流必不可少。以《我学会了××》为例，一个学生分享了自己学习拉丁舞参加各项比赛的故事。可是当她分享完之后，许多同学纷纷表示自己并没有什么值得一提的特长与学习经历，一时间，课堂氛围变得沉闷了。此时，教师可以立刻拿出预先准备好的折纸作品向日葵，与孩子们分享自己小时候学习折向日葵的故事。在此过程中，教师把折向日葵过程中的心情、困难与孩子们分享，孩子们听得津津有味，话匣子由此再度打开，"我学会了炒蛋炒饭、我学会了跳长绳、我学会了制作手抄报……"。获取了直观的素材，产生了真实的体验，孩子们也就拥有了想要表达的欲望，自然也不会因为没有内容可写而绞尽脑汁了。

2. 习作时，结合素材，表情达意

完成了手抄报素材分享，并初步组织好习作语言之后，接下来的时间就应当真正用于孩子们自己的习作了。此时，教师应该给学生提供一个安静的思考环境，让他们将刚才分享交流过的内容，加上自己内心独特的感受和体会——用文字记录下来。教师应当让孩子们感受到和享受与自己对话的快乐，从而在习作时在字里行间袒露心声，真情流露，真正实现"我手写我心"的美好境界。当学生写作遇到阻滞时，教师可以通过其搜集的素材，帮助学生回忆起真实的事件及真实的情感。在这个过程中，教师应该注意的是，首先不必急着向孩子们传授写作的技法，以免打断孩子们的思路，浇灭他们的写作热情；其次是面对一些本身写作能力较为薄弱的学生，教师可以引导他从自己搜集的素材出发，通过问答交流的指导形式帮助他回想起相关生活经验，帮助他组织好语言，鼓励他大胆写作，只要学生的表现较之自身以往有进步，就是优秀的。

由于要制作手抄报，光有习作还不够，教师可以适当地指导学生将搜集到的素材与习作结合，通过独特的构思、排版，添加属于自己的独特小元素，制作出独一无二的手抄报。

3. 习作后，结合素材，完善评价

手抄报完成以后，评价与反馈极为重要。教师若能够及时有效地对学生的习作进行反馈，学生对写作的热情将会比未及时交流的情况下高得多。学生是否热爱写作，很大限度上取决于教师有没有进行及时有效的反馈。在没有实施手抄报漂流式习作教学之前，学生最喜欢看教师写给他们的周记评语，教师的一句好评，往往能让学生兴奋好几天。教师如果能够充分挖掘并发挥出习作评价的重要功能，必定能让孩子们的写作兴趣更为高涨，从而使孩子们的写作水平有效提高。

教师要关注学生修改作文时的态度、过程和方法，通过学生之间的自改和互改，促进相互之间的了解和合作，从整体上提高学生的写作水平。因此，在手抄报漂流活动的第一环节，教师可安排学生进行互评。手抄报完成以后，教师可安排手抄报先在组内进行漂流。小组是事先安排好的，每组由6～7个学生组成，教师要有意识地使每个小组的成员尽量均衡，既有写作能力较强能够帮助同学的写作能手，也有写作能力薄弱需要帮助的同学。通常小组内采用轮流阅读或集中阅读的方式展开漂流活动。在小组长的带领下，每个小组成员都必须参与到他人的习作及手抄报评价中来，也能够获得他人的建议，长此以往，孩子们逐渐感受到自己才是习作活动的主人。

这里必须一提的是，由于手抄报本身是一份完整美观的作品，所以孩子们的评语是不能直接写在手抄报上的。教师在班级中可以向每小组分发一个A4大小的绘画本，小组成员将手抄报粘贴在绘画本上，左侧空白页上便是写评语的地方。

手抄报漂流活动主要是在小学中段开展实施的，一些能力较强的学生能够在互评中向他人提出较为客观的建议，能模仿教师给同伴写评语，这在无形之中也提高了这些学生自己的审美能力。而一些原本能力较弱对写作不感兴趣的孩子也逐渐喜欢手抄报漂流活动。另外，手抄报制作精美，排版富有创意，具有直观的美感，这也促使学生去阅读和评价同伴的文本。

（三）提供手抄报漂流平台

1.学习加油站

学习过程中，学生会产生许多的感悟和情绪。学完一篇课文，解决一道难题，掌握一种方法，认识一种事物，读了一本好书，解读一句名言，产生一种情感，学生都可以用小练笔的形式及时写下自己的点滴感受，这种小练笔的形式叫作"学习加油站"，通常需要每个月完成一次。教师对小练笔的篇幅不作规定，鼓励孩子们自己定，它可以是一篇文章，也可以是一个段落，有时甚至几句话也可以。总之只要孩子们愿意写，就是好的。

2.成长记事本

教师应要求学生每月选择一件具体的、自己印象深刻的事情写下来。有能力的同学可以写得具体一些，水平不足的同学则可以写得简略一些。这部分内容取消了对学生习作字数的要求，兼顾了水平较差的学生，考虑到了生生之间的客观个体差异，无疑给了孩子多一些自由，少一些束缚。这样做也是希望学生能够在平时生活中做个有心人。教师应引导学生有意识地对生活进行观察和积累，储存一些真实的写作素材，到了需要动笔的时刻，学生可以从自己的记事本中挑选已有的素材，找到相关的记载，回忆相关的感受，不必为了寻找素材搜索枯肠。长此以往，学生觉得自己的写作素材多了，写作不费力了，那么自己写作的积极性也就高了，就不会再畏惧写作了。

（四）班级手抄报展示

手抄报是一种非常直观、形象的作品，孩子们对欣赏、评价他人的手抄报总是乐此不疲，同样地，孩子们也十分看重同伴和老师对自己手抄报作品的评价。每次手抄报完成之后，孩子们总是催促着教师赶快进行小队内的交流。在班级中开展形式多样、丰富多彩、全员参与的写作手抄报漂流活动，能充分发挥同学的互助作用，从而很好地激发学生的写作兴趣。教师可以在班级后面的软木墙上开辟出一方"手抄报收获园"，作为班集体交流的绝佳阵地。如今班级QQ群空间、班级微信群每周都会展示出优秀的手抄报作品，供全班学生学习、欣赏。下课后，学生会兴致勃勃地围在教室后面，津津有味地欣赏同学的作品。

每个学期，班主任或习作教师挑选优秀的手抄报作品，附上学生、家长、老师的评价整理成册，编辑属于班级的手抄报作品集，并请家委会打印制作，发到每个孩子手中。在如今无纸化办公的大背景下，这样的形式显得更加有意义。长此以往，班级中每一本手抄报作品集都凝聚着孩子们的心血，是一笔宝贵的精神财富。每当有其他学科的老师和客人来到班级时，学生们总会小心翼翼地捧出他们的作品集，自豪地向客人介绍，学生在交流中也感受到了收获的幸福。这些班级手抄报作品集记载了孩子们的成长历程，值得好好珍藏。

第八章 小学高段习作教学的探索与实践

第一节 思维导图与小学高段习作教学

一、思维导图相关理论研究

（一）思维导图概念

思维导图（The Mind Map）是一种思维图示化的工具。20世纪60年代，英国著名学者东尼·博赞（Tony Buzan）首次在其著作《思维导图：放射性思维》一书中提出这一概念。思维导图是一种放射性思维的表达方式，也是人类思维的自然功能。思维导图是一种非常有用的图形技术，是打开大脑潜能的万能钥匙。

思维导图包含六大核心要素，分别是中心图、关键词、线条、图像、颜色以及结构。思维导图通常是以中心图为核心要素，利用粗细不一的线条围绕中心图形不断进行发散从而形成不同的分支，在不同等级的分支上用不同的关键词进行标识并配有生动的图像。绘制者可以通过色彩的对比以及线条、关键词和图像的应用形成一幅灵动活跃的可视化笔记。

不同的学者对于思维导图的类型看法不一，有学者将导图的类型划分为辐射模式、聚敛模式、环状模式以及综合模式；还有学者将其划分为圆圈图、树状图、气泡图等多种类型。思维导图的使用主要强调发散性、直观性、整合性，对思维导图的具体类型不作明确要求，故本研究将思维导图定义为将高维度思考与图文并茂形式相结合,围绕中心图形用粗细不同的线条、对比鲜明的颜色以及个性化图像进行发散,并在不同的分支上标注不同关键词的可视化工具。

(二)思维导图的特点

刘炳霞认为思维导图有三个特征:一是吸引读者的中心主题;二是由中心主题出发的主干;三是主干后面形成的分支。小学的低中年级可以使用图文结合的导图,到高年级可以逐步使用纯文字的导图[①]。朱柯珂认为思维导图的基本特点有两个:一是其主干作为中央图形的分支向四周发散;二是其分支由关键词或关键图形组成[②]。结合两人的观点,本研究认为思维导图具有以下四个特点:

1.具有一个中心主题

任何思维导图都是围绕某一个中心内容展开的,因此,思维导图的第一个基本特点,也是最主要的特点就是它具有一个中心概念。

2.具有层次和分类

人们在绘制思维导图时,会围绕中心概念产生次级概念,这些次级概念接着又会生成许多再次级词汇。不仅中心概念、次级概念、再次级概念的划分体现了思维导图的层次性,线条的粗细也体现了该特点。越远离中心概念,线条越细。而连接同一层次概念的线条则粗细接近。次级概念之间、再次级概念之间以及表达他们所使用的色彩都表达了不同的分类,体现了分类性。

3.具有有序性

思维导图中的内容按照一定的逻辑顺序排列,使其具有一定的顺序性,使思维导图看上去排列有序,而不是杂乱无章。

4.简明性

思维导图可以只显示关键词汇,将使用者的注意力集中到真正的主题上,节省使用者的时间,加强使用者的记忆。

---

① 刘炳霞.思维导图辅助解决小学作文教学难题研究[D].烟台:鲁东大学,2014:35—38.
② 朱柯珂.思维导图在小学语文中段习作教学中的应用探析[J].西部素质教育,2017(14):1.

（三）思维导图的绘制要素

思维导图的绘制离不开关键词、文字、线条等要素，教师自身需要明确思维导图的绘制方法及原则，才能更好地将思维导图运用到教学之中，并对学生的绘制做出正确的指导和评析。因此，思维导图的正确绘制是将其运用至写作教学的第一步，也是最重要的一步。

1. 中心图形

中心图形是整篇思维导图的核心要点，在绘制时应将其置于纸张的中心位置。中心图形是整篇文章的写作中心，因此在绘制时应尽量突出其显著特点，从而达到学生对主题的鲜明认知，进行更多与主题相关的发散。中心图形的绘制不应过大也不应过小。学生思维导图创作主要以纸质创作为主，而纸张的大小有限，中心图形过大会导致学生受条件的限制无法进行更多层次的发散，而中心图形过小则会削弱学生对于中心图形的清晰感知。因此，中心图形的绘制要遵循大小适宜、形象鲜明的原则。

2. 线条

线条是连接中心图形与各层级关键词的桥梁。作为延伸拓展的媒介，各层级线条首先应该彼此相连。例如，中心图形应该与一级分支相连，一级分支又与该分支下的二级分支相连，但相同层级下的主题各不相连。其次，不同层级的分支应该用粗细不一或者花式各异的线条加以区分，如若全图都采用一样的线条，则无法更加直观化、图像化的分析各层级的关系，会导致思维的混淆，使学生在作图中思维混乱，在作图后也无法有效地将导图内容转化为习作内容。最后，线条的数量不宜过多或者过少。根据加涅的信息加工理论，人的记忆组块为 7 加减 2 的容量，只有这个范围内的信息可以通过编码进入到短时记忆中，在相同时间内，大多数人只能同时注意并保持 7 加减 2 范围内的信息。因此，同级分支应尽量保持在 7 条左右，过多的分支可能不是因为思维的发散维度庞大，而是缺乏整合概括的能力，需要对已有的信息进行重组编排。

3. 关键词

每层分支上的主要内容都需要用关键词的形式加以概括，因此，关键词的概括性和准确性也是绘制思维导图的核心要素之一。思维导图主干结构的绘制，一般以名词为主，用简短的词语进行概括，再用动词、形容词对其进行补充，最后将其书写在对应的分支上方。在构思文章时，只要能提炼出触动灵感的关键词作为写作的提示即可，但应尽量保持同级关键词词性的一致以及内容的匹配度。提炼关键词也是训练学生思维的重要一环。在思维导图运用于阅读的教学过程中，教师可以在教学过程中引导学生对文章的关键信息进行提取，从而概括出最为凝练的中心词语。阅读与写作不可分割，导图的绘制要经历由收到放的过程，先学会对他人的文章结构进行概括整理，再进行思维方式的训练，才能在绘制自己的导图时做到有的放矢、主次有别。

4. 图像

图像是思维导图绘制过程中的辅助工具，它一般画在线条上或者关键词的旁边。首先，图像一般被应用在关键词的旁边，当作者的思维已经无法用简短的关键词加以概括时，添加重要图像可以使人联想到更多更丰富的内涵，激发人的无穷想象。其次，在抽象的、难以理解的关键词旁边添加图像，可以帮助学生在再造的过程中生动形象的理解导图的含义，从而降低习作难度，激发习作兴趣。图像以生动直观、鲜活灵动的特点激发学生思维的跳跃，但在实际的作图过程中，图像作为一种思维可视化的辅助性工具，往往被学生忽略。

5. 色彩

由于人脑的图示化思维，大脑往往对色彩鲜明的图画更感兴趣。中心图一般要求使用三种及以上颜色，并以红、黄、蓝三种颜色为基本基调。使用线条时，同级分支使用同样的颜色，不同层级之间的线条用不同的颜色加以区分，并要求使用对比色以防混淆。色彩的使用赋予了思维导图新的灵魂，使其表达的形式更加丰富多彩，也增加了导图的艺术性。一幅好的导图就像一幅艺术品，色彩的匹配使作品产生相宜之美，进而提高了学生对所写内容的兴趣并激发写作的积极性和参与度。

二、思维导图辅助小学高段习作教学的流程

（一）定位中心，合理选材

对学生进行习作指导的第一步就是要让学生明确习作主题，"万事开头难"，习作涉及的素材不仅非常全面而且复杂。受生活经验的缺乏以及语文

能力欠缺的双重制约，小学生在习作时存在开头难的问题。解决学生这一问题主要是在学生习作前打开学生的习作思路。思维导图体现着绘图者的思维走向，调动学生的思维发生裂变，激发学生的习作思维。每篇习作都有明确的习作要求，当学生了解习作主题与习作范围后，提取习作的中心点，作为习作导图的中心，并由此展开大胆地联想与想象，由中心发散出无数的分支。学生在发散出的分支中可以进行合理地选材，提取出关键词，构建出习作导图的第一层级。

（二）整体构思，梳理思路

习作教学的第二步就是在学生确定了习作主题、选择了习作素材后，对习作素材进行整合，全面考量习作的篇章结构。小学生的思维具有随意性，在习作中常表现为想到哪就写哪，习作缺乏条理性，层次混乱，详略不当。思维导图呈现了学生的习作过程，将学生的习作素材进行有机地梳理，使学生在习作前便可对习作进行整体把握，确保习作更具条理性。由于学生的生活经验不同、思考方式不同、学习能力不同，学生对相同的习作主题，会发散出不同的想法，因此，思维导图可辅助学生将各自的想法以关键词的形式记录下来，按照导图的层级性构思习作，避免出现逻辑混乱的现象。

（三）丰富内容，增添文采

在习作教学以及对学生习作作品的分析过程中发现，学生平时积累的好词佳句在习作时经常被忽略，写出的作文就算是思路清晰，但也缺少文采，读起来平淡无味。这时教师可以指导学生在逐步完善思维导图时，将有关习作的好词佳句呈现在思维导图中，也可适当地使用一些修辞手法，让学生对自己的习作内容进行充实丰富。

（四）点评导图，修改习作

好的作文不是写出来的，而是改出来的，一篇好习作的形成，要经过精雕细刻。从习作框架的宏观掌控，再到词句的微观把握，都需要教师及学生的认真思考。习作后的修改环节对提升学生的习作能力至关重要，但在习作课堂中却被忽略。思维导图在学生作文形成前，将学生的思维过程呈现出来，使学生从整体层面检查习作是否紧扣主题、布局是否合理、内容是否生动具体；在发现问题时，可以在习作导图上及时修改调整；在检查完各自的习作导图后，小组之间可以进行交流，互换导图，相互修改，在交流过程中思维发生碰撞，将新的想法补充到习作导图中。教师也可以根据习作导图，发现学生习作过程中可能会出现的问题，并及时给予指导。经学生自己、同学、教师三方对习作导图的考量，习作修改能够真正发挥其作用。例如一名同学在写作《我的小狗》一文时，在修改习作导图的过程中，她发现用可爱、爱干净、忠诚等词语描写小狗太过空洞，在认真思考后，她想起小狗在日常生活中的种种行为，并对应的添加到习作导图的枝干中，使文章的内容更加具体；在小组的讨论中，组员建议她对忠诚部分详写，这样可以体现小作者与小狗间的浓浓情意，使文章更具真情实感。经过对习作导图的修改，这名同学最后的习作脉络清晰、层次分明、内容丰富，并且突出表现了其与小狗间的深厚情感，习作完成得一气呵成。

小学生的习作类型包括写人、记事、写景、状物、想象、看图、读后感等几大类，思维导图辅助小学语文习作教学的相关研究则应主要集中于写人、记事、写景、状物等几大类。借助思维导图指导学生对人物进行描写时，引导学生对描写人物的外貌、性格特征，以及代表事件进行思维发散。在对外貌进行描写时可以以容貌、神态、姿态、服饰等为分支，描写这些特点时要做到时刻为文章的中心服务，尤其其中的外貌描写应力求做到符合人物的年龄、身份、经历和个性，决不能出现"千人一面"的倾向。把握人物特点，可以以人物语言作为分支。在生活中，人们的个性、职业、年龄及所处的时间、环境和地位不同，说出的话也不会完全相同。一个人的语言，就是他思想感情最直接的流露，因此，一定要注意人物的语言描写，时刻做到"言为心声"。另外，也可以以恰当的事例作为一个分支，侧面反映出人物的形象，选择事例时，不要认为能表现人物思想品质的事例一定都是惊天动地的大事，应该选择有代表性的日常生活中的平凡小事，以小事来表现主题，体现中心。

记事类的文章，是指以写事为中心，通过对事情的描写，反映人物思想、社会变化等问题的一类文章。写好记事作文的基本要求就是，要按事情的发展规律，把事情交代清楚。因此可以以事情发生的时间、地点、人物、起因、经过和结果这六大要素作为习作导图的分支。要想文章内容完整，主题明确，六点中事情的起因、经过和结果最为重要，写作时应注意选择能突出文章中心的典型材料。小学生写记事作文，一般都是写自己身边熟人的平凡小事。生活中的小事很多，要从中选择最典型、最具有代表性的事例来表达文章要求的深刻道理和闪光思想。进行描写时，应对事件的成因，人物的行动等进行细节描写，并补充到相应的分支上，特别是对文章的重要部分，如事情发展的关键时刻和高潮部分，应该写得越具体越好。

写景类作文的重点是要善于观察，找出景物独有的特点。观察就是运用人的各种器官，如视、听、触、嗅、味觉等作为分支来感知事物。观察时，要细致，要学习抓住景物的特点，也就是找出被观察景物与其他不同类景物及同类景物之间的区别，从不同角度入手，写准景物，写活景物。对景物的顺序描写不能乱，可按景物的空间顺序来写，如左、右、前、后、东、西等方位；也可以按时间顺序来写，如一天之内的早、中、晚，一年内的春、夏、秋、冬等；还可以按游览顺序来写，这些都可以作为习作导图的分支。

状物类的习作要求对物体形态的描写要逼真，应当以物体的外形作为一个分支。每个物体都是由许多部分组成的，缺少任何部分，都不是完整的物体。写作时应根据物体的外形特点，分清主次，分布在导图的不同分支上，突出重点来写。描写要做到生动有趣，条理清楚，文章结尾可以托物言志，寄予作者情感。

思维导图让学生在习作前，将自己选择的习作素材进行分类整理，并通过习作导图的构建，理清习作思路。习作导图将学生的思维外显，使学生明确习作的内容是什么，应按照怎样的逻辑进行习作构思，尤其是导图的放射性结构，激发了学生的思维，有利于学生回忆起头脑中已有的知识经验。习作导图能够将修辞手法与好词佳句适当地进行呈现，使习作的内容更加生动具体，为习作增添文采。

三、思维导图在小学高段习作教学中应用价值

（一）发散思维，选题构思

思维导图的使用过程遵循先内化再外放的原则，要求对文章写作的中心

主题有明确的认知，并做到有所感悟和体会之后积极表达。教师应帮助学生提取中心信息，鼓励学生通过多角度发散思维。思维发散的过程中挖掘文章的写作素材，并通过多维度的发散找出最切合主题、感受最深刻的素材，从而围绕不同的素材进行下一步的发散。

思维导图与提纲也有着明显的不同。提纲有固定的流程和模板，开头、中间、结尾式的框架将学生的思维限制在了一定的范围之内。而思维导图的绘制符合脑科学中大脑的思维发散方式，对不同文体的作文可以从不同的角度进行扩散，它更加强调思维的发散性和选材的多样性，而非单纯理清文章的线索脉络。线条的使用拴住了天马行空、漫无目的的想象，使文章思路的发散有章可循、有章可依。

想象文主要利用了导图的发散作用，如在教育部统编的语文五年级上册第四单元《二十年后的家乡》这节想象习作课程中，学生可以围绕主题从家乡的环境、交通、学校、饮食等多个角度进行发散，这种形式拓宽了学生的写作思路，带给学生更多的想象空间。

（二）建立框架，清晰思路

导图的绘制并不是仅强调思维的无尽发散，而是通过不同线条的联结实现各层级的发散，作图者可以在绘制的过程中理清自己对写作内容各部分详略的安排。由于相同层级之间主题一致，作图者在发散过程中遇到困难时，可以在不破坏导图整体结构的前提下，回到上级枝干对内容进行删减，学生的写作思路就在这样先扩散后聚拢的过程中达到对文章结构的清晰感知。思维导图的绘制不是一蹴而就的，发散初期各分支之间可能是盲目而凌乱的，需要在发散的过程中不断对之前提取的关键信息和关键词进行加工整合，从而提炼出简洁明快、详略有当的各个分支结构。

（三）丰富语言，润色文章

一篇优秀的文章仅有清晰的框架还略显单薄，还需要使用优美词句以及修辞手法对文章加以点缀。小学高段学生已经具备了较深厚的语文素养，在平时的阅读中也积累了一定量的好词佳句，但一篇优秀的文章绝不是华丽辞藻的堆砌，需要学生对所写内容有着真情实感，才会在写作过程中有感而发。

在绘制思维导图的过程中需要在感受较深的地方加以标注，根据灵感的乍现在相应的关键词旁边用鲜明的图像或者简短的文字加以说明，补充上相应的修辞手法、说明方法或者优美词句，再使用适当的写作手法会使整篇文章有血有肉，不再空洞。

（四）审视思路，修正完善

思维导图的绘制过程是开放的，作图者可以在不同层别的分支上随时进行内容的修正和完善。思维导图的这一优点，使学生在写作时可以通过自身的审视以及与同伴的交流互助不断完善导图结构。以建构主义为理论基础的思维导图强调学生在绘制过程中与同学积极合作交流，以学生为主体绘制，它通过群体的发散使学生在写作之初就明白自己思维上的漏洞和写作上的不足点，从而避免了学生在写作过程中偏离写作轨道，在写作之前就将问题隔绝在外。

四、基于思维导图的小学高段习作教学策略

（一）运用思维导图辅助学生审题

学生进行习作的第一步就是审题，只有准确把握题目要求，文章内容的选择才能切合题意。如果学生在这个环节没有准确把握题意，即使这篇文章写得再好也会存在偏离题意的问题。学生只有在正确审题的基础上才能写出一篇符合要求的作文。

为了解决这一问题，学生可以运用思维导图分类的概念进行审题。首先需要进行"切题"，所谓的"切题"就是切割习作题目的文字信息，将一连串的文字信息割裂开来，使题目信息变成一个个较易理解的小片段，方便判读和掌握信息。切割的概念类似于思维导图分类的概念，是思维导图概念中最重要的基础能力之一，具备清晰的分类概念，学生的思维就会更加清晰、层次分明。例如，作文题目"我的伙伴"可以切割成"我"和"伙伴"两个信息；"我想对您说"切割成"我"和"对您说"两个信息。切割文字信息，就像是切一块大蛋糕，只有将蛋糕切成小片，学生才能知道从何"吃"起。同样的道理，当一长串文字信息被切割，学生就会更容易掌握文字重点。切

割文字信息后,接下来要做的就是学会将信息归类。学生在审题中,导致偏题的原因,除理解错误外,绝大部分是没有把握全部文字信息,漏掉部分文字信息。将信息归类,就是将文字信息切割后,判读文字间的关系,从而进一步找出谁是"主角",谁是修饰、补充,即限制主角范围的"配角"。例如:"我的心爱之物",很显然主角是"心爱之物",而"我"的作用则是补充说明这"心爱之物"是谁的。再如"二十年后的家乡",这个题目的主角是"家乡","二十年后"则限定了家乡所在的时间,如下图 8-1 所示。切割题目的文字信息,事实上只需要短短的几十秒,但这个动作却能让答题者短暂停顿、冷静思考,所以学习切割文字信息是很重要的。

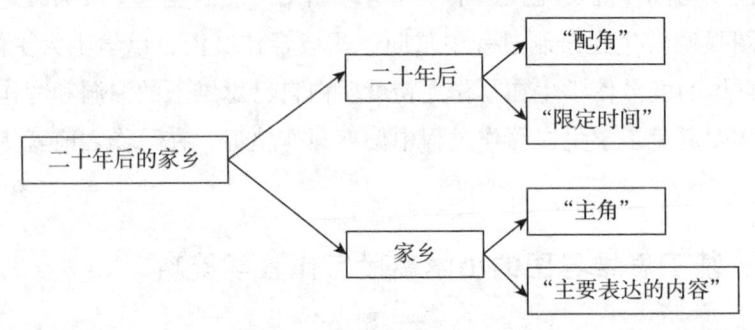

图 8-1 运用思维导图审题举例

(二)利用思维导图辅助学生构建创作

学生在写作时文章结构混乱,段落划分不明晰,出现跑题的现象,主要原因是学生对作文的结构没有一个清晰的认识。如果学生在落笔之前对自己写作内容有一个明晰的框架,学生在写作时思路就会更加清晰,在具体内容的表达上就会更加通顺、流畅。

文章的结构方式林林总总,只要帮助学生掌握基本的架构方式,学生就能在写作时灵活运用。明末清初著名文人金圣叹曾经说过:"诗与文,虽是两样体,却是一样法。一样法者,起承转合也。除起承转合,更无文法。"[1] 金圣叹这句话虽然对"起承转合"的文章架构方式表达夸张了一些,但从这句话中可以看出"起承转合"在文章写作上的重要性及运用的广泛性。帮助

---

[1] 金圣叹,陆林.金圣叹全集[M].南京:凤凰出版社,2018:257.

学生建立"起承转合"的作文结构观念，对学生构建自己的习作内容有很大帮助。

什么叫做"起承转合"，简单来说，起，就是整篇文章的开端，小学习作题目主要是以记叙文为主，在文章的开端可以埋下部分线索、对写作的内容进行简单的表述，以便对下文进行更深入的表达；承，是接续开端的内容，进行详细的描述；转，可以是换一个角度去描述主题，或者转向另一种深层次的探讨，如：对一次经历的感悟，或者是由一件事反映出哪些问题，也可以是对记叙的内容进行更详细的表述；合，则是对前面记叙的情节做总结或呼应。

利用思维导图和文章的架构方式"起承转合"相结合的方法，为学生打造思维导图习作框架图，辅助学生进行习作的构思。通过第一步的切题确定习作思维导图框架图的中心词，围绕该中心词，向四周发散衍生出二级标题。把"起承转合"写在二级分支上，学生根据"起承转合"的文章架构方式填上二级分支所要表达的主要内容，进而引出描述二级分支内容的三级标题，依次不断向外扩展。随着这些分支的不断确定，学生习作内容的框架就搭好了。紧接着就是在写具体习作内容时，如何安排这些分支的写作。

学生要明确先写什么，紧接着写什么，哪部分详写，哪部分略写，并在写作的过程中紧紧围绕自己打造的思维导图习作框架进行写作，如图8-2。这样的写作方式就会使文章的内容集中，条理清楚，层次分明。学生绘制思维导图习作框架图时，整个习作过程就像一个清晰的蓝图，按计划进行写作，能在很大限度上避免在写作过程中跑题、作文结构混乱的问题发生。

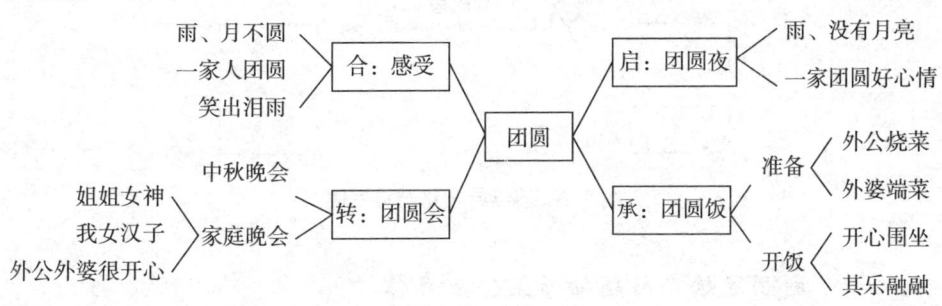

图8-2 思维导图习作框架图举例

（三）利用思维导图辅助学生细节描写

本研究通过调查发现学生感到写作难，在写作过程中无话可说，在细节描写时总是泛泛而谈，三两句话就把要表达的内容交代完毕。学生中出现的这种问题难道真的是因为学生缺乏细节描写的练习吗？事实证明并非如此。

其实在小学二年级就有对简短句子进行扩写的扩写句子练习，这种练习作为小学的经典题型一直延续到小学六年级。扩写句子的意义在于增加句子的丰富性，使一个简短的句子变得具体、生动，能增加句子的感染力。这种把一个句子变复杂、变生动的针对性练习，能在一定限度上来锻炼学生的写作能力，提高学生对作文内容、故事情节进行细节描写和运用语言文字的能力。扩写句子的练习一直贯穿于学生整个小学阶段的学习生涯，在一定角度上来说，这种练习就是为了提高学生细节描写的能力而开展的。通过和教师的交流和对学生考试的试卷进行分析后，发现小学高年段学生能轻松应答这种扩句练习的习题。那么为什么学生在具体写作过程中却感到无话可说？对习作的主要情节总是泛泛而谈？究其原因是学生缺乏细节描写的意识。可以利用思维导图的发散性来提高学生细节描写的意识。

小学高段生在习作时应构建思维导图细节描写的框架图，如下图 8-3 所示。学生应结合教师的习作课教学，列举典型的习作细节描写事例进行有针对性的扩句练习，不断提高自身在习作过程中进行细节描写的意识和能力。

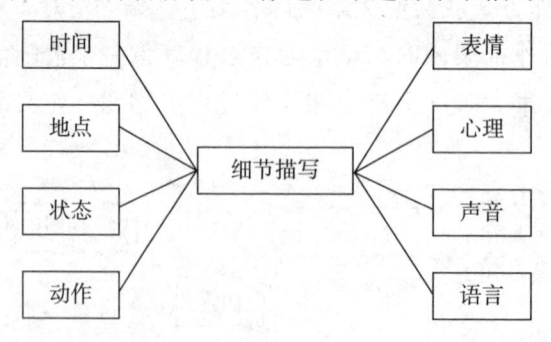

图 8-3　思维导图细节描写图

（四）利用思维导图辅助学生修改习作

评改作文是习作教学的难点之一，学生习作完成后老师先收上来，进行集中批改，批改后再进行讲评。在批改的过程中，教师要审查学生的书写错误、找病句、看结构、下批语等，往往在评改方面花费大量的时间和精力，殊不知老师在这个过程中挥汗如雨，到头来对学生习作能力的提高产生的教育效果却是微乎其微。《义务教育课程方案和课程标准（2022年版）》要求高段学生自行修改自己的习作，并主动与他人交换修改，做到语句通顺，行款正确，书写规范整洁。所以说，教师在习作评改环节中应该把习作的评改权交给学生，培养学生评改自己习作的能力，培养学生习作修改的主动意识和质疑问题的习惯。通过调查和访谈发现，学生在写作完成后缺乏修改自己习作的意识和方法。可以通过思维导图和习作评价相结合的方式，构建思维导图习作评价框架图，如下图8-4所示。这样学生在进行自评和同学互评时有一个清晰的评价思路，能有效避免学生在进行评价时思维混乱不堪，不知如何入手的问题发生。

图8-4 习作评价思维导图

综上，为了帮助学生获得最佳的学习结果，教师需要在教学过程中进行可视化的教学，作为一种新型的思维可视化工具，思维导图让教师看见了学生的学，也让学生看见了教师的教，从而有效促进了学生思维的发展。

第二节 素材加工与小学高段习作教学

一、素材加工习作教学概念界定

（一）素材

"素材"定义是文学、艺术的原始材料，就是未经总括和提炼的实际生活现象。显然《现代汉语词典》是从一般意义上对"素材"下的定义，比较笼统。很多写作专著对"素材"的定义说法不尽相同，但大体一致。本研究认为比较经典且详尽的释义是：素材是日常生活中大量存在的，作者经过搜集、积累，准备供自己写作任何一篇文章时选用的，没有经过加工、提炼的原始材料。素材包括写作者的笔记、札记、观察日记、卡片、剪报、摘录、录音磁带，以及可供收集的档案、图片、报表、数字、计划、总结、书籍、报刊里面所包含的相关内容，等等。

（二）素材的积累加工

写作离不开素材，没有素材就无法进行写作。素材具有零散性和片段性的特点，它没有经过系统的归纳整理、加工改造。"素材积累"是产生了写作动机或接受某种写作任务之后，主动自觉地通过查阅书籍资料、实地调查或进行采访等途径获取写作材料。素材加工，即在素材积累的基础上对素材进行加工处理。

（三）素材加工习作教学模式

素材加工习作教学模式是一种教学结构形式。该模式基于素材加工要素，提出先进的教学理念、清晰的教学目标、明确的评价标准、稳定的教学程序和可操作的教学措施，供教师直接参考把握，为习作课堂教学提供指导。

二、构建小学高段素材加工习作教学模式必要性

（一）素材在写作中的重要性

一直以来，写作主张言之有物，言之有理，言之有序，尤其强调"立言之要，在于有物"。这显然是把素材置于写作的重要地位。材料是文章的基本要素，是使文章血肉丰满的决定性条件。素材作为文章的基本要素，是小学的习作教学中不可忽视的要素之一。

1. 素材是形成观点的基础

素材作为文章的基本要素，是作者为了某种写作意图从社会生活中收集而来的事实或理论依据。文章总要或隐或显地表现作者对生活的感受和认识，但是这种感受和认识并不是凭空产生的，而是作者通过对生活中搜集来

的大量素材进行科学的分析以后产生的。素材是实的，观点是虚的，实能生虚，虚从实来。唯物主义认识论指出，人的认识都是从具体可感的个别生活现象中产生的，许多感性认识积累起来，才会形成理性认识。

2.素材是表现主旨的依据

写作的过程就是即事明理，即事寓情的过程。主旨形成之后，作者必须精心选取有关的素材去表现主旨，就像众星拱月，江河载舟一样。如果没有足够的素材作支撑，尽管主旨十分深刻，习作也是难以成立的，就像在沙滩上难以盖建高楼大厦一样。一篇文章应该既有深刻新颖的主旨，同时又有充足典型的素材作表现主旨的依据。只有如此，文章才能够形神兼备，有血有肉。

（二）积累素材指导的必要性

素材是作文的基础，而积累素材就是顺利完成写作任务的重要前提。加涅认为人每天都要从外界当中不断获取刺激，学习的过程也是一个接受刺激的过程，学生在原有知识体系的基础上通过学习接受一些新的刺激，在把这些刺激转化为知识体系当中的一部分内容，是经过了一个信息加工处理的过程，首先把这些新的刺激转化为记忆存储当中的短时记忆，然后存入长时记忆，在这个存储过程中对这些新的刺激、新的知识进行分类编码，在提取的时候就不是零散的提取。用各种方式把信息组织起来，就可以在需要的时候检索提取有效信息。写作素材的积累也是一个储存信息的过程，对写作素材进行分类就是一个编码的过程，方便在需要时提取素材，也符合信息加工学习理论。

从积累素材的来源进行分类，素材主要包括生活素材、书面素材和实验素材。《义务教育课程方案和课程标准（2022年版）》要求学生养成留心观察周围事物的习惯，有意识地丰富自己的见闻，珍视个人的独特感受，积累习作素材。而素材加工教学模式中积累素材的来源主要为生活素材，积累素材的方式以观察和体验为主。积累素材在学生写作过程中具备以下两方面重要意义：一方面，积累素材是写作内容充实的保证，能使文章言之有物；另一方面，积累素材能够积累学生的写作能量，触发写作冲动，增加写作热情。积累素材在习作教学中是必要的，所以构建素材加工习作教学模式将积累素材作为教学程序中的一个独立环节。

(三) 选择素材指导的必要性

在选择习作素材方面，应遵循选材要严，开掘要深的原则，不能将琐屑的、没有意思的故事，随便填成一篇。选择素材不能马虎，一定要小心谨慎，决不能积累多少材料，就用多少材料；积累什么素材，就用什么素材。写作方面的著作中提及的选材标准大同小异，一般包括四个原则：切题、经典、真实、新颖。根据学生的实际情况，高段选择素材的标准为切题、真实、新颖。然而，在实际写作中，部分学生写作依然会出现离题，说空话、假话、套话，写别人反复写过的素材等情况，所以在教学过程中，指导学生如何选择素材是很有必要的。

(四) 加工素材指导的必要性

学生在经过积累和选择素材，明确作文的主题后，还要对素材进行构思和加工，把粗糙的素材加工成完整的作文，这个环节就是加工素材的环节。这个阶段要解决的是"怎么写"的问题，这是习作教学的重点，也是习作教学的难点所在。在作文运思时，最重要而且最艰苦的工作不是搜寻材料，而是有了材料之后，对它们做出选择与安排，这就等于说，赋予它们一个完整、有生命的形式。材料只是未经打磨的钢铁，选择与安排就是对其进行艺术的锤炼刻画。可见，在习作的全过程中，素材加工占据十分重要的地位。所以，在习作教学中，关于加工素材的指导是十分必要的。

综上，根据素材在写作中的重要性和积累、选择、加工素材指导在习作教学中的重要性，教师应构建以素材加工为核心的小学高段素材加工习作教学模式，旨在解决现阶段习作教学面临的困境。

三、小学高段素材加工习作教学模式构建

(一) 教学目标

在素材加工习作教学模式中，教学目标既包含基本目标，又包含过程方法目标。基本目标即此次写作过程中学生需要达到的标准。基本目标的制定有两个依据，一是语文课程标准的学段目标，包括"修改自己的习作，并主

动与他人交换修改,做到语句通顺,行款正确,书写规范、整洁","根据表达需要,正确使用常用的标点符号",以及"内容具体,感情真实。能根据内容表达的需要,分段表述";二是具体的习作内容和形式,内容和形式不同,目标的设定也不同。过程方法目标要求有目的地积累素材,依据特定的主题选择素材,并且使用适合的方法加工素材,使素材符合习作要求。例如,在教育部统编的五年级上册第八单元习作《推荐一本书教学设计》的教学中,教师可以提出如下教学目标:

1.根据题目范围,积累素材,再从积累的素材中选取合适的素材加工成习作。

2.运用动作描写、心理描写、细节描写等方法加工素材,把推荐书的理由写完整、写具体。

其中,把素材加工成习作,"所推荐书写完整、写具体",是本次习作的规格要求,也是基本目标。"再从积累的素材中选取合适的素材加工成习作","运用动作描写、心理描写、细节描写等方法加工素材"是过程方法目标,是本次习作教学的核心目标。过程方法目标是指导课的核心目标,也是教学的侧重点。

(二)评价标准

第三学段习作教学的选段目标是"修改自己的习作,并主动与他人交换修改,做到语句通顺,行款正确,书写规范、整洁","根据表达需要,正确使用常用的标点符号"。该教学模式另有两套更为重要的评价标准:一是本次习作规格的标准,即"把推荐书的理由写完整、写具体",用以评价习作结果。二是本次习作过程方法的标准,"运用动作描写、语言描写、心理描写等方法加工素材",指导课上用以评价学生的素材加工,这是形成性评价,有助于提高素材加工的水平,从而也最终提高习作质量。

(三)教学程序

本教学模式包括以下四个环节:积累素材、选择素材、加工素材和组织评价。除积累素材环节要求学生在课前进行准备,后面三个环节均在课堂中完成。

1.积累素材

一般情况下,学生在学习完单元的首课后,需要在课下积累素材。"巧妇难为无米之炊",这个环节就是让学生准备好下锅的"米"。让学生积累的素材也有要求,指向的是具体、形象的事实类素材,可以是发生在学校、家庭或者社会生活中的各种事物和现象。而观念性素材不在教师的要求之内,这也是考虑到第三学段的习作教学主要以纪实作文为主。素材体裁和日记或周记相似,但是在内容上有所不同。日记和周记本有摘抄自课外阅读的好词、好句、好段,属于观念类素材。而第三学段习作教学要使用的素材本记录的是事实类素材,是学生对生活中发生的真实事件的简要记录,可以是通过时间、地点、人物、起因、经过、结果等几个要素记录生活中发生的事情;可以是简要记录人物的动作、语言、神态;也可以是描写某个景物、某个场面的片段……记录日记或周记时,学生可以由自己的意志决定所写所记的内容。记录素材本时,学生需要根据某一主题积累素材。一般在执教完每单元的第一节课后,教师就应该让学生根据本单元的主题积累素材。例如学习《窃书记》后,教师让学生在素材本上简要记录自己买书、读书等事的经历,数量多多益善;也可以记录读书的心得体会。

2.选择素材

在完成积累素材的阶段后,学生需要在收集来的素材中围绕主题做出选择,选择素材也要根据一定的标准或准则。首先要切题,选择材料要切合题旨、主旨,以主旨的需要作为标准,选择恰当的素材。九年义务教育语文教学大纲对高年级写简单记叙文的要求是"有中心、有条理、有真情实感"。"有中心、有条理"看似对学生的作文降低要求,但是切题是文章的最低标准。其次是真实,选材要遵循真实原则,选择生活中真实发生的事件,学生对此有更深的感受体验,便于抒发自己的真实情感。最后是新颖,选择新颖的素材。避开别人常写的素材,选择具有个性的素材。这三条原则应在写作时灵活运用,切勿循规蹈矩,当成刻板的教条。当然,写作时必须坚持切合题旨、主旨的底线。以下是《推荐一本书教学设计》的选材环节:

(1)指导选材。

①明确题目的范围。出示本次习作要求:推荐一本自己喜欢的书,说说读书的体会或者启示。

②选择故事性强的素材。

师：同学们，这一周的时间我们积累了很多个关于自己与书之间的故事，那么我们积累了这么多素材后该怎么办呢？首先应该学会怎么选择素材。现在我们来看看下面两个素材，如果是你，你会怎么选择？

出示两个素材：

素材一：到书店去买到了自己心仪的书，看这本书的感受。

素材二：到书店去买书，看到了心仪的书，请求妈妈买，但是妈妈不答应，后来经过自己的一番请求，妈妈同意了。

生：我会选择第二个素材。

师：能说说原因吗？

生：我觉得第二个素材学生故事性更强，情节更丰富，因为书来之不易，因此主人公与书之间的情感更易凸显，主题更突出。

师小结：是的，既然本次习作写的是"我和书的故事"，首先是发生在"我"身上的，具有真实性；其次在挑选素材的时候要注意选择那些故事性比较强，情节比较生动，甚至一波三折的，这样能够突出主题，做到切题；选择使自己难忘的，具有丰富的情感体验的，别人比较少写的新颖的素材。（板书：真实、切题、新颖）

（2）学生选材。

师：根据刚才的交流，大家已经知道怎么去选择素材了。现在请同学们从自己的素材本中选择合适的素材，打上"*"号。

教师在习作指导课伊始就谈素材选择，单刀直入、开门见山，也不失为一种正确的做法。通过思考、讨论的方式让学生了解选择素材的三大原则：切题、真实、新颖。

3. 加工素材

此环节包含两个阶段，首先是找到素材加工的方法，其次是运用恰当的方法加工素材。语文课程标准在教学建议中提出："写作教学应抓住取材、立意、构思、起草、加工等环节，指导学生在写作实践中学会写作。""取材"环节即前面的积累素材、选择素材环节，而"立意"教学则融入其中。本文的"素材加工"包含后面三个环节：构思、起草、加工。总体而言，此处素材加工的方法包括增加故事情节、丰富人物形象、突出细节等等。根据不同的习作内容，应采取不同的素材加工方法。素材加工的方法应该通过课堂引导学生寻找，而不是由教师"提供"。以下是《推荐一本书教学设计》加工素材环节：

（1）明确加工要求。在推荐素材时，学生不应该只是简单地提及推荐的书籍或内容，而应详细地阐述推荐的具体理由，以确保读者能够了解推荐背后的意义。在描述推荐理由的基础上，学生应结合自己的读书体会或从中获得的启示，这样不仅可以使叙述更有深度，还能与读者建立更紧密的情感连接。在以上两点基础上，学生还需要对所使用的素材进行加工和整合，确保叙事的连贯性和完整性。

（2）明确素材的重点。

师：课前老师看了你们交上来的素材本，经过整理将本次素材分为三大类：第一类是买书，第二类是窃读，第三类是读书。结合本次习作推荐一本书这个主题，这三类素材的写作重点环节应该在哪里？请同学们讨论一下。

师：现在我们先来说说买书这类素材加工的重点环节在哪里？

生：买书这类的素材应该写清楚故事的起因以及如何买的，最后的结果。其中重点部分在于如何买的过程。

师：你认为加工的重点应该放在如何买书，也就是故事的经过部分。很好，还有同学要补充的吗？

生：我觉得要通过细节描写清楚买书的经过，以及买到书后的感受。

师：所以买书类素材的加工重点就是写清楚买书的经过，以及买书后的感受。现在再来说说窃读这一类素材加工的重点在哪里？

生：我觉得应该写清楚为什么窃读，窃读的过程，把当时的心情和感受写清楚，最后是窃读的结果。

师：你回答得非常完整，写窃读类素材的同学要学会借鉴哦。那么写读书类素材的同学是如何确定素材加工的重点呢？现在请他们来说一说。

生：我觉得应该写清楚读什么书，为什么读以及怎么读的过程。

生：还有要把读书的内容和感受写具体。

（3）找到自己素材加工的重点。

师：根据刚才的讨论，我相信同学们能在自己所选择素材当中找到需要加工的重点所在，找到后请在旁边标上＊号。

（学生标注，教师巡视）

（4）找到加工方法。
①买书类素材的加工方法。出示"买书"的素材。主要内容为：想买—妈妈不同意—求书—妈妈同意。

师：看一下PPT出示的素材，思考哪个地方应该重点加工，为什么呢？

生：我觉得想买书的这个环节是加工的重点。

师：还有其他同学有不一样的看法吗？

生：想买书固然重要，但是我觉得求书才是最应该加工的一个部分。

师：是的，这个素材当中最重要的加工点是"求书"部分，因为这最能体现作者对书的热爱，突出作者与书之间的故事。

师：既然我们已经确定了加工的重点，但如何把素材加工成作文呢？现在同桌之间互相讨论一下这个素材要怎么加工。等会儿请同学们来说一说。

（学生讨论）

引导讨论：应该写清楚"求书"这部分的过程，自己怎么求的，对妈妈说了哪些话，做了哪些求书的努力，结果怎么样？心情如何？学生根据自己的生活体验和经历，说一说，可能怎样求书？

采访素材的小作者，请他说一说自己求书的经过，并引导同学们进行补充。教师适时板书：细节描写、语言描写。

②另两类素材加工方法如下。

"窃读"这一类的素材加工的重点，在于写清楚窃读过程的心情、感受，可以运用自语式的独白来表达窃读时的心情。

"读书"这一类素材加工的重点在于读书的内容和感受，可以运用夹叙夹议的方式来写清楚。

师板书：心理活动——自语式的独白，夹叙夹议——看到的内容和看时的感受。

③学生运用学到的方法对自己做了"*"号的地方进行加工。

师：现在给你们十分钟的时间对自己选的重点部分进行加工。注意：先不写开头和结尾哦。

上例引导学生明确素材加工的重点，找到动作描写、语言描写、心理描写、细节描写、独白和夹叙夹议等素材加工的方法。其中前四种方法是纪实习作普遍采用的方法，而独白和夹叙夹议是根据本次习作内容提出的另类方法。这些方法都不是教师直接教给学生的，需要让学生自己找出来，难度较大或不易找到的方法则通过素材加工的案例，引导学生发现。

第三节 支架式教学与小学高段习作教学

一、小学习作支架式教学概述

（一）支架式教学与小学习作支架式教学的定义

1. 支架式教学

支架式教学是建构主义者在发现学习和接受学习的基础上提出的，它是目前建构主义理论下的一种比较成熟的教学理论。近年来，国内外专家学者从理论和实践应用两大方面对其进行了大量研究，并取得了丰硕的成果。但是，学术界对支架式教学的概念却仍没有统一的定义。下面是一些学者对它的理解。

支架式教学是由美国著名教育学家和心理学家大卫·伍德（David

Wood）、杰罗姆·布鲁纳（J.S.Bruner）根据维果茨基的最近发展区理论提出来的，他指出支架式教学是一种幼儿或新手在能力更高的他人帮助下实现其独自不能完成的目标任务的过程[①]。

国内研究者也对支架式教学进行了定义。赵阳将支架式教学定义为在有能力者和学习者共同协作处理问题的过程中，二者平等互助，在轻松愉快的环境下，有能力者（即教师）为学习者（即学生）提供合理恰当的帮助，让学生独自对知识进行建构，能有效提高学生的能力水平，最终培养学生的独立探索精神[②]。魏卫霞将支架式教学定义为有经验的教师通过与学习者的交流互动，引导学习者关注语言的特征，并在交流中促进学习者把语言特征内化到自己的语言体系中，对语言实现从他人调整到自我调控[③]。朱琳琳将支架式教学定义为建构主义的一种教学模式，一种以学习者当前发展水平为基础的、系统有序的、可运用多种方法引导学习者主动建构知识技能并向更高发展水平迈进的教学模式[④]。

综上所述，国内外的教育家和学者对支架式教学理论进行了深入研究，并且根据自己的研究结论对支架式教学的定义进行了不同的界定。国内外学者对支架的定义表明，支架式教学是指能力强的人或者知识经验丰富的人为学习者提供的暂时性的支持和帮助，在能力强的人或者知识经验丰富的人的帮助下，学习者能够获得独自解决问题的能力和技能，独自建构知识的意义。

2. 小学习作支架式教学

小学习作支架式教学是指小学阶段的学生在进行习作时，教师通过为学生搭建学习支架帮助学生完成习作的方法，小学阶段的学生由于认知水平和学习经验有限，在进行习作时会遇到各种困难。教师在习作教学过程中依据具体学情提供多种教学支架，创设相关的教学情境，激发学生的习作兴趣，帮助学生主动建构习作概念框架进行主动学习，为学生提供习作方法。在教学中，支架式教学主张"学生是学习的主体"，而教师作为引导者，在学生

[①] 杰罗姆，布鲁纳.教育过程[M].上海师范大学外国教育研究，1973：33.
[②] 赵阳.支架式教学策略在小学语文教学中的运用研究[D].广州：广州大学，2011：8.
[③] 魏卫霞."支架"教学模式在初中英语阅读教学中的应用[D].曲阜：曲阜师范大学，2012：18.
[④] 朱琳琳.关于支架式教学基本问题的探讨[J].教育导刊，2004（10）：5.

遇到困难时为学生搭建适宜的学习支架。帮助学生解决问题，当学生在不断解决问题的过程中实现学习能力的提升时，教师可以减少帮助直到最终撤离支架。

（二）小学习作支架式教学的特征

1. 前瞻性

前瞻性是指预测将要发生的事情的能力。支架式教学具有前瞻性的特性，以"最近发展区"为理论基础，着眼于学生在老师帮助下能够达到的水平，为他们提供达到此水平的支架。在实施过程中，应该根据学生的不同发展水平制定不同的教学目标，教师既要提供适当的支持与帮助，又要使目标具有挑战性，这样才能激发学生的兴趣和调动学习积极性。教学中运用支架的目的是通过提供给学生某种帮助，帮助学生解决困难，提高其独立解决问题的能力水平。在小学生习作教学中，学生在习作中遇到困难时，教师可通过问一系列的问题，引发学生思考，帮助学生获得答案；或者提供合理的建议，帮助学生找出解决问题的方式方法；再或者是教师提供一种范例，学生有了模仿的对象，问题就能得到较快的解决。不管教师采取何种方式帮助学生，前提是必须充分了解学生现有的发展水平和问题解决后的发展水平，以及在什么时候恰到好处地提供支架等。老师眼光必须放长远，这样才能更好地帮助学生解决问题。

2. 情境性

支架式教学具有情境性。支架可被看作一种具体的情境，即有能力的人为能力欠缺者提供一种支持情境。教师将抽象的学习内容化作与具体的社会生活相关联的"情景"，辅助学习者实现对知识的理解与建构。在小学习作教学中，由于小学生的认知水平、思维水平尚处于发展过程中，对某些知识的理解并不是很充分。教师提供支架帮助的时候，需要联系小学生的生活经历和见闻，使提供的支架能够较好地被他们所接受。只有注意到支架式教学的情境性，课堂才是生动的、形象的。

3. 合作性

支架式教学的合作性体现在教师与教师之间、学生与学生之间。老师和学生为完成一个一起制定的教学目标而拼搏。学生非常重视老师的指导，但是又不仅仅局限在老师指导的范围内,而是在此基础上发挥主动性,形成教学过程中的师生互动。同时,学生也相互寻求同伴的帮助,组与组之间加强合作,融洽交流。在师生的合作过程中,老师经验丰富,阅历广泛,掌握着整个活动计划的进程,但是老师并没有控制、限制学生的思维方式,而是以一种"后面扶持,前方引导"的搭建方式来支持、扩展儿童的学习。由于学习者经验阅历不同,生活环境和接受的教育不同,他们往往对同一件事物会有不同的看法,用不同的思想交流碰撞,产生出智慧的火花,最终集思广益,顺利地解决问题。

在小学生习作教学中,教师在为学生提供支架之前,需要深入到学生中间,了解学生的习作现状和习作中的困惑和感想,学生借此机会向老师倾诉习作中的不快与忧愁。教师在提供支架帮助的同时,也需要对学生耐心指导,认真答疑解惑。这就很好地彰显了支架式教学中的师生合作的重要性。支架式教学还会使学生与学生之间在学习上的沟通和交流更加融洽,自由发表见解。这说明运用支架式教学时,生生之间的合作同样是必不可少的。

4. 及时性

支架式教学具有及时性,这就要求教师及时关注学生的"最近发展区",了解学生独自解决问题的能力水平和在教师的指导下能够达到的水平。在达到教师指导下的能力水平的过程中,学生会遇到很多困难,教师要随时关注学生遇到的困难,及时为学生搭建支架。在学生的前一个学习活动即将结束时,教师要及时为学生搭建另一个更高水平的支架。只有这样,学生才能及时得到帮助并有效地解决困难,从而完成学习目标。

在小学习作教学中,当学生遇到习作中的困难时,如果教师不能及时提供支架帮助,学生就容易产生悲观消极的情绪,对困难产生畏惧心理,失去克服困难的勇气和信心。另外,教师所提供的帮助的滞后性也会使学生失去探索问题的兴趣和欲望。因此,教师提供给学生的支架要具有及时性,这样学生才能及时获得帮助,才会有助于习作成绩的提升。

(三)支架式教学的原则

1. 激励性原则

由于大部分学生对习作都存在畏难情绪,缺乏习作的信心,教师要考虑教学支架的设计能否激发学生学习的自信心。教师依据教学目标分解习作任务，为学生提供学习支架帮助学生解决习作过程中出现的困难，当学生顺利完成任务时就能获得成就感，而成功解决学习困难的体验就能激发学生的学习动机，增强学生学习的信心。

2. 结构性原则

小学语文五、六年级主要的习作类型是记实习作，这类习作具有其明显的真实性特点，教师在设计教学支架时应遵循结构性原则，帮助学生系统地构建这类习作的基本框架，进而提高学生的习作水平。

3. 个性化原则

个性化原则即根据学生学习能力差异、个体知识结构和学习任务的不同，灵活地搭建适合学生学习的支架，进行因材施教。在充分考虑学情的基础上，教师根据不同的习作主题灵活搭建适合该作文主题的学习支架，必要时可根据教学效果调整或撤销支架。

（四）小学习作支架式教学的环节

1. 搭建支架

教师可以通过问题、范例、建议、工具和图表的方式为学生搭建支架。搭建支架时，教师围绕习作课的主题，根据学生的"最近发展区"向学生提供一些符合学生生活实际的支架。教师搭建的支架应根据学情灵活调整，以满足学生的需求。

2. 创设情境

教师通过多媒体技术和实地观察等方法带领学生进入习作教学情境中，使学生原有知识经验与教师创设的习作教学情境融合，进而调动学生习作的积极性。因此，在习作课堂教学中，教师应想尽办法创设习作情境，引起学生的兴趣，调动学生的积极性，让学生积极主动地参与到教师设置的习作情境中。在创设习作情境过程中，教师在适当时候需提供必要的支架，激发学生的习作情感。

3. 独立探索

在习作教学中，教师要持续地关注学生的习作情况，对于学生存在疑惑的地方也要及时提供必要的支架，以指导学生顺利完成习作。不过也要注意，教师的引导要逐步减少，尽量做到不需要教师的指导，学生就能顺利地进行自主习作。

4. 协作交流

协作交流是指教师组织小组进行交流探讨，共同学习。教师的任务是将全班学生分成若干小组，每个学生轮流表述自己的习作构思。最后，各组推选出一名学生在班级内发言。此环节中，教师充当"指导者""合作者"的角色，学生担任"主体"角色。

5. 效果评价

效果评价是指对学生的习作进行多方面评价。支架式教学强调评价主体的多元化，包括教师对学生习作的评价、学生自评、小组评价和家长评价等。评价方式倡导多样化，应充分发挥学生的主体地位，改变传统教学下教师书面评价单一的评价方式，促进学生全面发展。整个效果评价过程中更重视过程性评价，注重学生的二次习作。

二、支架式教学对习作教学的必要性分析

（一）支架式教学是落实语文课程标准的必然要求

1. 变革学习方式，积极倡导自主、合作、探究的方式

改变学习方式是新一轮课程改革的一个重点。长期以来，我国的语文教学中存在单一的接受性学习方式。因此，课标强调要积极倡导自主、合作探究的学习方式，学生是学习的主体，语文课程要根据学生的身心发展和语文学习的特点，保护他们的好奇心、求知欲，关注个体差异和不同的学习需要。支架式教学作为建构主义教学理论中比较成熟的一种理论，认为学生在学习的过程中不是被动地接受外在的信息，而是在一定的情境之下，以已有的知识经验为基础，利用现有的学习资料，并依据先前认知结构主动地对外部信息进行加工、处理，以建构的方式而获得知识。它强调学习是主动建构知识经验的过程，最终需要由学生自己完成对知识的建构。当然，在这个过程中，教师要发挥好对话者、协作者和引导者的作用，尽力创设有利的学习环境，在支架式教学的五个基本环节中，巧妙地搭设支架，发挥学生的主动性，发现问题并解决问题，不断迈进更高水平的学习任务。支架式教学强

调，要处理好"教"和"学"的关系，改变传统"师道尊严"的师生关系，建立平等"对话"的师生关系，尊重学生的主体地位。支架式教学这些理念与课程标准提倡的"学生是学习的主体"的理念是高度一致的。此外，支架式教学强调"协作学习"，注重生生、师生之间的交流、沟通与合作，改变了传统的以教师为中心的课堂结构，学生之间的通力合作也给学生自由表达、自主学习创造了更多的空间，充分发挥了学生的自主性。

2.关注学生发展的阶段性和差异性，促进学生"因材"发展

学生的生理、心理和语言能力发展具有阶段性，要根据不同学段的学生特点和不同教学内容采取合适的教学策略。同时，根据学段的不同，课标将写作的目标分为第一学段的"写话"，第二、三学段的"习作"。维果茨基的最近发展区理论是支架式教学的直接理论来源，它要求教师不但要对单个学生个体做好纵向区分，同时要对不同学生进行横向区分。教师在充分了解学生现有习作水平和潜在发展水平之后，寻找确定学生的最近发展区，使学生的学习活动发生在能力发展区域之中。这就要求教师从学生的需求出发，遵循学生的身心发展规律和语言发展规律，结合学生不同阶段的习作教学目标，搭建适宜支架，促进学生的习作学习顺利进行。因为学生的身心发展和生活环境等各不相同，他们对社会、自然和生活有不同的思考，个体之间存在着很大的差异性，因此"课标"强调要尊重学生的创造性表述，要求学生表达真情实感。在习作教学中，支架式教学可以根据不同水平和基础为学生提供适宜的支架，促进他们现有能力不断发展，直到能够独自完成习作任务，教师撤去支架，使所有学生能够获得均衡而有个性的发展。

综上所述，支架式教学的理念不但与课程标准倡导的"合作、自主、探究的学习方式"的基本理念相通，而且满足小学习作教学的要求。因此，将支架式教学应用于小学高段习作教学是很有必要的。

（二）支架式教学符合学生发展特点

小学阶段儿童思维发展的本质特点是：从以具体形象思维为主要形式逐渐过渡到以抽象逻辑思维为主要形式的转变。小学高段学生（10—12岁）的思维虽然开始以抽象逻辑思维为主要形式，但具体形象思维仍是其很重要的成分，学生的问题解决过程仍旧需要依靠感性材料作为支撑。习作知识是可

教的，习作思维却是隐性的、不容易被人感知和发现，它的形成难度远远超出知识的教授。小学高段的儿童习作具有启蒙性，这决定了习作教学是学生习作思维不断被打开和开发的过程。而支架式教学有其独特的优越性，教师可以在学生习作过程提供适宜的支架，将"看不见"的习作思维可视化，辅助学生挖掘习作知识背后的思维方法和路径，通过多加练习掌握，就能在习作中取得良好的学习效果。同时，从认知心理学的角度分析，受年龄和生活经验所限，小学高段学生的认知发展水平处于初级阶段，这和习作教学所要求的生活经验和认知存在差距。写作是一个多重加工、多重水平的行为，它之所以难学是因为在写作过程中，作者要将高水平加工和低水平加工同时进行，增加了加工水平之间的竞争，从而提高了各种加工水平之间注意力的分配难度。支架式教学指导下的习作教学的优越之处在于，它是基于学生"最近发展区内"的基础上进行设计的，即从学生的生活经验水平和原有的认知经验出发，避免了因教学目标和要求过高或过低而导致学生的学习动机受挫和减低兴趣的问题，在支架的作用下逐步提高了学生的认知水平、习作水平和能力。

综上所述，学生的习作学习不是简单的重复和填鸭式的教学过程，它与学习者的认知发展水和心理活动有着千丝万缕的联系。因此，要想有效推动习作教学的发展，需要关注学生的认知水平和心理活动状态，而支架式教学就是一种适宜的模式，对提高习作教学水平大有裨益。

三、支架式教学在小学高段习作教学中应用的对策

（一）搭建支架，了解学情

小学高段学生认为习作很难的主要原因是"学生现有的知识经验"无法满足"习作任务所需要的知识经验"，对此，教师需要准确把握学生的最近发展区搭建支架帮助学生解决习作困难。

1. 准确把握学情，为搭建教学支架做准备

教师要充分了解学生的真实习作水平，才能为学生提供最佳的学习支架，这要求教师不但要关注班级学生的整体情况，还要关注不同个体的学习水平，让不同学习水平的学生都能得到发展，这需要教师做出巨大努力。在

教学中，教师可以通过课堂观察法、作业反馈法和沟通交流法等方法了解学生的知识掌握情况，准确把握学情，为搭建教学支架做准备。

（1）课堂观察法。教学中善于对学生进行观察是教师必备的一项教学技能，课堂观察能让教师及时了解学情。教师预先设置好课堂观察量表，对学生在小组活动中的交流情况，学生上课时的表情和回答问题情况等做好记录并进行分析，以了解学生的学习状态。例如，利用游戏竞赛活动让学生积极地参与到习作课堂中来。词汇量的积累对于习作非常重要，教师在上关于"人物描写"的习作课时，可以以学习小组为单位组织学生进行游戏竞赛，比一比谁能说出较多的描写某类人物的词语，让学生在游戏竞赛的同时做好词语记录，每个小组内的获胜者作为代表再进行竞赛。教师通过课堂教学活动了解了学生的知识水平情况，还使学生积累了大量的词汇为习作做准备。

教师能通过课堂观察了解学生的知识水平。除了上述两种活动外，教师可以根据想要了解的内容设计相关教学活动进行观察记录，获得对学生现有习作水平的了解，为教师搭建适当的教学支架做准备。

（2）作业反馈法。学生的语文作业包括了字词、语句、阅读、习作等多种题型，学生日常的作业完成情况能让教师了解学生现有的知识水平。比如教师在评改学生的练习册时，可以将三到四次的作业情况按照题型进行分类分析，这样，教师就能清楚了解学生对某类知识点的掌握情况。有的学生作业情况不稳定，某类题型的练习结果无法反映学生的知识水平，教师就需要通过课堂观察或个别谈话的形式判断学生的现有知识水平。二次习作是提高学生习作水平的有效方式，因此教师要精心评改学生的习作文章并及时将问题反馈给学生。评改习作时可以使用固定的标记，标出优美词句或使用不当的词及病句，留意学生习作的文章结构是否完整、习作主题是否鲜明、习作重点是否突出等几个方面，并综合判断学生现有的习作水平。分析学生的作业情况有利于教师准确判断学生的最近发展区，从而搭建合适有效的教学支架帮助学生提高习作水平。

（3）沟通交流法。教师要多和学生进行交流，同时鼓励学生在遇到习作难题时主动与教师沟通。在小学高段的课堂教学上，老师每次提出问题后，积极举手回答问题的总是那几个学生，大部分学生的习作问题得不到教师的指导。小学高段的学生自尊心较强，他们在遇到学习问题时不愿意在课堂上暴露出来，教师可以在课后营造轻松愉悦的交流氛围，让学生敞开心扉说出自己的学习难题，了解学生在学习中的困惑，根据学生个人的情况给予适当的指导，让学生的习作在原有的水平上能得到提升。教师要分析总结学生的习作问题及出现这些问题的原因是什么，并为有效解决学生的习作问题采取相应措施。

沟通交流能让教师深入了解学生的学习情况，交流的形式可以是教师围绕某一学习话题与个别学生进行谈话，也可以是教师就某一话题与存在相同问题的一组学生进行交流。交流的途径除了传统的面谈外，还可以采取网上交流等形式，教师可依据自己的时间采取最佳的交流渠道。学生的习作水平具有差异性，沟通交流能让教师了解个体学生的习作水平。例如教师在交流中先提出一个习作话题，让学生创作一个简短的口述作文，通过学生的语言表达，教师就能判断学生的习作水平，从而针对不同习作水平层次的学生分别安排不同的学习任务，以提高学生的习作水平。教师在交流的过程中还要注意方式，营造轻松愉悦的交流氛围有利于学生表现出最真实的学习水平，对真实习作水平的把握有利于教师明确学生的最近发展区，否则教师在习作过程搭建的支架就毫无意义。

2. 研读课标与教材，准确搭建习作支架

（1）研读习作要求，依据学情搭建分层支架。教师在进行习作课前，应认真研读单元习作要求，评价学生习作作品的依据是看学生最终的习作作品是否达到习作目标。教师需要准确把握学生的学情，提供教学支架，帮助学生解决可能遇到的习作困难，助力学生顺利完成习作任务。同一个班级的学生习作水平存在着很大的差异，教师要根据具体的学情搭建不同的教学支架，提供具有针对性的帮助。如果教师采用同样的习作能力目标和统一的评价标准要求学生完成习作任务，大部分中等生和后进生要完成高质量的习作文章就很困难。教师在习作课前应了解不同层次水平学生的习作需要，并在备课时针对不同能力水平的学生设计习作教学，应用不同的教学方法和手段激发学生的兴趣，让学生投入习作中。

新课标强调教师要关注学生的个体差异，让每一个学生都能获得发展。同一个班级的学生因学习经验、习作基础与学习兴趣的不同呈现出个体的习作的差异性，为准确把握学情，教师可以重点分析学生之前的习作作品，找出学生之前习作存在的问题，为学生提供有效的习作指导。教师还可以依据学生的习作能力水平将学生分为几个不同的等级,为不同习作水平等级的学生搭建分层支架,实现学生习作水平最大程度的提升。例如,教师在上由教育部统编的五年级上册第一单元习作课《我的心爱之物》时,将学生按照习作能力水平分为三个不同的层次,为其设置了分层教学目标,并为他们搭建了分层评改支架。差异性教学的具体实施如表8-1。

表8-1 《我的心爱之物》差异性教学

习作水平层次	习作水平能力	分层教学目标	分层评改支架
A	习作水平能力强,喜欢习作并能出色地完成习作任务	习作结构完整,能描写出"心爱之物"的特点,语言优美,能运用多种修辞手法增强语言的表达,抒发真实的情感	习作题目新颖,突出习作主题,对事物的细节描写具体,恰当运用修辞手法
B	习作水平中等,能踏实地完成习作任务	能文从字顺地完成习作,写出心爱之物的特点,抒发真实的情感	习作文章结构完整,文从字顺地表达,段落衔接自然
C	习作水平较差,对习作不感兴趣,不能达成习作目标	能按照要求进行习作,写出心爱之物的特点,不偏题	按照要求进行习作,无病句习作字数达标

分层教学目标具有多元性、层次性与差异性,既让不同层次的学生达到标准要求的基本目标,又使不同层次的学生得到不同程度的发展。教师在把握学情的基础上设置了分层教学目标和分层评改支架,充分尊重学生的个体差异性,让学生的整体习作水平都能得到提升。

(2)课堂细心观察,适时调整预设支架。高质量的课堂教学需要教师对课堂情况细心观察并及时做出教学调整,使搭建的支架水平高于学生现有的知识水平。教师的教学方法、学生的精神状态及课堂氛围等因素都会对学生的学习效果产生影响。教师要随时关注学生状态,观察学生是否积极地参与到课堂教学中来。在教学过程中,当发现学生在预设支架的帮助下不能顺利完成学习任务时,教师需要对教学支架做出调整。例如,教师在上"缩写故事"这节习作课时,需要先搭建概念支架让学生理解什么是"缩写",再让学生在小组内对较长的故事进行简要的口头概括，当发现许多学生不能将故事讲述清楚时，教师可以提供范例支架并分析缩写故事的要点，让学生在新的教学支架帮助下顺利地完成习作任务。

（二）创设情境，营造习作氛围

1. 创设真实情境，表露真情

创设真实的教学情境，让学生将自己的感悟通过语言文字表达出来，教师应根据学生的年龄特征和心理发展特点，选择贴近生活的教学情境，让学生处于真实的情境中，产生真实的情感体验，激发学生的习作兴趣，调动学习的主动性。例如，在上《多彩的活动》习作时，学生不知道写什么，依据习作主题，教师播放学生之前参加的活动视频，如学校运动会、手工制作和公益活动等，唤起学生当时参加活动的真实感受，有利于学生选择自己印象中最深刻的活动场面进行习作，并抒发真挚的情感。

教学情境的创设不应局限于单一的媒体情境，创设实地观察情境能培养儿童的情趣和仔细观察的能力。李吉林老师在春季时，总会有意识地让学生去观察燕子在柳枝和田野上疾飞的身影，观察蜜蜂及蝴蝶飞舞的美感画面。为了让学生连续观察一个物体，教师可发动学生养蚕或观察蝌蚪的变化等。除了观察大自然，教师还可以引导学生观察社会生活，认识社会生活中典型的社会场景。在习作教学中，优选生活场景不仅能为学生提供习作题材，而且会因真实的情境打开学生的习作思路，有助于学生在习作时表露真情。

2. 创设问题情境，启发习作

小学语文教学十分重视启发式教学，在习作教学中可以创设问题情境，以问题为导向，激发学生积极主动地思考，启发学生进行习作。首先，创设问题情境应贴近学生的真实生活，生活场景的选取应符合学生的认知经验。其次，问题情境的创设要紧扣教材，基于学情明确习作目标，让学生的习作有序地进行训练，以达到预期的习作水平。最后，教师的提问要能引发学生进行思考，引导学生大胆发表自己的观点和想法。例如，教育部统编的六年级上册第八单元的习作话题是《有你，真好》，这个习作话题是一句温暖的话语，初读题目之后，学生的脑海中没有明确的习作思路，为了引发学生思考，教材设置了四个问题：看到"有你，真好"这句话，你想到了谁？为什么觉得有他"真好"？哪件事或哪几件事让你感触比较深？当时的场景是怎样的？教师应通过层层递进的问题，让学生明白该如何进行习作。

3.创设任务情境，引发思考

教师应仔细地研读教材，明确每个单元的习作要素，把握习作训练点，依据习作任务有针对性创设教学情境。不同单元的习作训练点不同，教师只有准确地抓住习作训练点才能展开有效的习作训练。本研究根据小学语文五、六年级的习作要素整理了习作训练点，如下表8-2所示。

表8-2 部编版五、六年级习作训练点

习作单元	五年级上册	五年级下册	六年级上册	六年级下册
第一单元	《我的心爱之物》学习写物	《那一刻，我长大了》学会记事	《变形记》发挥想象和联想	《家乡的风俗》描写事物特点
第二单元	《"漫画"老师》写人要突出特点	《写读后感》学习读后感的写作	《多彩的活动》学会记事	《写作品梗概》学会表达
第三单元	"缩写故事"学习缩写	无	《让生活更美好》把事情写具体	《让真情自然流露》把事情写具体
第四单元	《二十年后的家乡》发挥想象和联想	《他____了》多角度描写人物表现	《笔尖流出的故事》发挥想象和联想	无
第五单元	《介绍一种事物》学写说明文	《形形色色的人》写人物特点	《围绕中心意思写》如何突出中心	《插上科学的翅膀飞》发挥想象和联想
第六单元	《我想对您说》学习写信	《神奇的探险之旅》发挥想象和联想	《学写倡议书》学写倡议书	无
第七单元	《__即景》学习描写景物	《中国的世界文化遗产》学会表达	《我的拿手好戏》把事情写具体	—
第八单元	《推荐一本书》学会表达	《漫画的启示》学会表达	《有你，真好》把事情写具体	—

由上表可以看出，小学高段语文习作教学以记实习作、想象习作和应用习作为主，教师在进行习作教学时要抓住习作要素，依据教学任务创设情境，培养学生的习作兴趣。教师在认真研读教材每单元的习作训练重点的基础上，依据学生的最近发展区，运用适当的教学方法分解习作任务难度，帮助学生有效完成习作任务，实现学生习作能力水平的提升。例如，教师在上习作"介绍一种事物"时，可创设"你说我猜"的游戏情境吸引学生的学习兴趣。让学生以小组为单位分别准备一些物品，在习作课上从每个小组选出一位代表参加比赛。比赛时将物品放在讲台前方，参赛代表背对着讲台，由小组成员对物品进行言语描述，在固定时间内猜对物品最多的小组获胜。游戏结束后，教师让学生交流获胜原因，通过游戏的方式让学生明白要将事物的特点描述清楚，必须运用恰当的说明方法，游戏情境的导入为习作表达做了铺垫。学生在进行该单元习作时会格外重视说明方法的运用，学习进行说明文习作。

（三）科学安排，创设独立环境

1.合理设置课堂习作时间

把握课堂时间，就等于把握学生的生命。教师要合理设置学生在课堂上习作的时间。时间既不可太长，让学生觉得时间很多，在课堂上做一些小动作，没有及时将习作灵感写进作文中。时间也不可太少，使学生产生紧张感，不能好好地投入习作创作当中。教师要训练学生在规定的时间内完成习作，这样不仅可以提高学生的习作效率，而且可以节省时间，为后面的环节留下充足的时间。

在习作过程中，如果课堂时间实在紧张，教师可以让学生在课堂上将自己的习作灵感、习作方向和习作大致内容等简略地记录在作业本上。这样，不仅能将习作灵感快速地写进作文当中，而且也不会影响后面两个环节的顺利进行。

总之，在此环节中，教师不能因为学生老是完不成习作，习作效率低下就故意减少习作时间或者将其放到课后进行。教师要善于克服困难，给予学生充分的习作时间，提高学生的习作效率。

2.有效指导学生独立习作

独立探究环节应遵循以学生为主体，教师参与的原则。在习作教学中，教师要持续关注学生的习作创作情况，当学生存在疑惑时要及时提供必要的支架，以指导学生顺利地完成习作。教师可以通过以下几种方式为学生提供有效指导。

第一，教师可以借助问题支架的方式有效地指导学生习作。教师有针对性的提问，既可以引发学生的思考，又可以使学生根据教师设置问题之间的联系，理顺习作思路。例如，在组织学生学习教育部统编的六年级上册第八单元《有你，真好》习作课时，王同学不知道怎么写，他在思路混乱的时候，一直抓耳挠腮。教师了解情况后，通过搭建问题支架的方式，帮助王同学理清习作的思路。教师依次提出了这几个问题：问题1："看到'有你，真好'，你第一个想到的是谁？"问题2："为什么会第一个想到他？"问题3："他身上有哪些优点值得去描写？"问题4："你怎么去学习这些优点？"王同学回答完老师的问题后，也就理顺了习作思路，知道该从哪些方面开始习作。

第二，教师可以借助建议支架的方式来有效指导学生习作。建议支架是指教师提出具体可实施的建议，解答学生习作难题。在组织学生进行教育部统编的六年级下册第一单元《家乡的风俗》习作教学时，林同学说："我想写糍粑这一风俗。其中有做糍粑前的准备、打糍粑的过程以及打完糍粑的感受。但是我要把所有的过程都详细写下来吗？"老师看着学生纠结的表情，提出了建议支架，即可以采用"点面结合"的写法，重点描写打糍粑的过程。这样一来难题就迎刃而解了。

第三，教师可以借助范例支架的方式来有效地指导学生习作。教师带领学生分析各种类型的习作范文，从中学习习作框架等，为学生创造性地提供习作素材。

总之，教师要参与到独立探究环节中，通过搭建问题支架、建议支架和范例支架等方式有效地指导学生习作。

（四）独立探索，搭建有效支架

教学支架的有效搭建体现出对教师教学水平的考量，教师不仅要熟知教学支架的类型和特点，还要根据学情搭建或变更教学支架来帮助学生达成习作目标。教师应认真钻研教材，正确理解、把握教材内容，创造性地使用教材，灵活运用多种教学策略，精心设计和组织教学活动以提高语文教学质量。在习作教学过程中，教师应依据学情精心设计和组织教学活动，为学生提供学习支架，助力学生完成习作任务。下面以习作教学中常见的几种教学支架进行研讨。

1.搭建问题支架，启发习作思考

问题支架是指教师依据习作教学内容的需要，设置相关问题，调动学生思考。问题支架的设计可以是教师在学生习作前根据学情提前搭建的，也可以是教师针对学生习作问题临时搭建的，问题支架搭建的时间具有灵活性，需要教师具备灵活应变的能力。在习作教学中，教师应将复杂的学习任务分解成一个个小的知识点，由浅入深逐步引导学生完成习作任务。在评改学生的习作时，有针对性地对学生的作品提出问题，引发学生进行深入思考，完善习作作品。在教学实践中，教师问题的提出要符合学生的认知水平，要能引发学生对问题的思考，随着学生对问题的解决，有效支持学生完成学习任务。在教育实习中，教师针对学生的问题进行了支架的搭建，让学生的二次习作有了显著提升。以下是搭建"问题支架"前的习作作品：

我的"彩色"老师

五年级三班 A 学生

"光头老师"是我们班同学对张老师的称呼，他是我们班的数学老师。张老师大约四十岁，个子高高的，鼻子很挺拔。他的头发很有特色，头顶中间光秃秃的。

张老师有一张会变色的脸，有时是黑色的，有时是粉红色的，还有时是火红的。有一次张老师在讲台上讲课，有位同学竟然在看课外书。张老师看见后，脸色立马变了，厉声呵斥道："看来今天又有人要坐幸运位置了！"那个同学听见张老师在说自己，立刻收好闲书，坐在座位上不再乱动了。有时张老师的脸是粉红色的，笑眯眯地看着我们。有时张老师的脸是火红色的，他陪我们跳绳、打乒乓球、跑步……

这就是我的"彩色"老师，我喜欢他。

在这篇习作中，习作题目"我的彩色老师"是文章的亮点，但是细读文章不难发现，文章的语言表达不具体，不能突出教师的个性特点，并且文章的事例表述过于简略，以至于学生无话可说。教师针对该同学的习作作品提出了五个关键性的问题：有哪些教过你的老师，为什么你最喜欢的是你的"彩色"老师？老师的外貌特征是怎样的，与别的教师的不同之处在哪儿？黑色的张老师生气时，那位同学的具体表现是怎样的？粉色的张老师是什么样的，用一两件具体的事例说明？你对彩色教师的印象怎样？搭建"问题支架"后学生的习作作品如下文所示：

我的"彩色"老师

五年级三班 A 学生

在我的学习生涯中，有许多教过我的老师，有温文尔雅的黄老师，德高望重的李老师，鞠躬尽瘁的文老师……但我最喜欢的是我的"彩色"老师。

"彩色"老师有着彩色的外貌。"光头老师"是我们班同学对张老师的称呼，他是我们的数学老师。他个子高高的，两只深陷的眼睛和高挺的鼻子使他看起来很有轮廓感。最有特色的就是他的头发了，他的头发只往两边长，头顶中间光秃秃的，班里的同学第一次见到他时，还建议他去植发呢。

"彩色"老师有一张会变色的脸，有时是黑色的，有时是粉红色的，还有时是火红的。有一次张老师在讲台上慷慨激昂地讲课，有位同学竟然在悠然地看课外书。张老师看见后，脸色立马变成了黑色，厉声呵斥道："看来今天又有人要坐幸运位置了！"那个同学听见张老师在说自己，手忙脚乱地收好闲书，眉头紧锁地坐在位置上，不敢再乱动了。有时张老师的脸是粉红色的，当我们认真听讲积极发言时，他会笑眯眯地表扬回答正确的同学。张老师虽然在课堂上很严肃，在生活中可像朋友一样呢！他经常开导班里的同学，同学们有什么不开心的事儿也喜欢找他交谈。张老师经常在课后陪我们跳绳、打乒乓球、跑步……脸上洋溢着幸福的笑容，这时，我们眼中的他就是火红的了。

"彩色"老师不仅对待教学很严肃，还很关爱学生，我们大家都很喜欢他。

通过教师的提问，这篇修改后的习作文章将教师的外貌描写得更具体，让班里的学生一读就能知道写的是哪一位教师。另外，这篇文章还分别用具体的事例突出了"彩色"老师的人物特点。教师搭建的问题支架启发学生进行思考，完善了习作文章的修改，提高了学生的语言表达水平。教师搭建的问题支架应具有启发性，能引导学生积极主动地对问题进行探索，突出学生的主体地位，让学生充分开动脑筋，启发学生积极思考。在小学习作教学中，问题支架还应具有可操作性，学生通过对教师提出的问题进行思考并回答，在教师指导帮助下解决习作问题，顺利完成习作任务。问题支架的设计应具有一定的层级梯度，问题之间层层递进，遵循循序渐进的原则逐步解决习作困难，让学生的思维一步步得到发展。

2.搭建范例支架，示范习作结构

范例是符合学习目标要求的学习成果或成品，它包含了特定主题的学习中最重要步骤或最典型的成果形式。教师一般会在学生习作前提供范例，习作范例的规范格式和内容结构为学生提供了示范。习作范例可以是教师自己写的"下水文"，教师自己写下水文能更好地了解习作文章的难易程度，有利于教师对学生进行有针对性的习作指导。习作范例也可以是学生已经完成的优秀的习作文章，同年龄阶段学生的认知发展特点和思维方式具有相似性，展示学生的习作文章，让学生更具有一定的认同感。习作范例还可以是其他符合要求的优秀片段或文章，如教育部统编的语文教材中的"习作例文"，语文教材中的课文和优秀作文选集等。学生将范文中的习作结构和语言表达等借鉴到自己的习作中，有利于提高自身的习作表达能力。教师提供"范例支架"是希望学生的习作更加规范，在"范例"的引领下写出优秀的习作文章。例如教育部统编的五年级习作话题"形形色色的人"，习作要求学生选取典型事例，突出人物特点。在习作前，该教材展示了两篇习作例文，其中《我的朋友容容》一文的批注向学生展示了该如何描写人物，突出人物的特点。为了突出容容的乐于助人，作者选取了"送报纸"的事件。例文第二段通过一系列动作描写，表现容容取报纸的不易。习作例文后几段描写了"容容寄信"的事情，通过动作、神态的描写，突出了容容的可爱。教师可以利用教材的习作例文，引导学生如何选取典型事例突出人物特点，如要求学生运用动作、语言和神态描
例片段如图 8-5。

读读下面这个片段，注意它是怎样把这个人当时的样子写具体的。

> 他的眼睛闪着奇异的光芒，面孔因为激动而涨得通红，嘴里不停地说："太美了！真是太美了！"他根本没听见周围喧闹的声音，整个世界对他来说好像都消失了。一个小时过去了，两个小时过去了，他痴痴地站在那里，一动不动地凝望着这座雕像……

图 8-5 人物描写范例片段

以上范例片段具有指导性作用，教材通过搭建范例支架，让学生明白如何用规范的语言将人物的表现写具体。小学高年级学生善于模仿，范例支架的搭建具有很好的示范作用，不论是语言表达，还是习作的篇章结构等都具有可借鉴性，教师在习作课上分析习作范例对学生提高习作水平具有重要作用。

3. 搭建建议支架，拓展习作思维

建议支架可以看作是教师对写作的忠告、提醒和要求。建议支架直接告诉学生怎么做，而问题支架则具有启发性，需要学生进行主动探究和思考。习作建议支架可以是教师根据习作任务提前预设的，也可以是教师在学生习作过程中遇到困难时向其提供的建议，可以起到拓展学生思维的作用。但习作教学往往不提倡在教学中过多地使用建议支架，只有经过学生认真思考后教师再提出建议，才能令学生印象深刻。例如五年级习作"形形色色的人"，教材提供了建议支架，即可以从小区里锻炼身体的爷爷奶奶，学校里的老师、同学，上学时遇到的公交车司机、维护秩序的交通警察……中选择一个人物，具体地表现人物特点。教材为了让学生清楚习作对象，分别列举了三个不同场所会遇到的人。建议支架能为学生提供思考问题的方式，直指问题的关键点，或直接告诉学生该如何做。建议能打开学生的习作思路，在小学习作教学中，学生往往能够根据教师或教材的习作建议进行习作，写出优秀的文章。

4. 搭建图表支架，梳理习作思路

小学高段习作是一个重要的过渡阶段，要从"习作"向"写作"进行转变，因此在小学高段培养学生的习作能力非常重要。利用图表支架能帮助学生建立起习作框架，条理清晰地展现习作内容，解决学生习作中思路混乱、内容空泛的问题。图表支架可以直观、形象地展现习作内容，依据习作内容为学生搭建形式多样的图表支架有利于培养学生的思维能力。图表还能清晰地呈现习作方法和过程，表达事物之间的联系，帮助学生理清习作思路，增强学生的习作表达能力。例如五年级习作《形形色色的人》，为了让学生知道如何选取典型事例突出人物特点，教材搭建了图表支架，如图8-6所示。

事例1：
他读完一本故事书，能把所有的细节都记住。

事例2：
他记住了我昨天说过的一句话。

事例3：
他能记住我的生日。

事例4：
那幅地图他只看了一遍，就能一点儿不差地画下来。

叔叔记忆力超群

事例1和事例4最能表现叔叔记忆力超群的特点

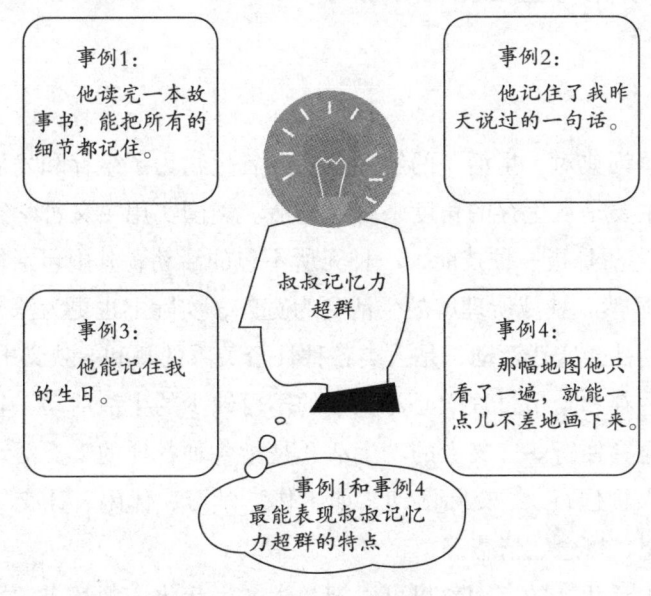

图8-6 教材图例

教材为了让学生理解什么是用典型事例表现人物特点，搭建图表支架列举了四件事例，其中事例1和事例4最能体现叔叔记忆力超群的特点，其余两件简单的事是普通人也能记住的。学生通过图表的事例示范，在习作时就会思考自己选取的事件是否能表现人物的特点。

图表支架能直观地传达重要信息，为学生提供习作思路。在上五年级上册第五单元习作《介绍一种事物》课时，教师为了让学生明确习作任务，引导学生观察事物的特点，搭建事物名称、事物所属类别、事物的特点、从哪些方面观察事物、按什么顺序观察五个支架。

教师在进行说明文习作教学时，可搭建图表支架引导学生按照一定的说明顺序，从事物的不同方面对介绍的事物进行观察，为学生如何进行观察提供指导，同时创设实物情境，让学生获得观察体验，同时为学生习作做好铺垫。

第四节 生活化与小学高段习作教学

一、生活化与生活化习作教学

(一) 生活化

现代汉语词典对"生活"的解释是人或者生物为了生存和发展进行的各项活动。这主要是从生存的角度来解释生活。美国实用主义哲学家、教育家杜威认为："生活是指一种技能，一种无所不包的活动，其中包括机体，也包括环境。"[①] 显然，杜威所理解的生活更为宽广，实际上也更为深刻。生活的本质是人类的社会实践活动，是人类各种社会关系的总和。狭义上的"生活"是指人们在生存和繁衍过程中必需从事的不可缺少的生活活动，其中最基本的部分就是吃穿住行。广义上的"生活"是指各种各样的人类活动，包括生活活动（如衣食住行）、交际活动（如工作、学习、休闲、社交等）和概念活动（如思想、概念、情感等）。

按照"生活化"的字面意思可以把教学"生活化"理解成：把教学转变成生活的状态或样子。从严格的教学观念来看，这是违反教育教学规律的。在此背景下，"生活化"特指学生发现、掌握知识或积极再现生活积累、人际关系以及社会期望的品质、价值观、信仰和行为的过程。它把学生解放出抽象和虚拟世界的教科书，给学生机会去接近自然、社会，让学生产生对世界和生活的热情，获得在现实世界中碰撞和交流的契机，从而有意识地、积极地获取新知识。

(二) 生活化习作教学

现代汉语词典对"习作"的定义：练习写作；练习的作业（指文章、绘画等）。生活化习作教学可以理解为在习作教学的过程中，以学生现有的生活经验为基础，将习作教学和现实生活相联系，充分表现了习作来自生活，又为生活而服务。作为最具生活化的语文课程，习作应当返璞归真，回归生活，让学生轻松、愉快地学习和享受习作。开展生活化习作教学可以让学生运用学到的习作知识解决日常生活中的现实作文问题，增强他们对所熟悉的事物和周围生活环境的兴趣，给予他们更多的机会去实践，让学生在生活中发现习作、学习习作，找到学习习作的兴趣。

因此，"生活化习作教学"重在引导学生投身于生活，激发他们写作的欲望，让其获得真实的生活体验后，自然地表达出对生活世界的能动反映，让学生在生活中学习写作，在学习写作中更好地生活。

简单来说，生活化习作教学就是在小学语文作文教学中，通过创设条件，观察生活，积累生活，让学生联系自己亲历的丰富的生活情境，思考生活，写出自己对生活的感悟和体验，写出自己的"真性情、真感悟"，陶冶情操，创作符合儿童年龄认知的真作文。具体来讲，生活化习作教学应该包括生活化的习作教学目标、生活化的习作素材积累、生活化的习作教学指导过程和个性化的语言表达。生活化习作教学强调作文教学与诸多类生活的紧密结合，主张让学生的作文回到生活中，让现实生活成为学生作文的源泉。教师应引导学生对生活进行描绘，写那些自己感兴趣的事，自己亲身经历的事，注入自己的真实感情，让生活解放学生的心灵，实现作文的生活化。

本研究认为，"生活化习作教学"侧重于教学，把生活和习作相联系，不仅包括学生的写，还包括教师的教，并且更多地体现为教师的教。

二、习作教学生活化的教育价值

（一）变"要我写"成"我要写"

引导学生对学习生活，娱乐生活，劳动生活认真观察，要求学生平时有意识的记录自己所见的新奇现象和所悟出的道理。此外，在课堂上教师还要设计出与作文主题相关的体验活动，并运用联系生活现象和场景的教学语言，将学生带入情境，引导学生通过想象或者回忆，获得不同以往的生活体验，充分触动学生的神经，使学生获得深切的感受和体验，于是写作文不再是教师的硬性要求，而是学生心中郁积已久，不表达出来，不写出来就难以抚平内心的焦躁的一种途径。也不再是教师一说开始写吧，学生就不知所措，做抓耳挠腮的痛苦状，而是学生下笔如有神，写下的充满真情的话语。

（二）提升学生的生命价值

小学教师影响着孩子一生的成长，小学习作教学影响着孩子一生的作文创作。把握当下，把握习作教学改革新契机，把习作教学作为一项提升学生生命质量的事业，不断去探索习作教学的成功之路，是语文教育工作者的重要使命和时代责任。习作教学生活化是一种正确的作文教学之路，它自始至终以学生生命意识为核心，重视学生在习作教学中的主体地位，扭转把学生当作知识的容器的局面，要求教师关注并记录学生平时丰富的生活体验，在习作教学中充分调动学生已有生活体验，从学生的心理需要和现实社会发展需要两个维度确定习作题目，创造多种类型的人际交流和对话，针对习作的内容进行广泛讨论，通过实实在在的现实版对话，扩大学生的思路，向学生分享不同的见解。传统的习作教学注重功利与效益，以考试主导一切，将分数作为终极目标，忽视了生命存在的意义。而习作教学生活化的作文教学模式提供的是对生命多元的经历和体验，有利于激发学生的生活活力，实现学生生命的不断超越。习作教学生活化提倡生命与生命的交流，思想与思想的碰撞，从而激活学生已有生活体验，让学生在生活中感悟生命，自我教育，自我激励，从而提高生命的质量。习作教学生活化的目的就是使学生在获得语言和文学发展的同时，去发现和创造出更理想的现实生活，寻找更为普遍、更富有价值意义的生命形态。

（三）丰富学生的生活体验

由于学生的家庭背景、社会阅历和思维习惯的差异，教师不能以自己的思想代替学生的思想，也不能以自己对生活的感受代替学生的感受。由于学生的差异性，他们对同一个生活现象或事件的体验各不相同。在习作教学生活化过程中，教师应多途径地引领学生感悟生活，通过营造生活情境的模拟、现实生活场景的创设和畅所欲言的习作环境，唤醒学生生活体悟、丰富学生生活体验、提高学生感悟生活的能力。对学生特有的生活体验持尊重和保护的态度，有利于消除学生的畏惧心理，增加学生发言的机会。联系生活进行习作教学的课堂才是丰富多彩的，学生作品也因此不会枯燥无味，表达的情感不会单一。尊重学生生活体验的习作教学有利于鼓持学生想说敢说的热情。只有在学生情绪高涨，不断要求向上，想把自己独有的想法表达出来的气氛下，学生才能运用使作文丰富多彩的那些思想、感情和词语进行习作。习作教学生活化强调了情感对写作的重要性。

（四）促进主体之间的交往和对话

长期以来，习作教学基本上是沿用教师提出要求—学生按要求写作—教师批改讲评的模式。在这一模式中，教师作为主导者掌握绝大部分话语权，学生被动听命于教师，一次次机械地重复着别人的思想，容易导致学生失去自我，失去体察生活、行发内心真实感受的能力，失去创造的激情、创新的勇气，成为缺乏思维、缺少思想、从事简单劳动的"学徒"。而习作教学生活化的课堂充满开放性和活力，因为教师在进行生活化习作教学时会营造充满人文关怀的课堂氛围，创造良好的人际关系和宽松的对话环境。生活化习作教学要求教师要具备儿童般的情感、兴趣、思维和纯真，这样学生就能与教师建立一种和谐、友好、积极、亲密的人际关系，在这种关系中的学生能积极主动、心情舒畅地去学习。此外，语文生活化理念指导下的习作教学还给学生创设了非常宽松的对话环境，表现为尊重每位学生的个性和差异，赞赏每名学生的独特性和超越，鼓励学生自主或合作学习写作，并参与习作教学的每一个环节。这种良好的人际关系和宽松的对话空间，有利于增加学生表现的机会，促进大范围交流。实际上，学生才是习作的主人，他们的生活体验、情趣爱好、价值观不同，对习作题目的确定、材料的选择、表达的思想、如何表达情感都有自己的理解和看法，教师应该在最大限度激发学生的主体意识，让其主观能动性得到最大限度的发挥。习作教学生活化的教学模式尊重学生的自主性，在整个习作训练过程中，充分调动了学生的积极性，使其主动参与活动、进行师生对话和生生交流的活动，使学生真正成为习作的主人。

三、习作教学生活化的教师指导策略

（一）生活：习作之本

生活就如泉源，文章就如溪水，泉源丰盈而不枯竭，溪水自然活泼地流个不停。作文与生活的关系就好像溪水与泉溪的关系一样。作文离不开生活，生活越丰富，作文越充实。巴尔扎克曾说过，获得全世界闻名不朽的成功秘密在于真实。凡历史上出现过和现实中存在的一切事物与现象，包括自然的与社会的、崇高的与卑下的、必然的与偶然的、真相与假象一切都是生活真实。生活真实为文学创作提供了原型启示，是取之不尽用之不竭的源泉。以上内容说明，生动真实的现实生活是创作的基础和源泉。因此，教师应该在习作教学中，不断训练学生热爱生活、观察生活、体验生活的习惯，培养他们更好地表达生活的能力。只有在真实的生活世界中提炼出更丰富多元的习作素材，写出来的东西才能更加真实，更加生动，更加感人。"以生活为本源"要求学生从命题上贴近生活，从生活中搜寻习作素材，用具有艺术性的语言真实来表现生活的真实，这样写出来作文才能真实地再现生活的底蕴。

（二）真情：习作之魂

学生养成留心观察生活的习惯后，还得扛住权威和世俗的压力，把自己对生活的喜怒哀乐，真善美和假恶丑如实地行发出来，做一个真人，一个性情中人。性情中人，是指感情丰富，率性而为的人。常常用来形容一个人随其本性、情感外露、率性而为。这类性情中人有李敖先生、路遥等。在这个日趋错综复杂的社会上，在这个越来越"假作真时真亦假"时代，在这股金钱名利压抑人性的潮流中，真正能够表里如一，随性而为，真实真诚表露情感的人，就显得极为珍贵。从市场经济视角出发，稀缺资源的价值往往会被放大。由此看来，被称为性情中人的人，无论从他本人来说，还是从经济社会角度来看，都是珍贵的人。写作要感情真挚，力求表达自己对自然、社会、人生的独特感受和真切体验。文章贵在平凡事件中真情真意，不需要作者为了拔高立意而捏造事实，甚至是虚张声势，表达相反的情感来取悦听众。没有融进创作主体个人真实情感的文章是缺乏灵魂的，令人反胃，遭人唾弃。虚情假意的作品很难引起读者的心灵震撼和强烈的情感共鸣，这样的创作没有意义。

习作教学要引导学生从心灵深处的真切体验出发，退回到情感的最初状态，要求学生不为了完成作文或应付考试而虚情假意，浪费宝贵时间和生命。生活的真实决定了情感的真实，在生活中，无论大小事都会影响人的某些情感。生活中的每一天、每一周、每一年都会有真、善、美或假、恶、丑的事情发生，只要学生用睿智的眼睛去搜索，用善感的心灵去感悟，就会产生对人性美丽的热爱和追求，对人性的丑陋的披露和讽刺。习作就是要把这些对美好事物的赞美、向往、追求及对丑恶的鞭抵、痛恨诉诸笔端，使内心中真实的情感得以宣泄和表达。

在飞速发展的经济社会，人们往往会错过很多美丽的风景。因为身边发生的事才是真实情趣的来源，只要学生留心体会每一件生活小事就会产生小小的激动或发现，静静欣赏，陷入沉思，就能写出来虽然平凡却感动无限的作品，这是因为这些素材源于生活的本真，只有接近人性本真的东西才会得到形象的表达，才能呈现真实的人际关系。因此，只有真实的生活，才能诱发学生内心的真实，只有内心的真实，才能使学生在写作时流露真实的情感。

（三）个性：习作之语

走向生活世界的课堂教学有以下几个基本策略：一是关注学生的生活经验，注重引导学生适当地以直接认识书本知识和间接经验的方式进行学习，实现直接认识和间接经验的有机统一，打通书本世界与学生生活世界之间的界限，把生活世界中的教育资源与书本知识融会贯通；二是关注学生的生存方式，努力建设"以学生发展为本"的课堂文化，积极引导学生在体验中深化课堂文化的意蕴、在理解中实现课堂文化的整合、在创造中提升课堂文化品质，实现从守成性、维持性的课堂文化到创造性的课堂文化的转变，从注重课堂的文化传承功能到注重课堂的文化革新功能的转变，促进学生不断实现自我超越；三是关注学生的生活意义和生命价值，在确立学生的主体地位、弘扬个体性基础上，倡导教学主体之间的交往、合作与对话，积极引导学生实现从个体生存和发展方式向共生性生存和发展方式的转变，逐渐从"独存"走向"共生""共在"，建构一种"学习与生活共同体"。

四、小学高段习作的教学实施策略

（一）树立生活化意识

1.增强生活意识

无论是教师还是学生都需要明确：作文是一种运用书面语言进行思想交流的方式。传统的习作教学中，作文是学生内心的独白，学生在作文中自言自语、自圆其说，写出的作品也犹如一潭死水，缺少生气，这种习作话语机制很难打动人。而习作教学走生活化道路应该明确的是，习作要将言语和交往融会贯通，将这种学生"独白"的话语机制逐步引向"对白"的话语机制。过去的习作教学非常重视习作技巧的灌输，常常在作文的谋篇布局上不厌其烦，将习作细化为一套流程，具体到如何写开头、怎样写结尾，为学生的习作设置了一套套模板，相似的开头、模式化的过程、标准化的结尾使学生的习作素养很难养成。其实，教师可以引导学生先用恰当的语言表达自己的日常生活，或倾诉，或解释，或表白……这样在进行习作时，才能将习作"对象化"。小学五年级学生已经具备了书写完整作品的能力，但是仅仅如此是不够的，习作追求的不只是简单的一篇篇习作作品的完成，更为重要的是学生在习作中自我的表达、人格的完善。因此，习作要更注重"人"这一因素，教师在进行习作教学前，先要立足于生活，对学生情感进行激发，在习作教学中探寻生活的价值，启发学生的生活智慧持续生成。在生活化习作教学的过程中，教师可以对习作的要求加以拓宽，如让学生用自己的表达方式进行习作，给予学生更多的选择，让学生对事物进行描述，或者通过图片的形式进行阐述说明。除此之外，习作的篇幅也可以给予学生选择，学生不需要为了写够一定的数量而凑字数，可以以篇或段的方式书写。总之，一切方式服务于生活化习作的顺利进行。

例如，在一节习作课上，教师让学生做了一个实验，将曲别针放在几乎已经盛满水的杯子里面，同时以报告的形式记录曲别针的数量以及水位的变化，在实验过程中学生兴致高昂，仔细地观察变化并记录，当记录到已经放了接近50根曲别针时，学生们都发出惊呼声，一节作文课的观察报告以及学生的心得体会都写得非常真实，语言也充满了交流感。言语的交往可以使学生找到习作与生活的联系，达成与他人的共识，从而使习作教学的过程成为以言语交流为载体的孩子相互分享愉悦生活的体验过程。

2.创设生活情景

习作教学生活化需要以生活为根基，在课堂上通过创设生活情景，让学生能够融入情景之中，体验生活、抒发生活化的习作感悟，教师可以创设一个积极而又富有生命力的习作教学生活情景，让学生自由发言，创造生活意义。例如，一节关于分享生活的愉悦的习作课中，教师首先要确立学生的主体地位，让学生在生活事情的分享中明确自己是生活的主角，如下图8-7所示。

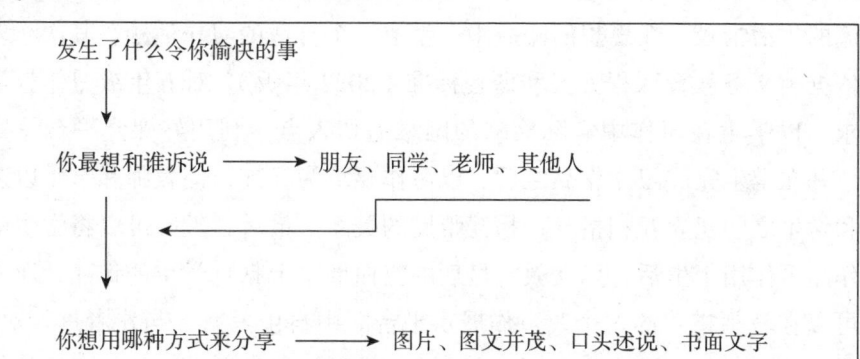

```
发生了什么令你愉快的事
        ↓
你最想和谁诉说 ——→ 朋友、同学、老师、其他人
        ↓
你想用哪种方式来分享 ——→ 图片、图文并茂、口头述说、书面文字
```

学生关注到了身边"生活"的气息，就会发现这个世界丰富多彩，每天的生活也值得细细品味，从而愿意用一个良好的心态来观察生活，在此过程中学生也收获到了快乐和满足。关注自我，学生会发现自己的话语和自己的生活对别人来说也是有意义的；关注他人，学生会在写作中用自己的语言和别人进行交往，向他人分享自己的喜怒哀乐，自己和他人通过该言语的交往交流生活，为作文增添分享的快乐

图8-7 生活情景教学

小学五年级的学生对世界存在着好奇心和求知欲，当学生对生活中客观事物有某些疑虑时，教师可以通过引导学生对事物抽丝剥茧，层层分析，为学生答疑解惑，并以此为契机引导学生将此过程写下来；当学生产生某些情感时，教师应该及时关注并重视这些情感，鼓励学生将自己情感的变化书写出来，以达到情感的合理疏导；当学生有自己对于某些事物的看法或建议时，教师可以引导他们以倡议书或写信等方式，直抒己见。例如，可以以"自我秀"为主题写竞选词，以"景物秀"为主题写导游词等。教师可以通

过各种生活情境，让学生灵活地表达自己，这样可以摆脱呆板刻套的教学，让习作"活"起来。

3. 打造生活平台

习作教学的本质属于一种生活化的活动。习作从某方面来说是学生语文素养的综合体现，而学生的语文素养正是在生活实践活动中不断提高的。在习作教学开始之前，教师要搭建一个学生和外在世界的沟通"生活平台"，用生活来激发学生的积极性，调动学生的各种感官，模拟世界的真实状态。在习作教学生活化过程中，教师需要重视"课堂"这一平台，在课堂教学中，教师首先要抛出一个引起学生感兴趣的话题，创设一个师生、生生积极互动交流的生活情景，在思想的碰撞中，生成一个合适的习作话题。其次，教师要依据《义务教育课程方案和课程标准（2022年版）》对五年级习作教学的要求，以学生在习作中实际面临的困难为切入点，利用好课堂平台答疑解惑，并在学生完成习作作品之后，以习作要求为标准，使教师和学生以及学生和学生之间建立互相指导、相互帮助的关系。最后，教师可以将学生的习作作品再作用于生活，如在教室最后的空白墙壁上粘贴学生的作品，所有学生可以在教师搭建的这个"习作展示平台"中自由发言，与作者进行对话。教师也可以利用"网络平台"，鼓励学生将习作作品发表到教师所设置的平台中，学生不仅可以收到同学的留言、评论，还可以收到陌生的同龄人的留言，搭建这样的生活平台，可以为学生的习作开辟一个广阔的空间。

习作是在"生活—学生—习作—教师—生活"这一过程中通过实现学生自我而生成的，在这一过程中，学生的生活更加丰富多彩，学生的精神也得到了滋养，学生的习作素养也将不断提升。

（二）拓展生活化范围

1. 开放性生活空间

课堂条件的限制和传统习作教学模式的影响，使习作教学并未真正的走上生活化的道路，习作教学中更多的是教师借助多媒体设备来简单地创设生活情境，学生自身的生活体验并未受到启发，虽然学生能够通过教师的课件理解习作主题，但在着笔时依然写不出有质量的作品，这样的习作教学生活化是没有意义的，也是没有效果的。要使习作教学真正地走生活化道路，需要教师和学生打破原有习作课程教学模式，引导学生关注生活，在生活中积累习作素材，逐步培养起学生习作与生活相联系的习惯。

学生的习作作品应该是真实、充满童真童趣的，这就要求将习作教学扩展到大自然中，与真实生活密切联系起来。这样学生有了丰富的生活体验，就能写出打动人心的作文。习作教学生活化要为学生创设开放性的活动空间，这需要教师、家长、学校和社区等社会多方面的支持和配合。

首先，学校是学生生活和学习的一个重要场所，也是学生活动时间最长的一个场所。因此，教师在进行生活化习作教学时，应该重视利用学校的各类生活资源，在学校中开展各种各样的活动，帮助学生留意学校生活的多种信息，善于从日常校园生活中捕捉触动人心的画面。例如，教师可以利用学校的空地，组织学生进行种植活动，在培育植物的过程中培养学生的观察能力。在进行状物类习作教学时，学生不仅积累了丰富的生活经验，而且能够在教师的指导下学会将某一事物的发展变化过程以及形态细节方面描写细致，这样教师在教学时就能够更好地调动学生的积极性，学生也更容易吸收理解，有利于学生的习作能力不断提高。除此之外，教师还可以组织学生积极参与一些朗诵、讲故事或者运动等不同类型的活动，使学生从活动中获得深刻的感受，积累丰富多彩的校园生活体验。其次，教师还可以引导学生走出校园，回归到每天都会经历的家庭生活中去积累习作素材。家庭是学生成长的摇篮，也是学生校园生活之外的最主要的生活场所，而在进行与家庭有关的习作时，学生虽然熟悉家庭生活，但在写作文时却无从下手，即便写出来也是千篇一律，如一谈到母爱就是"妈妈生病照顾我""妈妈下雨天给我送伞"等司空见惯的素材，似乎学生们的家庭生活枯燥无味。其实每个家庭都有自己独特的家庭气氛，而教师需要引导学生从最容易忽略的家庭生活中，细心感受自己家庭的不同之处，如父母之间的相处方式，与父母发生的小摩擦，家里新添置的一些小物件，在周六日休息时的家庭活动等等，从这些日常的家庭生活琐事中感受生活的变化，体味酸甜苦辣。在教师的指导下，学生留心观察，运用多种描写手法，有顺序的记叙家庭生活，有助于加深学生对家庭生活的理解与感悟。

社会生活反映了一个时代的主题与风貌，人们生活方式的变化，科学技术的飞速发展，消费习惯的改变等等，对学生的生活习惯和思维方式都有着潜移默化的影响。社区是一个小型的社会，学生所在的社区也能为学生提供不同的生活素材，每个社区都有各自的风格以及文化，在社区中学生可以观察到不同的人和事。例如，社区中经常举办的一些活动，或者社区中的一些服务者所做的一些事以及社区人员在休闲时间的活动，学生都可以通过观察来积累素材，而教师可以鼓励学生积极参与，启发学生细致的观察，积累社区生活中的习作素材。

最后，教师要放手让学生去接触大自然，为学生提供形式多样的接触大自然的机会，让学生通过接触大自然热爱生活，写出具有真情实感的作文。当今社会信息飞速发展，电子产品在人类生活中随处可见，电子产品的普及使很多孩子的童年局限在了一个小小的手机中，生活变得单调乏味，缺乏生活化体验。大自然是最好的教科书，也是孩子最好的乐园，教师可以引领学生走进大自然，观察和感受大自然的四季变化，感受高山流水，感受动物的可爱。例如，在一次作文课描写秋景之前，教师带领学生走出教室，组织学生到附近郊区去观察秋季的景色是什么样的，每个学生都兴致高昂，表述了自己所见秋日的景色，并且在教师的指导下，学生们将自己所关注的不同的景物写得非常细致，字里行间都能感受到学生对于秋天的喜爱。

以下是某教学片段：

师：同学们，今天我们来到了一个和平时生活的城区不太一样的地方，大家来说一说你都看到了什么？

有的同学说有山，有的同学说有树，有的同学说看到了田地、庄稼等。

师：那我们现在是什么季节了呢？

生：秋天。

师：同学们，秋天的景色和春天、夏天、冬天的景色相同吗？

生：不一样。

师：那接下来同学们来找一找秋天哪里不一样，来搜索一下秋天的证据。学生分头搜集，找到了枯黄的树叶和各种果实等等。

师：同学们，大家都找到了很多证据，那大家有没有观察到在大自然中，秋天还有哪里不一样呢？

学生说到了风、阳光、蓝天等等。

师：那你们喜欢秋天吗？

生：喜欢。

师：那大家通过观察身边的事物，具体来说说你喜欢秋天的什么？

活泼好动是学生的天性，死板封闭的课堂会使学生处于压抑的习作氛围中，限制学生的思维。让四肢自由舒展，其实就是孩子最基本的人性需要，当孩子处于自由的活动情境中，或走或跳，或参与，或操作，或展示时，才会使他们的身心得到释放，才会有文字上和思维上的海阔天空。

2. 开放性思维模式

教师在进行习作教学时，一般都会按照课本的要求，按部就班地对习作主题进行讲解引导。其实，教师在备课时就已经对习作教学有了自己的一套标准，而学生经过教师的引导所写出的作文也往往在一个固定的框架之中，教师也会从自身成年人的角度对学生的作文进行批改，本研究通过阅读五年级某班学生的习作作品发现，内容的相似度高达70%。每个学生由于成长环境的不同，对客观世界有自己不同的理解，习作教学应该以学生的已有经验为基础。教师在进行习作命题时要结合学生的生活实际，选择的题目要能触发学生的表达欲望，激发学生的习作兴趣，如半命题作文《那一次，……》《假如我是……》等，这些题目既给出了一定的范围，又给了学生自由发挥的空间，让学生自己选择角度进行命题创作。例如一位教师在进行习作课教学时，调动全班学生一起做一个气球游戏，教师让每个小组推选出一名同学参赛。在气球比赛过程中，其他同学在为本组同学加油的同时仔细观察游戏过程以及其他同学的反应，任选游戏过程中的情节进行作文创作，而参赛的同学可以写自己在参赛过程中的体验感受，一节作文课结束后，学生在教师的指导下所写的作文题目有《反败为胜》《惊心动魄的一幕》《消失的气球》……每位同学都写出了自己的真情实感，学生的个性也在写作中得到了发展。教学片段如下：

师：同学们，今天我们来玩一个踩气球的游戏，我们分为三个组，一个裁判组，一个参赛组还有一个观战组。大家可以从各自的角度来体验我们今天的踩气球游戏。

教师宣布游戏规则,请四位同学们上台参赛,四位同学脚上都绑了气球,游戏中不能用手,先全部踩爆对方的气球的一方获胜,其他同学除裁判外,分组为各自队员加油。

裁判:比赛开始

(紧张的第一轮比赛结束)

师:我们台上的同学比赛非常精彩,那经过第一轮比赛,有哪位同学来口头说一说如果让你用你的角色(参赛者、观赛者、裁判)写作文,你将以什么为题,主要写什么内容?

生:我要以《反败为胜》为题,刚开始张同学一直躲,我们都以为他那么胆小,一会儿就被踩了,结果让人没想到的是,张同学的保守战术最终获胜。

生:我要以《消失的气球》为题,我在参赛过程中突然找不到对方的气球了,没想到是线没有系好,气球跑出去了。

生:我要以《惊心动魄的一幕》为题,当李同学发起强烈反攻的时候,大家的眼睛都直勾勾地盯着张同学的气球,没想到踩了四五次都没踩中,张同学赶紧躲起来了,真是惊心动魄的一幕。

从案例中可以看出,在教师精心设计的活动下,本次习作的选题体现了学生的个性。在习作中,学生选择不同的命题会使用不同的言语表达方式,这彰显了学生的个性化语言。不同作家的创作风格是不同的,老舍先生的文章语言充满了浓浓的京味儿、鲁迅先生则是语言犀利敏锐、朱自清先生的写景文章自然清新……不同的人由于性格以及思维方式存在差异,所写文章的语言风格也不尽相同。教师可以指导学生在习作时,注重描写的生动性,鼓励学生找到自己的语言风格。

(三)唤醒生活化情感

在习作中,学生真实情感的表达依托于对事物的真实体验与感受,因此学生首先应该养成细心观察周围生活、善于反思的习惯,将自己对生活中事物的看法、感受通过文字表达出来。古往今来,无论是诗人写诗,还是作家写文章,都会将自己的真实感受诉诸文字,没有真情实感的表达无法引起读者的共鸣,也就无法写出好的文章,这样的文章往往令人味同嚼蜡。

1. 激发学生真情

情感是学生进行习作另一个重要的基础，唤醒学生真实情感的前提是学生有细腻的心，而"细腻"离不开习作教学中教师的引导，要使学生有一颗细腻的"文心"，教师自己先要"细腻"起来，用自己的"细腻"影响学生的"细腻"。

小学习作教学生活化不仅仅是浅层意义上的联系生活，它的本质在于透过日常简单的、琐碎的生活去关注、重构深层意义上的生活。教师与学生可能由于生活环境的局限性以及日常生活的单调性，逐渐缺少对生活的理性把握。要唤醒学生的真情，教师必须用一颗对生活细腻的心来引导学生关注、认识生活，教师要对于日常生活中的习以为常的小事进行提问，像剥洋葱一样剥开生活的表面现象，发现事件的深层意义，获得深刻的体验，有不一样的情感体验。因此，教师在带领学生进行习作课活动时，要善于营造氛围，启发学生深度思考，唤醒学生真情实感的表达。教师在组织习作课活动时，要尽可能减少学生对生活中一些负能量的吸收，引导学生发现生活中的真善美，使他们拥有健康的情感，写出积极向上、打动人心的作文。"真"即要有一颗真实的、真诚的心，去发现生活中的真人真事，抒发自己真实的情感；"善"是指生活中那些有益的、能带给人们温暖的现象，习作教学走生活化道路要求教师带领学生捕捉生活中的美好，学会辨别生活中的是非善恶，净化自己的心灵，实现不断地向真向善的发展；"美"是指使人身心愉悦的一种现象，它能带给人丰富而愉快的体验，引起人们对于美的共鸣，引导学生发现生活中不易察觉的美，不断提升学生欣赏美的能力，增强学生美的情感体验。

习作教学要打破已有的条条框框，除去过去固有的教学模式，在灵活的生活化教学中寻求"人"的生成，让每一个学生可以感知到自己细腻的情感的变化，并运用自己的言语机制表达出来，这样才是真正的生活化习作教学。在习作教学过程中，只有更多地关注学生内在的言语潜能，才会为之后的习作打下良好的基础，影响学生一辈子！

2. 鼓励情感表达

学生的习作表达应该是真实的，产生真情的，不能把"有真情实感"作为习作附加的东西摆在那里，要舍得拿出时间来使学生产生真实情感，要舍得用丰富的、适合的方式来唤醒学生的真实情感。不要把过多的时间花在技法训练上，给学生"先写什么，再写什么，写的时候要注意什么"的条框，学生反而不会写了。教师要鼓励学生表达自己的真情实感，流露真实情感的作文才显得弥足珍贵。在进行习作教学时，教师所出示的范文、所举的例子，往往是学生灵感的触发点，很多教师无论是教学还是对学生作文的评价都是一个固定的模子，久而久之学生也懒得动脑去思考，作文也就变成了胡编乱造、一片"假大空"现象。其实，习作教学要引导学生从内心深处、自己最真实的情感出发，生活中再小的一件事，不同的心态、不同的情况甚至不同的时间，每个人都会有不一样的感受，教师要鼓励学生有不同的看法、有不同的情绪感受，用睿智的眼睛去探索生活中的大小事，用美好的心灵去感悟，这样写出的作文才能使心中真实的情感得到宣泄和表达。

教师要明确从来没有一个作者是因为冷静而写作，也从来没有一个作家是因为套用技法而写出不朽的作品。因此，必须舍得花力气去激活真情，要少讲套路，所谓理性的套路可以在后期的评析上。要舍得花时间、花力气唤醒热情，舍得花时间让学生体验、回忆，这才是习作的先决条件，情感生成了自然提笔而写。

（四）实行生活化习作评价

传统的作文评价模式都是由教师统一进行批改，教师以自己成人化的视角去评改学生作文，耗时耗力且收效甚微，长此以往忽视了作文评改真正的目的，作文评改不单单要检查反馈学生的习作完成情况，更要指导学生反思生活、观察生活、表达生活。

1. 多元化的评价主体

从《义务教育课程方案和课程标准（2022年版）》对语文习作教学的要求可以看出，习作评改的主体不应该是单一的，应采用师生、生生、学生与家长、学生自己的多元化评价主体，运用多方资源，使得习作评改更加的客观。习作评改流程可以由教师先将批改的要点教授给学生，再将作文随机分配让学生先进行互相评价，说出他们认为文章好在哪里，还有哪里需要改正，然后将全班分成小组进行评改，组内成员给予补充建议，再由学生本人反复朗读自己的作品以及他人意见。最后，教师以交谈的方式，一对一或者一对多地批改学生作文。学生在与同龄人互相评价作文时，往往会有不一样的体会，在评价的同时也可以取长补短，看到自己的问题，同时学生在自评时也可以提高自我批判意识，通过习作评改促进学生的全面发展。

2. 多元化的评价标准

传统的作文评价往往只注重结果，本研究认为在进行生活化作文评价时除了要注重书写、错别字、标点符号以及文章结构和语言技巧之外，还要关注学生的习作过程、习作内容的表达和情感的抒发。要做到静态评价和动态评价相结合，即既评价学生的习作成品，又要评价学生习作前的情况以及材料准备过程。例如，习作前要求学生对内容的表达符合准确性、真实性、创造性；习作兴趣和习作习惯；对生活的关注和观察；习作中要求占有材料的丰富性和真实性；获取材料的方法；搜集材料的多样性；习作后对作文内容和文字表达的修改；修改的态度、过程和方法；评价结果的呈现方式。

生活化习作评价在积极关注学生的习作过程的同时，也要关注学生的习作生活，评价学生在习作前对生活的观察能力以及体验感知生活的能力。由于小学生还处于发展阶段，教师在进行习作评价时还要注意多使用激励性的语言，帮助学生在生活化习作过程中自然流露真情实感，体会作文带来的乐趣与价值。

综上所述，习作也是一种生活，只有让习作教学走生活化道路，师生才能在习作的教与学中，不断地生成真实的自我。

参考文献

[1] 刘芳. 中小学教育智慧文库小学语文随文习作探究[M]. 广州：暨南大学出版社，2022.

[2] 杨伟，杨永建. 教学课例精选12课：习作教学卷[M]. 济南：济南出版有限责任公司，2022.

[3] 彭辉鳌. 小学习作教学一体化研究[M]. 重庆：重庆出版社，2021.

[4] 邱梦桦. 语文课上的滋养与成长小学语文阅读与习作教学探索[M]. 长春：吉林文史出版社，2021.

[5] 张宏霞. 小学习作教学分析及技巧研究[M]. 长春：吉林教育出版社，2020.

[6] 周继贤. 基于群文阅读的小学习作教学有效策略研究[J]. 科学咨询，2022（20）：222-224.

[7] 李玉娟. 善于思考 精于表达：小学语文高年级习作教学[J]. 华夏教师，2022（29）：72-74.

[8] 张舒琪. 落实素养 回归本位：小学功能性习作教学策略探析[J]. 亚太教育，2022（19）：42-44.

[9] 吴爱芳. 融合信息技术的小学情境作文教学探析[J]. 福建教育学院学报，2022（9）：84-85.

[10] 徐京峰. 基于横向联系与比较的习作教学初探：以统编教材四年级上册为例[J]. 语文建设，2022（18）：61-65.

[11] 熊政."文本图式"在小学习作教学中的应用研究[J].国家通用语言文字教学与研究,2022(9):146-148.

[12] 张丽丽."教学评一体"让习作教学有序高效[J].亚太教育,2022(18):116-118.

[13] 王慧民.小学语文趣味教学方式探析[J].甘肃教育研究,2022(8):124-126.

[14] 程浩,李录琴.小学高段习作评改存在的问题及改进策略[J].西部素质教育,2022(16):186-189.

[15] 李明晶.小学分段螺旋式习作教学策略研究[J].黑龙江教师发展学院学报,2022(8):74-76.

[16] 王维令.小学科幻习作教学的"六创"指导策略构建[J].亚太教育,2022(13):4-6.

[17] 殷雪萍,吴永军,黄伟.指向理解的小学习作教学[J].语文建设,2022(12):22-25.

[18] 徐芹,岁娟.形象思维视域下习作教学策略研究[J].文学教育(下),2022(5):129-131.

[19] 包颖.优化小学语文习作教学的策略探究[J].国家通用语言文字教学与研究,2022(5):135-137.

[20] 林少英."支架式教学"在小学习作教学中的应用研究[J].华夏教师,2022(13):51-52.

[21] 谈永康.生态作文教学的学理思考与实践探索[J].语文建设,2022(8):20-25.

[22] 许春晓.搭建习作支架 提高写作实效[J].文学教育(下),2022(4):134-136.

[23] 邵金芳.提纲:让习作构思可视化:谈小学高年段习作提纲编写教学策略[J].华夏教师,2022(9):54-57.

[24] 李琳.小学习作教学策略研究[J].教育理论与实践,2022(8):58-60.

[25] 秦咏中.统编教材"半命题习作"解读及教学建议[J].教学与管理,2022(8):

69-71.

[26] 彭小芹.统编教材中习作教学的创新与实践[J].基础教育课程,2022(6):29-33.

[27] 王斌.习作转化创作:油画人物画教学研究[J].美与时代:美术学刊(中),2022(3):108-110.

[28] 宋芳茂.从语言学角度例谈习作单元教学[J].语文建设,2022(4):50-53.

[29] 王学林.用中学:习作知识走向习作素养[J].教育理论与实践,2022(5):54-56.

[30] 杜菁,田良臣.深度学习视域下小学习作教学研究[J].汉字文化,2022(3):118-120.

[31] 徐小萍.核心素养视域下小学语文习作修改能力的提升策略[J].亚太教育,2022(3):40-42.

[32] 张华怡.小学语文高年级随堂习作教学的现状及策略探究[J].亚太教育,2022(3):115-117.

[33] 尤玉珍.统编版小学语文习作单元教学的有效策略:以五年级下册第五单元为例[J].西部素质教育,2022(2):187-189.

[34] 李丹丹,丁潼飞,张杰利.统编教材习作单元教学实践与反思:以说明文习作教学为例[J].语文建设,2022(2):17-21.

[35] 朱玲芹.任务驱动的习作单元整体教学:以四年级下册第五单元为例[J].语文建设,2022(2):30-34.

[36] 顾琴.微习作序列的构建与实践:以小学第二学段"写人记事"类习作为例[J].教育科学论坛,2022(1):22-24.

[37] 郑兆英.例谈语文习作教学中学生幸福感的培养[J].大连教育学院学报,2021(4):41-42.

[38] 杨峰权."教学评一体化"下习作教学目标的确立及实施[J].教学与管理,2021(35):57-60.

[39] 蔡丹芬.于细微处见精彩:小学微写作教学初探[J].语文教学通讯·D刊(学

术刊），2021（11）：41-43.

[40] 林其雨.融合发展视域下的想象习作进阶教学[J].语文建设，2021（22）：30-34.

[41] 姚春丽.统编教材习作单元精准教学中读写结合的策略[J].亚太教育，2021（21）：101-103.

[42] 刘立华.培养小学生良好习作习惯的实践与研究[J].吉林省教育学院学报，2021（10）：28-32.

[43] 邓秀娣.习作教学中梯度训练的教学现状及改进策略[J].福建教育学院学报，2021（9）：70-72.

[44] 祝大卫.语文习作教学应尊重学生的个性[J].文学教育（下半月），2021（9）：112-113.

[45] 牛辉.习作教学中记叙表达方式的训练方法[J].文学教育（下），2021（8）：138-139.

[46] 胡元华，何捷.嵌入表现性评价的习作教学设计与实施[J].语文建设，2021（16）：59-63.

[47] 卢亚利.用好教材，将立德树人融入语文教学[J].河南教育（教师教育），2021（8）：58-59.

[48] 常乐.小学习作评价标准建构及实施[J].河南教育（教师教育），2021（8）：68-69.

[49] 林燕.立足"三精""例"尽其用：统编语文教材习作单元"习作例文"教学策略研究[J].教育科学论坛，2021（22）：14-17.

[50] 赵雪莲.巧搭支架 创设习作教学新途径：以统编版教材三年级习作教学为例[J].福建教育学院学报，2021（6）：16-18.

[51] 郭瑶婷.活用思维可视化策略，改进小学习作教学[J].语文教学通讯·D刊（学术刊），2021（5）：21-23.

[52] 刘艺慧.项目化推进习作教学，让语文核心素养落地[J].语文建设，2021（8）：68-71.

[53] 李小敏，马胜科. 小学习作教学的"三为"策略探讨 [J]. 西北成人教育学院学报，2021（2）：90-93.

[54] 谈永康. 小学习作学习活动的生态特征及教学思考 [J]. 语文建设，2021（6）：4-7.

[55] 杨丽芬. 统编教材习作单元教学的有效策略 [J]. 科技视界，2021（5）：124-125.

[56] 张忠诚. 变革组织形态，让习作单元教学最优化 [J]. 语文建设，2021（2）：39-41.

[57] 朱建淑. 例谈习作单元精读课文的教学：以六年级下册第三单元《匆匆》为例 [J]. 语文建设，2021（2）：49-51.

[58] 陈静. 作文微课，打通阅读与习作教学之间的壁垒：以三年级下册想象类习作指导为例 [J]. 语文教学通讯·D刊（学术刊），2020（12）：58-60.

[59] 任晓莉. 关于小学语文习作分层设计的策略探究 [J]. 科学咨询（教育科研），2020（12）：148.

[60] 黄秀雅. 初中写作教学"主题读写"的实践研究：以《我的烦恼》习作教学为例 [J]. 福建教育学院学报，2020（11）：42-44.

[61] 潘照团. 单元习作须重视单元整体的策应 [J]. 教学与管理，2020（32）：34-36.

[62] 黄元虎. 人物类习作中细节描写的教学目标及其达成 [J]. 教学与管理，2020（29）：30-32.

[63] 许德斌. 写读互动：习作单元板块剖解和教学实施 [J]. 语文建设，2020（18）：41-45.

[64] 张爱英. 小学习作教学"做中写"例谈 [J]. 教育观察，2020（31）：82-84.

[65] 刘晓慧. 习作单元"读中学写"教学策略浅析 [J]. 语文建设，2020（16）：45-47.

[66] 吴冕. 统编小学语文教科书习作单元教学支架群的应用研究 [D]. 杭州：杭州师范大学，2022.

[67] 杨艳.绘本在小学语文中年级习作教学中的运用研究[D].漳州:闽南师范大学,2022.

[68] 卢倩.统编版小学语文中段"习作单元"教学现状及策略研究[D].沈阳:沈阳师范大学,2022.

[69] 张诗妍.小学中段语文习作单元教学实践研究[D].沈阳:沈阳大学,2022.

[70] 李莉.思维导图在小学习作例文教学中的应用研究[D].昆明:云南师范大学,2022.